金融犯罪检察实务丛书

金融犯罪
疑难案件
认定实务

JINRONG FANZUI YINAN ANJIAN
RENDING SHIWU

北京市朝阳区人民检察院◎编
张朝霞◎主编

中国检察出版社

《金融犯罪检察实务丛书》
编 委 会

主　　　编：张朝霞

副 主 编：吴春妹

编　　　委：董丽娟　叶　萍　王　瑶　林　芝

王爱强　张美惠　何楚仪

本册撰写人：叶　萍　王　瑶　李晓娟　秦　梁

李莹莹　李长林　刘叶青　王利平

陈　帅　林　芝　黄　成　王爱强

沈　逸　逯文芳　张文潇　王　琳

王琇珺　晏行健　郭政宏

序

金融安全事关国家安全和人民群众的切身利益，其重要性无论如何形容都不为过。党的十九大也明确指出，今后三年要重点抓好决胜全面建成小康社会的三大攻坚战。其中防范化解重大金融风险是三大攻坚战之首。打赢防范化解金融风险攻坚战需要政府、司法机关和社会各界的鼎力配合。2019年初最高人民检察院检察长张军指出，要充分履行检察机关法律监督职能，为经济社会发展提供更优法治环境，为打好三大攻坚战、保障民营经济健康发展贡献检察力量、检察智慧。这充分说明，在惩治金融犯罪、防范化解金融风险过程中，检察机关作为法律监督机关承担着重要使命，社会各界对检察职能的正确发挥充满期待。

近年来，北京市朝阳区经济发展势头强劲，CBD现代商务服务和国际金融功能突出，金融创新活跃。但与此同时，占全市近七成的金融犯罪案件及新型互联网金融案件都发生在朝阳区，尤其是涉案金额巨大、人员众多和影响范围广的非法集资类案件呈现激增态势。此外2018年6月起P2P平台呈现大面积集中"爆雷"，金融风险防控面临前所未有的挑战。北京市朝阳区人民检察院为进一步服务好朝阳区及首都金融经济建设，更好地履行检察机关指控犯罪的职责，于2016年8月成立金融检察团队。该团队始终坚持履行金融犯罪审查、追诉和监督三项主要职能，在重视主责主业的同时注重金融犯罪司法研究，致力于将朝阳金融检察团队打造成为专业化的金融司法研究中心，主要以课题制、项目制深化金融检察专业化研究，先后承担中国法学会涉众型经济犯罪案件涉案款物追缴等专业课题10余个，联合高校以项目制方式在北京市率先开展非法集资类案件认罪认罚从宽制度调查研究和实践探索，曾出版专著《非法集资犯罪的理论与司法实践》，连续三年发布《金融检察白皮书》。同时以研讨会、走访调研、课程培训等形式丰富研究内容，提升研究质量。此外，朝阳区人民检察院相关主管领导以及金融检察团队的成员还多次应邀参加有关金融犯罪的研讨会（比如吴春妹副检察长2018年12月21日就参加了我主持的清华大学法学院司法研究中心举办的"平台监管和金融犯罪的认定"研讨会，并在会上介绍了朝阳区人民检察院查办金融犯罪的态势以及检察机关的作为，获得参会人员的一致好评），总结、提炼了一线办理金融犯罪的困惑及经验，为学术界深入研究金融犯罪提供了素材及思考路径。

在不断探索的过程中，金融检察团队不知不觉已迈进了第三个年头，朝检金融的品牌化效应愈加显著。朝检金融团队以实践促研究，以研究助实践，聚众人之心、集众人之智、合众人之力，经过不懈的积累和总结，现已完成《金融犯罪检察实务丛书》的编撰工作。丛书包括《金融犯罪检察实务》《金融犯罪疑难案件认定实务》《金融犯罪不捕不诉典型案例》《金融犯罪办案一本通》四册。分别从理论层面，以问题为导向对金融犯罪实务中的实体问题和程序问题进行剖析；从实务层面，以"参考案例"的形式将典型、疑难、不捕不诉案件进行梳理和总结，起到对类案的指引、参考作用；并且还以法律、法规、指导性案例等为素材汇编办理金融犯罪案件工具用书。该系列丛书的编撰不仅是朝阳金融检察团队的经验总结，也是加强检察专业化建设方面的重要探索，其意义在于：一是内部进一步规范办案流程，为检察人员办案提供参考和借鉴，使每一件司法案件都能得到公平公正的处理。二是充分发挥区位优势，将面对最新类型、最为疑难案件所形成的"朝检金融"的先进司法理念和实践经验进行全面梳理、总结和升华，积极探索可复制、可借鉴的朝阳经验，以期在全市乃至全国进行推广。三是鼓励检察人员立足司法实践，以问题为导向，深化理论研究，更好地服务于司法办案，实现"三效"统一；同时提升检察人员的综合能力，完善专业人才培养，落实金融检察专业化人才培养中心这一职能定位，不仅要做办好案的"工匠"，更要努力去做精通业务的"专才"。

我对金融犯罪的诸多问题一直保持浓厚的研究兴趣。我曾在2016年全国两会期间提交专门建议，恳请"两高"充分关注实践中恶意透支型犯罪处罚异化和扩大化的问题，后引起有关方面的重视。2018年"两高"修改了相关司法解释，大幅度提高了定罪起点，严格了"经发卡银行催收"以及"非法占有目的"的认定标准，实践中有关的突出问题得以解决。我这个建议的问题意识，就直接来自朝阳区人民检察院、朝阳区人民法院的具体司法实践。近年来，我和朝检金融团队的检察官们始终保持着密切联系，我从他们关于惩治金融犯罪实务的具体数据、实践经验的介绍和理论提炼中学到了很多东西。所以，我需要对这个团队表示我的敬意和谢意。

我相信，朝阳区人民检察院能够以本丛书的出版为契机，站在更高的起点上立足检察职能，亮剑金融犯罪，主动作为，扎实攻坚，为区域金融生态环境保驾护航，为扎实推进金融犯罪领域的理论研究做出应有贡献。

是为序。

清华大学法学院教授　周光权

2019.5.22

目　录

一　非法吸收公众存款罪

非法吸收公众存款罪与非法经营罪如何界定
　　——周某某等5人非法吸收公众存款、非法经营案·················3

以私募基金的名义非法吸收公众存款行为的认定
　　——崔某某非法吸收公众存款案 ·················16

新型多人复杂涉众非法集资类犯罪的处理
　　——蒋某某等八人非法吸收公众存款案 ·················25

以购买商品、加盟公司为名义非法集资的行为如何定性
　　——朱某某等人非法吸收公众存款案 ·················47

非吸公司中财务、风控等部门人员刑事责任范围的界定
　　——王某某等人非法吸收公众存款案 ·················58

非法集资类案件中社会性如何认定
　　——徐某某等17人非法吸收公众存款案 ·················67

以提供服务为名非法吸收公众存款如何认定
　　——陆某某等6人非法吸收公众存款案 ·················77

如何通过司法会计鉴定辅助完成非法集资案件的审查起诉工作
　　——田某某等人非法吸收公众存款案 ·················87

非法集资案件中如何准确认定非法占有目的
　　——李某甲等人非法吸收公众存款案 ·········· 98

变相吸收公众存款的行为如何认定
　　——高某某非法吸收公众存款案 ·········· 109

挂名法定代表人刑事责任的认定
　　——张某甲、张某乙、尹某某非法吸收公众存款案 ·········· 118

以代炒黄金为名非法吸收公众存款行为的认定
　　——赵某某非法吸收公众存款案 ·········· 127

P2P 平台涉嫌非法吸收公众存款罪的认定及单位犯罪的认定
　　——曾某某、苏某某等 7 人非法吸收公众存款案 ·········· 136

二　信用卡诈骗罪

共同犯罪中缺少直接证据情况下对于同案犯如何认定
　　——侯某某、于某某信用卡诈骗案 ·········· 153

非法获取他人信用卡信息在第三方支付平台使用的行为定性
　　——罗某某信用卡诈骗案 ·········· 163

三　集资诈骗罪

集资诈骗案中非法占有目的如何认定
　　——张某某、刘某某集资诈骗案 ·········· 173

集资诈骗罪中关于非法占有目的的认定问题
　　——焦某某集资诈骗案 ·········· 186

如何认定非法集资案件中的非法占有目的
　　——赵某某、解某某、刘某某集资诈骗案 ·········· 195

四　非法经营罪

以替投资人从事买卖期货活动为名募集资金构成非法吸收公众存款罪还是非法经营罪

　　——金某某非法经营案 ·················· 207

设立贵金属交易平台进行期货交易的行为认定

　　——李某某非法经营案 ·················· 219

以交易伦敦金为名非法经营黄金期货行为的认定

　　——鲍某某、张某某、苏某某非法经营案 ········· 231

五　合同诈骗罪

使用伪造支票部分履行合同的行为如何认定

　　——田某某合同诈骗案 ·················· 243

六　骗购外汇罪

"以其他方式骗购外汇"中的"其他方式"如何认定

　　——姚某某骗购外汇案 ·················· 255

七　骗取贷款罪

使用虚假的财力证明作为申请贷款时的信用担保及相关问题应如何定性

　　——陈某某骗取贷款案 ·················· 267

伪造虚假债权债务关系骗取银行贷款并放任他人假冒关联公司工作人员接待银行考察员的行为及相关问题应如何定性

　　——贺某某骗取贷款案 ·················· 283

八　骗取票据承兑罪

单位使用伪造的材料骗取承兑票据如何定性与处罚
　　——田某甲等人骗取票据承兑案 ························· 299

九　保险诈骗罪

非特殊主体骗取保险金的行为如何定性
　　——文某某保险诈骗案 ························· 311

持有假币罪与买卖国家机关证件罪的竞合
　　——于某某持有假币、买卖国家机关证件案 ························· 319

一

非法吸收公众存款罪

非法吸收公众存款罪与非法经营罪如何界定

——周某某等 5 人非法吸收公众存款、非法经营案

【关键词】

非法经营　非法吸收公众存款　代客理财

【基本案情】

经审查认定：

被告人周某某于 2013 年 2 月与他人变更成立了中融华募（北京）投资管理有限公司，并担任公司董事长，被告人何某某为公司法人并被聘为公司经理。

2013 年 6 月至 2015 年 6 月间，被告人周某某伙同何某某、孙某某、郭某甲、李某甲等人，在中融华募（北京）投资管理有限公司位于北京市朝阳区某路某号的经营地，以中融华募（北京）投资管理有限公司的名义，向社会公开宣传并承诺支付利息、期满返还本金的方式，与投资人龚某某等不特定社会公众 20 余人签订《投资人合同》，募集资金共计人民币 900 余万元。

被告人周某某与他人在 2007 年 12 月申请设立首信融创（北京）投资顾问有限公司，被告人周某某担任执行董事兼经理（后变更为监事），被告人何某某担任办公室主任。

被告人周某某伙同何某某等人于 2008 年 1 月至 2013 年 5 月，在首信融创（北京）投资顾问有限公司位于北京市朝阳区某路某号院某号楼某室的经营地，在没有经营金融业务资质的情况下，与投资人朱某某等 40 多人签订

《期货投资管理协议书》，代理投资人买卖股票、期货，先后收取投资款2000余万元。

【诉讼过程和结果】

2014年10月15日10时许，事主朱某某到北京市公安局朝阳分局经侦支队报案称：2012年8月16日与首信融创（北京）投资顾问有限公司签订《期货投资管理协议书》亏损27.5万元。北京市公安局朝阳分局于2015年1月21日决定对吴某某、何某某、郝某某涉嫌合同诈骗罪立案侦查。

2015年9月18日10时许，事主黄某某到北京市公安局朝阳分局经侦支队报案称：2014年12月中融华募（北京）投资管理有限公司在某大厦以购买理财产品并返还利息为由，与报案人签订《投资人合同》，使投资人损失676416.65元人民币。北京市公安局朝阳分局于2015年11月16日决定对中融华募（北京）投资管理有限公司涉嫌非法吸收公众存款罪立案侦查。

北京市公安局朝阳分局分别于2016年10月17日、12月20日、12月22日，以（2016）第001897号、第002914号起诉意见书向北京市朝阳区人民检察院移送审查起诉，公安机关认为：2014年12月至2015年9月间，犯罪嫌疑人周某某、孙某某伙同何某某、郭某甲、李某甲等人，在北京市朝阳区某路某号某大厦某层中融华募（北京）投资管理有限公司内，以购买理财产品并返还利息为由，非法吸收事主黄某某等人存款人民币947万余元。2009年12月至2014年10月间，犯罪嫌疑人周某某伙同何某某、吴某某、赵某某等人，在北京市朝阳区某路某号院某号楼某室，首信融创（北京）投资顾问有限公司内，以代理客户炒期货可以获得高额收益为由，非法吸收事主朱某某等47人存款人民币1882万余元。侦查机关认为：上述犯罪嫌疑人的行为触犯刑法第176条，涉嫌非法吸收公众存款罪。

北京市朝阳区人民检察院于2017年4月11日以被告人周某某、何某某、孙某某、李某甲、郭某甲构成非法吸收公众存款罪提起公诉，后分别于2017年5月19日、11月10日以被告人周某某、何某某、孙某某、李某甲、郭某甲构成非法吸收公众存款罪，被告人周某某、何某某构成非法经营罪追加起诉。北京市朝阳区人民法院经审查认定：

一、被告人周某某伙同他人在 2007 年 12 月申请设立首信融创（北京）投资顾问有限公司，经营范围为一般经营项目；周某某为公司股东、执行董事兼经理（后变更为监事），被告人何某某担任办公室主任。2008 年 1 月至 2013 年 5 月间，被告人周某某伙同何某某等人在首信融创（北京）投资顾问有限公司位于北京市朝阳区某路某号院某号楼某室的经营地，采用承诺风险共担、盈利共享并签订协议的方式，未经国家主管部门批准，进行代理投资人买卖股票、期货并收取管理费的经营活动，经营投资人朱某某等 40 余人所投资金人民币 2000 余万元，后造成投资人亏损人民币 1500 余万元。

二、中融华募（北京）投资管理有限公司于 2013 年 2 月 19 日将法定代表人、经理变更为何某某，注册资本变更为 1000 万元，其中周某某出资 630 万元等。北京华某中心（有限合伙）成立于 2013 年 5 月 20 日，法定代表人何某某，注册资本 3 万元，中融华募（北京）投资管理有限公司出资 1 万元、何某某出资 1 万元及周某某出资 1 万元。华某投资集团有限公司，注册资本 5000 万元，2014 年 3 月 13 日将法定代表人变更为何某某，股东变更为何某某、孙某某、刘某某。上述企业经营范围均为一般经营项目。

2013 年 6 月至 2015 年 6 月间，被告人周某某伙同何某某、孙某某、李某甲、郭某甲等人，在中融华募（北京）投资管理有限公司位于北京市朝阳区某路某号某大厦某层的经营地，以中融华募（北京）投资管理有限公司的名义，向社会公开宣传华募基金、债权转让理财产品，并承诺按期付息、期满返还本金，与投资人龚某某等不特定社会公众 30 人签订协议，募集资金共计人民币 1200 余万元，后陆续返还人民币 100 余万元。其中，周某某为中融华募（北京）投资管理有限公司实际控制人及股东，管理全部事务，何某某为公司法定代表人，负责协助周某某管理财务、行政等事务，参与募集资金金额均为全部金额即人民币 1200 余万元；孙某某于 2014 年 3 月至 2014 年年底在中融华募（北京）投资管理有限公司任副总裁，负责管理投资项目、推荐销售人员等事务，参与金额为人民币 800 余万元；李某甲自 2014 年 5 月至 11 月在中融华募（北京）投资管理有限公司任总裁，管理公司全部事务，参与金额为人民币 600 余万元；郭某甲于 2014 年 6 月至 2015 年 2 月任中融华募（北京）投资管理有限公司市场部总监，负责为公司推荐、借贷投资客户，工作期间公司募集资金人民币 800 余万元，报案投资人指认郭某甲介绍金额达人民币 110 万元。

北京市朝阳区人民法院于 2018 年 1 月 31 日判决认定被告人周某某犯非法吸收公众存款罪，判处有期徒刑 5 年，罚金人民币 25 万元；犯非法经营罪，判处有期徒刑 4 年，罚金人民币 20 万元，决定执行有期徒刑 6 年 6 个月，罚金人民币 45 万元。被告人何某某犯非法经营罪，判处有期徒刑 2 年 6 个月，罚金人民币 15 万元；犯非法吸收公众存款罪，判处有期徒刑 3 年，罚金人民币 15 万元，决定执行有期徒刑 4 年，罚金人民币 30 万元。被告人孙某某犯非法吸收公众存款罪，判处有期徒刑 2 年，罚金人民币 10 万元。被告人李某甲犯非法吸收公众存款罪，判处有期徒刑 1 年 6 个月，罚金人民币 10 万元。被告人郭某甲犯非法吸收公众存款罪，判处有期徒刑 1 年 6 个月，缓刑 1 年 6 个月，罚金人民币 10 万元。宣判后，被告人周某某不服，提起上诉，后在北京市第三中级人民法院审理过程中表示服从原判，自愿申请撤回上诉。北京市第三中级人民法院 2018 年 3 月 1 日裁定准许上诉人周某某撤回上诉，判决生效。

【主要问题】

1. 非法吸收公众存款罪与非法经营罪在实务中如何界定？
2. 组织公司代客炒股票、炒期货是属于民事行为还是涉刑事犯罪？

【指导意义】

一、案件定性

本案涉及非法经营罪与非法吸收公众存款罪两个罪名。经审查，我们认为被告人周某某、何某某二人在不具备经国家主管机关批准经营股票、期货相关资质的前提下，组织公司代炒股票、期货，违反《中华人民共和国刑法》第 225 条第（三）项规定，构成非法经营罪。相关事实有在案多名证人证言、工商注册资料以及被告人供述等证据在案，均能证实周某某伙同他人创立首信融创（北京）投资顾问有限公司，并实际经营公司股票、期货业务；被告人何某某辩称其在首信融创（北京）投资顾问有限公司"仅负责管理后勤"，其辩护人辩称"认定何某某参与非法经营的证据不足"，在案投资人证言、银行交易明细、审计报告及被告人周某某的供述一致证实，何某某个人银行账户与多名投资人存在资金交易往来，存在收取、支付投资人款项的情形，何某某在首信融创（北京）投资顾问有限公司工作多年，负责公司部分财务、管理公章、后勤等事务，且何某某明确知道公司是经营代理客户买卖股票、期货的，在案证据足以证明何某某参与了非法经营的事实。在案事实足以认定被告人周某某、何某某违反国家规定，非法经营证券、期货业务，扰乱市场秩序，情节特别严重，均已构成非法经营罪。其中，被告人周某某为主要谋划者及实施者，在共同犯罪中起主要作用，为主犯；何某某仅负责管理公章、提供银行账户、转账等事务，在共同犯罪中仅起次要、辅助作用，为从犯。

关于非法吸收公众存款罪，本案被告人周某某、何某某、郭某甲、孙某某、李某甲五人在明知公司不具有相关资质的前提下，在中融华募（北京）投资管理有限公司位于北京市朝阳区某路某号院的某号楼某室的经营地，以中融华募（北京）投资管理有限公司的名义，采用打电话、朋友推荐等形式向社会公开宣传，同时承诺投资人支付利息、期满返还本金，与投资人龚某某等不特定社会公众 20 余人签订《投资人合同》，募集资金共计人民币 900余万元。在案有犯罪嫌疑人的口供，供述犯罪事实，孙某某辩解称"自己不是中融华募（北京）投资管理有限公司的负责人，没有参与犯罪行为"，但有根据审查，有证据证实 2014 年 3 月至 2014 年 12 月间孙某某在公司担任副总，为公司介绍的英某公司借款项目是公司推出的 P2P 债权转让理财产品的基础债权，为公司推荐了郭某甲，孙某某为销售人员讲解投资项目、过问公司销售等，且从中融华募（北京）投资管理有限公司领取工资，在案证据足以证实孙某某知道且参与了公司面向社会募集资金。郭某甲的辩护人提出

"郭某甲仅应对其直接介绍的投资人负责"的辩护意见，在案有多名被告人供述及证人郑某某的证言证实郭某甲为市场部总监负责市场销售，郭某甲自己亦供述负责为公司介绍投资人，且负责接待来公司的投资人，可以证实郭某甲所起的作用不仅限于其直接介绍投资人。被告人周某某、何某某、郭某甲、孙某某、李某甲参与公司实际经营，五人是公司各部门的负责人，属于共同犯罪过程中的分工不同，但相互之间起着重要作用的情形，属于共同犯罪。周某某、何某某、孙某某作为公司的董事长、法人、股东，应对全案负责。其中，周某某为中融华募（北京）投资管理有限公司实际控制人及大股东，管理公司全部事务，何某某为公司法定代表人，负责协助周某某管理财务、行政等事务，掌控、经手募集的资金，均为主犯。被告人孙某某2014年3月至2014年年底在中融华募（北京）投资管理有限公司任副总裁，负责管理投资项目、推荐销售人员的事务，但孙某某未参与中融华募（北京）投资管理有限公司谋划与管理，仅部分参与募集资金，亦不掌管募集的资金，且在公司经营期间积极借款用于返还投资人，结合全案而言，起到相对次要、辅助作用，为从犯。李某甲经介绍于2014年5月至11月在中融华募（北京）投资管理有限公司担任总裁，在职期间管理公司全部事务，但其系受雇用，后期部分参与募集资金，亦不掌管公司募集资金，结合全案而言，起到相对次要、辅助作用，应认定从犯，其主动到公安机关投案并如实供述犯罪事实，有自首情节。郭某甲2014年6月至2015年2月任中融华募（北京）投资管理有限公司市场部总监，负责公司推荐、接待投资客户，在吸收指认其的报案投资人投资金额中起重要作用，但对其工作期间公司募集的资金仅起次要、辅助作用，且郭某甲为后期部分参与非法募集资金，其本人也先后投资，综合全案而言，仅起次要、辅助作用，为从犯。在案还有投资人证言，证实中融华募（北京）投资管理有限公司非法吸收存款的经过，包括对社会公众的宣传、吸收存款的数额等；在案相关的书证证实，中融华募（北京）投资管理有限公司与投资人签订的投资协议以及银行的交易记录，均证实非法吸收存款的行为及数额。以上证据证明五名嫌疑人的行为均已触犯《中华人民共和国刑法》第176条第1款，构成非法吸收公众存款罪。

二、非法吸收公众存款罪与非法经营罪在实务中如何界定

根据 2008 年 1 月 2 日四部门联合发布的《关于整治非法证券活动有关问题的通知》，任何单位和个人经营证券业务，必须经证监会批准。未经批准的，属于非法经营证券业务，应予取缔；涉嫌犯罪的，依照《中华人民共和国刑法》第 225 条之规定，以非法经营罪追究刑事责任。

在实践过程中，由于非法经营罪与非法吸收公众存款罪具有竞合关系，在实际适用中往往会因为界限不清而令人难以判断。这主要体现在未经批准，非法从事银行业务的，构成非法经营罪。而吸收公众存款本身就是银行业务的一种，在没有金融机构批准的前提下，非法吸收公众存款本就满足非法经营罪的构成要件。我国刑法第 176 条专门对于非法吸收公众存款罪进行规定，实际上就使非法经营罪与非法吸收公众存款罪之间形成了一般法与特别法的竞合关系。按照特别法优于一般法的原则，非法吸收公众存款的行为一般情况下应当按照非法吸收公众存款罪来定罪处罚。而证券业务作为一种更加需要专业知识背景，风险较高的金融业务，牵一发而动全身，对在不具备相关资质前提下经营证券业务的就更应当加强监管。不应仅从其非法吸收公众存款的角度考量，而是应从整体上该行为给金融市场带来的隐患上进行考量，定性为非法经营罪更为妥当。

本案中犯罪嫌疑人周某某、何某某二人不仅参与中融华募（北京）投资管理有限公司的实际经营，同时还在没有相关资质的情况下成立首信融创（北京）投资顾问有限公司，承诺风险共担、利益共享，与投资人签订协议代理买卖股票、期货并收取管理费用经营投资人资金，给投资人造成巨额损失，故而公诉机关对于该二人在追究其非法吸收公众存款的事实的情形上认定该二人构成非法经营罪，并向法院移送了相关的证据材料，作出追加起诉的决定，最终获得法院的有罪判决。

三、组织公司代客炒股票、炒期货是属于民事行为还是涉刑事犯罪

日常生活中，由于具备专业金融知识的人尚属少数，实际生活中存在委

托别人代为资产管理的情况。所谓代客理财、委托理财业务，是指专业理财人士接受资产所有者委托，代为经营和管理资产，为个人客户提供的财务进行分析、投资顾问等专业化服务，并代理客户进行投资操作或资产管理的业务活动，其行为模式主要有两种类型，一种是以个人名义接受他人委托代为理财，另一种则是以公司、机构名义接受他人委托代为理财的行为。对于该行为应当界定为民事有偿委托代理行为还是属于涉刑事案件应当分情况进行讨论。

在以个人名义接受他人委托代为炒股、炒期货的情形下讨论：按照目前现行法律规定狭义的期货业务主要指期货公司的相关业务，根据《期货交易管理条例》第17条："期货公司业务实行许可制度，由国务院期货监督管理机构按照其商品期货、金融期货业务种类颁发许可证。期货公司除申请经营境内期货经纪业务外，还可以申请经营境外期货经纪、期货投资咨询以及国务院期货监督管理机构规定的其他期货业务。"其中，境内和境外期货经纪业务是指代理客户进行期货交易并收取交易佣金的业务。投资咨询业务是指为客户提供证券、期货投资分析、预测或者建议等直接或者间接有偿咨询服务的活动。未经中国证监会许可，任何机构和个人均不得从事各种形式的证券、期货投资经纪和咨询业务。因此，行为人受人之托代炒股票、期货，无论其是否有相关的从业资格，这种行为都是为法律所禁止的。

在以公司、机构名义开展接受他人委托代为炒股票、炒期货的情形下讨论：在此情况下，公司对外招揽业务，面向的对象是不特定的公众，则可能涉嫌从事资产管理业务。根据2015年证监会《期货公司资产管理业务试点办法》："资产管理业务是指期货公司接受单一客户或者特定多个客户的书面委托，根据本办法规定和合同约定，运用客户委托资产进行投资，并按照合同约定收取费用或者报酬的业务活动。未取得资产管理业务试点资格的期货公司，不得从事资产管理业务。"因此，在这种情况下就要考虑公司、机构是否具有相关资质，如果具有经过中国证监会批准的客户资产管理资质，则公司有权作为受托人与委托人订立金融类委托理财合同，否则就会涉及刑事犯罪。

本案中被告人周某某、何某某在公司无相关资质的前提下，采用承诺风险共担、盈利共享并签订协议的方式，未经国家主管部门批准，进行代理投资人买卖股票、期货并收取管理费的经营活动，给投资人造成了巨大损失，违反了证券法等法律法规的规定，构成刑事犯罪。

四、案件处理效果

本案系公安机关以非法吸收公众存款罪向检察机关移送起诉，经审查后检察机关按照涉案被告人的行为不同分别定性的案件。检察机关在审查中从事实出发，不枉不纵，及时向人民法院移送了相关的证据材料，作出追加起诉的决定，最终获得法院的有罪判决，使相关被告人承担其应负的法律责任。

【相关法律规定】

一、中华人民共和国刑法（2017 年修正）

第一百七十六条 【非法吸收公众存款罪】非法吸收公众存款或者变相吸收公众存款，扰乱金融秩序的，处三年以下有期徒刑或者拘役，并处或者单处二万元以上二十万元以下罚金；数额巨大或者有其他严重情节的，处三年以上十年以下有期徒刑，并处五万元以上五十万元以下罚金。

单位犯前款罪的，对单位判处罚金，并对其直接负责的主管人员和其他直接责任人员，依照前款的规定处罚。

第二百二十五条 【非法经营罪】违反国家规定，有下列非法经营行为之一，扰乱市场秩序，情节严重的，处五年以下有期徒刑或者拘役，并处或者单处违法所得一倍以上五倍以下罚金；情节特别严重的，处五年以上有期徒刑，并处违法所得一倍以上五倍以下罚金或者没收财产：

（一）……

（二）……

（三）未经国家有关主管部门批准非法经营证券、期货、保险业务的，或者非法从事资金支付结算业务的；

（四）其他严重扰乱市场秩序的非法经营行为。

二、中华人民共和国证券法（2013年修正）

第一百二十二条 设立证券公司，必须经国务院证券监督管理机构审查批准。未经国务院证券监督管理机构批准，任何单位和个人不得经营证券业务。

第一百四十四条 证券公司不得以任何方式对客户证券买卖的收益或者赔偿证券买卖的损失作出承诺。

第一百六十九条 投资咨询机构、财务顾问机构、资信评级机构、资产评估机构、会计师事务所从事证券服务业务，必须经国务院证券监督管理机构和有关主管部门批准。

第一百七十一条 投资咨询机构及其从业人员从事证券服务业务不得有下列行为：

（一）……

（二）与委托人约定分享证券投资收益或者分担证券投资损失；

（三）……

（四）……

（五）……

三、最高人民法院《关于审理非法集资刑事案件具体应用法律若干问题的解释》（自2011年1月4日起施行）

第一条 违反国家金融管理法律规定，向社会公众（包括单位和个人）吸收资金的行为，同时具备下列四个条件的，除刑法另有规定的以外，应当认定为刑法第一百七十六条规定的"非法吸收公众存款或者变相吸收公众存款"：

（一）未经有关部门依法批准或者借用合法经营的形式吸收资金；

（二）通过媒体、推介会、传单、手机短信等途径向社会公开宣传；

（三）承诺在一定期限内以货币、实物、股权等方式还本付息或者给付回报；

（四）向社会公众即社会不特定对象吸收资金。

未向社会公开宣传，在亲友或者单位内部针对特定对象吸收资金的，不属于非法吸收或者变相吸收公众存款。

第二条　实施下列行为之一，符合本解释第一条第一款规定的条件的，应当依照刑法第一百七十六条的规定，以非法吸收公众存款罪定罪处罚：

（一）……

（二）……

（三）……

（四）不具有销售商品、提供服务的真实内容或者不以销售商品、提供服务为主要目的，以商品回购、寄存代售等方式非法吸收资金的；

（五）不具有发行股票、债券的真实内容，以虚假转让股权、发售虚构债券等方式非法吸收资金的；

（六）……

（七）……

（八）……

（九）以委托理财的方式非法吸收资金的；

（十）……

（十一）其他非法吸收资金的行为。

四、最高人民法院、最高人民检察院、公安部《关于办理非法集资刑事案件适用法律若干问题的意见》（2014年3月25日公布）

二、关于"向社会公开宣传"的认定问题

《最高人民法院关于审理非法集资刑事案件具体应用法律若干问题的解释》第一条第一款第二项中的"向社会公开宣传"，包括以各种途径向社会公众传播吸收资金的信息，以及明知吸收资金的信息向社会公众扩散而予以放任等情形。

三、关于"社会公众"的认定问题

下列情形不属于《最高人民法院关于审理非法集资刑事案件具体应用法律若干问题的解释》第一条第二款规定的"针对特定对象吸收资金"的行为，

应当认定为向社会公众吸收资金：

（一）在向亲友或者单位内部人员吸收资金的过程中，明知亲友或者单位内部人员向不特定对象吸收资金而予以放任的；

（二）以吸收资金为目的，将社会人员吸收为单位内部人员，并向其吸收资金的。

四、关于共同犯罪的处理问题

为他人向社会公众非法吸收资金提供帮助，从中收取代理费、好处费、返点费、佣金、提成等费用，构成非法集资共同犯罪的，应当依法追究刑事责任。能够及时退缴上述费用的，可依法从轻处罚；其中情节轻微的，可以免除处罚；情节显著轻微、危害不大的，不作为犯罪处理。

五、最高人民法院、最高人民检察院、公安部、中国证券监督管理委员会《关于整治非法证券活动有关问题的通知》（2018 年 1 月 2 日公布）

（三）关于非法经营证券业务的责任追究。任何单位和个人经营证券业务，必须经证监会批准。未经批准的，属于非法经营证券业务，应予以取缔；涉嫌犯罪的，依照刑法第二百二十五条之规定，以非法经营罪追究刑事责任。对于中介机构非法代理买卖非上市公司股票，涉嫌犯罪的，应当依照刑法第二百二十五条之规定，以非法经营罪追究刑事责任；……

六、中华人民共和国国务院令第 247 号《非法金融机构和非法金融业务活动取缔办法》（自 1998 年 7 月 13 日起施行）

第四条 本办法所称非法金融业务活动，是指未经中国人民银行批准，擅自从事的下列活动：

（一）非法吸收公众存款或者变相吸收公众存款；

（二）未经依法批准，以任何名义向社会不特定对象进行的非法集资；

（三）非法发放贷款、办理结算、票据贴现、资金拆借、信托投资、金融租赁、融资担保、外汇买卖；

（四）中国人民银行认定的其他非法金融业务活动。

前款所称非法吸收公众存款，是指未经中国人民银行批准，向社会不特定对象吸收资金，出具凭证，承诺在一定期限内还本付息的活动；所称变相吸收公众存款，是指未经中国人民银行批准，不以吸收公众存款的名义，向社会不特定对象吸收资金，但承诺履行的义务与吸收公众存款性质相同的活动。

七、国务院、国务院证券委员会《证券、期货投资咨询管理暂行办法》（自 1998 年 4 月 1 日起施行）

第三条 从事证券投资咨询业务，必须依照本办法的规定，取得中国证监会的业务许可。未经中国证监会许可，任何机构和个人均不得从事本办法第二条所列各种形式证券投资咨询业务。

......

第十二条 从事证券、期货投资咨询业务的人员，必须取得证券、期货投资咨询从业资格并加入一家有从业资格的证券投资咨询机构后，方可从事证券、期货投资咨询业务。

任何人未取得证券、期货投资咨询从业资格的，或者取得证券、期货投资咨询从业资格，但是未在证券、期货投资咨询机构工作的，不得从事证券、期货投资咨询业务。

（北京市朝阳区人民检察院第二检察部　郭政宏）

以私募基金的名义非法吸收公众存款
行为的认定

——崔某某非法吸收公众存款案

【关键词】

非法吸收公众存款　有限合伙　私募投资基金管理人登记证明

【基本案情】

经审查认定：

叁陆伍投资基金（北京）有限公司（以下简称"叁陆伍基金公司"）成立于2014年1月21日，经营范围为非证券业务的投资、投资管理、咨询，2015年1月29日取得私募投资基金管理人登记证明；公司法定代表人为刘某某（另案处理），股东为崔某某（持股95%）、刘某某（持股5%），董事长、实际控制人为崔某某。

2014年1月至12月间，被告人崔某某先后成立北京中基伟创资本运营中心、北京叁陆伍创富资产管理中心、北京信诚兴业资本运营中心、北京信诚天扬资本运营中心、北京中基天扬资本运营中心等多家有限合伙企业，用于投资蓝天制药、铸邦新型环保、金宇源光电子、创富1号等项目，每个有限合伙企业对应一个投资项目。2014年5月至2015年6月间，被告人崔某某伙同刘某某、毕某某（另案处理）等人，以叁陆伍基金公司的名义发起设立基金，由投资人认购，投资人委托叁陆伍基金公司对所认购的全部基金份额进行管理和运作，并收取年化收益率 7.2% 至 14% 不等的投资回报。被告人崔某某以上述有限合伙企业的名义与投资人、叁陆伍基金公司签订三方合伙协议，同时签订有限合伙份额收购书、承诺函。承诺如果投资人的项目投资（包括本金和收益）在到期之日未能达到预期最低收益，叁陆伍基金公司同意收购其初始入资金额所对应的有限合伙份额，价格为被收购方取得有限合伙份额所支付的溢价，且叁陆伍基金公司为投资风险提供担保，保证有限合伙能够按照合伙协议约定支付收益和退回本金，叁陆伍基金公司为投资人本金及收益承担无限连带责任。

以投资上述项目为由，采取散发宣传材料、拨打邀约电话等方式，承诺保本付息，吸引投资人入伙上述合伙企业或者购买相关债权，以私募基金的名义和形式，利用上述有限合伙向 70 余名投资人募集资金 5000 余万元，多数投资人购买的单只私募基金金额并未达到 100 万元。投资人主要通过 POS 机刷卡等方式将款项支付给了项目对应的有限合伙。被告人崔某某将这些资金通过王某某、尹某某、崔某某、刘某某、陈某某等人账户转入其名下账户，除部分用于项目、日常支出和工资提成外，其他资金被崔某某挥霍。

【诉讼过程和结果】

2015 年 8 月 27 日，投资人赵某某报案称：2014 年 8 月，叁陆伍投资基金（北京）有限公司以投资新型环保材料（扩建基金项目）有高额返利为由，让其投资了 30 万元，到期未兑现本息。2015 年 10 月 20 日，北京市公安局朝阳分局对叁陆伍投资基金（北京）有限公司涉嫌非法吸收公众存款案立案侦查，并于 2015 年 11 月 19 日将该公司董事长崔某某上网追逃。2017 年 4 月 5 日 15 时许，叁陆伍公司员工郝某某在地铁 5 号线崇文门站发现网上在逃人员崔某某，后在地铁巡控民警的协助下扭送至南磨房派出所。

被告人崔某某因涉嫌非法吸收公众存款罪于 2017 年 4 月 5 日被北京市公安局朝阳分局刑事拘留；同年 5 月 9 日被北京市朝阳区人民检察院批准逮捕，2018 年 3 月 5 日北京市朝阳区人民检察院以被告人崔某某非法吸收公众存款罪向北京市朝阳区人民法院提起公诉。同年 6 月 1 日北京市朝阳区人民法院作出有罪判决，判决已生效。法院审理认为被告人崔某某伙同他人未经有关部门批准，向社会公开宣传，承诺在一定期限内以货币方式还本付息，向社会公众变相吸收资金，其行为扰乱了金融秩序，触犯了刑法相关规定，已构成非法吸收公众存款罪，且犯罪数额巨大，依法应予惩处。在共同犯罪中，被告人崔某某是犯罪活动的组织者、领导者，也是犯罪资金的实际控制人，属于起主要作用的主犯。以非法吸收公众存款罪判处被告人崔某某有期徒刑 6 年，并处罚金人民币 30 万元。

【主要问题】

如何认定以私募基金的名义非法吸收公众存款的行为？

【指导意义】

一、分歧意见

近年来，以私募基金为名的非法集资犯罪逐渐成为我国非法集资犯罪的重灾区，由于私募基金法律关系复杂、金融专业性较强，一些不法分子有意规避法律，以金融创新为噱头，打着私募的旗号募集资金，募集过程游走于合法私募和非法集资的边缘，变相吸收资金，犯罪手段隐蔽，具有较大欺骗性。对于本案，被告人崔某某行为是否构成非法吸收公众存款罪，目前主要有两种观点：

第一种观点认为，被告人行为不构成犯罪，主要理由有：叁陆伍基金公司已按照规定在基金业协会登记，具有私募投资基金管理人登记证明，具备募集资金的主体资格，开展的私募业务在其经营范围内，采取合规的合伙企业组织形式且每个合伙企业的投资者不超过 50 人，投资人数在法律规定的范围内，项目端的实体业务真实存在，一部分资金确实按照约定投入了项目端，因此被告人的行为是合法的私募基金行为。

第二种观点认为，被告人崔某某的行为构成非法吸收公众存款罪，主要理由有：叁陆伍基金公司及其成立的有限合伙均非国家金融机构，不具备吸收公众存款的职能，被告人崔某某在未进行私募基金备案的情况下募集资金，使用发传单、打电话等方式公开联系投资人，不符合国家金融管理法律法规的要求，扰乱金融秩序，应认定构成非法吸收公众存款罪。

二、案件定性

我们赞成第二种意见，认为被告人崔某某的行为构成非法吸收公众存款罪。2010年最高人民法院发布的《关于审理非法集资刑事案件具体应用法律若干问题的解释》（以下简称《解释》）第1条第1款规定："违反国家金融管理法律规定，向社会公众（包括单位和个人）吸收资金的行为，同时具备下列四个条件的，除刑法另有规定的以外，应当认定为刑法第176条规定的'非法吸收公众存款或者变相吸收公众存款'：（一）未经有关部门依法批准或者借用合法经营的形式吸收资金；（二）通过媒体、推介会、传单、手机短信等途径向社会公开宣传；（三）承诺在一定期限内以货币、实物、股权等方式还本付息或者给付回报；（四）向社会公众即社会不特定对象吸收资金。未向社会公开宣传，在亲友或者单位内部针对特定对象吸收资金的，不属于非法吸收或者变相吸收公众存款。"

该条规定了构成非法吸收公众存款罪应当同时具备的四个条件，即"非法性、公开性、利诱性、社会性"。2014年8月21日中国证券监督管理委员会发布实施的《私募投资基金监督管理暂行办法》（以下简称《办法》）就私募投资基金登记备案、投资者要求、资金募集方式、投资运作等作出了详细的规定。因私募基金①在募集操作上具有特殊的规范要求，就此，我们从私募基金的募集主体、募集对象、募集方式等方面，对以私募基金的名义进行吸收公众存款行为是否同时符合上述"四性"条件进行审查：

1. 审查私募主体是否已完成私募基金管理人登记且募集基金完毕后是否按照基金业协会的规定办理基金备案手续。我国法律法规对私募基金实施的

---

① 私募基金，又称私募投资基金，是指通过非公开方式，面向少数特定资格的投资者募集资金，通常豁免审核而设立的投资基金。参见陈向聪：《中国私募基金立法问题研究》，人民出版社2009年版，第17页。

是私募基金管理人登记＋私募基金备案制度。《办法》规定，对私募基金管理机构和发行私募基金不设行政审批，允许各类发行主体在依法合规的基础上，向累计不超过法律规定数量的投资者发行私募基金；各类私募基金管理人应当根据基金业协会的规定，向基金业协会申请登记，报送相关信息；各类私募基金募集完毕，私募基金管理人应当根据基金业协会的规定，办理基金备案手续。当然，基金业协会为私募基金管理人和私募基金办理登记备案不构成对私募基金管理人投资能力、持续合规情况的认可，不作为对基金财产安全的保证。可以说，私募基金管理人没有严格的市场准入限制，只需向基金业协会登记，发行的私募基金仅进行备案，虽然我国对于私募基金管理人设置的门槛较低，私募基金也是审批豁免，但如果涉案公司没有进行私募基金管理人登记且没有办理基金备案手续，或是仅进行了登记或者基金备案，就具有了非法吸收公众存款的"非法性"特征，也就是说，即使私募基金管理人进行了登记备案也不一定都合法。本案中，被告人崔某某所利用的叁陆伍基金公司虽然具有私募投资基金管理人登记证明，进行了私募基金管理人登记，设立合法，但是并未对其发行的基金进行过备案，显然不是合规的私募基金，违反了《办法》的规定，具备了非法吸收公众存款的"非法性"特征。

2. 审查募集对象是否属于特定的合格投资者。私募基金的合格投资者是指具备相应风险识别能力和风险承担能力，投资单只私募基金的金额不低于100万元且符合一定标准的单位和个人。除了要求投资单只私募基金的金额不低于100万元这个要求之外，针对投资人是单位的，还要求净资产不低于1000万元；针对投资人是个人的，还要求个人金融资产不低于300万元或者最近三年个人年均收入不低于50万元的个人。因此，投资的单只私募基金金额若低于100万元，则多具有非法性。私募基金发行审批豁免的关键之一就在于对投资者资格的限制，以此保证私募基金的投资者是成熟投资人，对于投资风险具有认知、分析和承受的能力，能够自我保护。对于本案，大多数的投资人投资金额在100万元以下，多数投资人并不符合合格投资人的条件，且该公司采用公开募集的方式面向社会招募投资人，募集的对象主要是投资经验少、年龄层次高、文化水平低、自我保护能力差的人，不设立最低门槛，多数不属于特定的合格投资者，行为已经具备了非法吸收公众存款的"社会性"特征。

值得注意的是，合法的私募还需要限定投资者人数。《办法》规定单只私募基金的投资者人数累计不得超过《证券投资基金法》《公司法》《合伙企业法》等法律规定的特定数量。根据上述规定，如果投资者直接申购私募基金，该私募基金发行的投资者不能超过200人；采用有限责任公司及合伙企业组织形式的私募基金，投资者人数不能超过50人；采用股份有限公司组织形式的私募基金，投资者人数不能超过200人。同时又根据《办法》第十三条第二款的规定，以合伙企业、契约等非法人形式，通过汇集多数投资者的资金直接或者间接投资于私募基金的，私募基金管理人或者私募基金销售机构应当进一步核查最终投资者是否为合格投资者，并合并计算投资者人数。

3. 审查是否采取公开宣传的募集手段向社会公众吸收存款。《办法》规定，私募基金管理人、私募基金销售机构不得向合格投资者之外的单位和个人募集资金，不得通过报刊、电台、电视、互联网等公众传播媒体或者讲座、报告会、分析会和布告、传单、手机短信、微信、博客和电子邮件等方式，向不特定对象宣传推介。在本案中，叁陆伍基金公司业务员通过拨打电话、散发宣传材料、在住宅小区发放易拉宝等方式向社会公开宣传，已经具备了非法吸收公众存款的"公开性"特征。

4. 审查是否对投资人承诺保本付息。非法集资中的利诱性是指集资者向投资者承诺在一定期限内以货币、实物、股权等方式还本付息或者给予回报。私募基金投资实为风险投资，未来收益具有不确定性，投资人按照私募基金持有份额享受投资收益，而非固定收益。《办法》规定，私募基金管理人、私募基金销售机构不得向投资者承诺投资本金不受损失或者承诺最低收益。对于私募基金管理人自行销售私募基金的，应当采取问卷调查等方式，对投资者的风险识别能力和风险承担能力进行评估，由投资者书面承诺符合合格投资者条件，并由投资者签订风险揭示书。本案中，叁陆伍基金公司不但没有对投资人进行风险提示，反而通过与投资人签订合伙协议，收购协议，承诺函等，承诺到期支付收益及本金，让投资人确信投资没有风险，与银行吸收存款定期返本并支付固定的回报具有相同的性质，其经营方式已经具备了非法吸收公众存款的"利诱性"特征。

综上所述，本案中崔某某的行为具有"非法性、公开性、利诱性、社会性"，构成非法吸收公众存款罪。

三、案件办理效果

对于以私募基金的名义进行吸收公众存款的行为，要重点审查私募主体是否已完成私募基金管理人登记且募集基金完毕后是否按照基金业协会的规定办理基金备案手续，审查募集对象是否属于特定的合格投资者，审查是否采取公开宣传的募集手段向社会吸收公众存款，以及审查是否对投资人承诺保本付息，进而判断是否同时具备非法吸收公众存款的"非法性、公开性、利诱性、社会性"。

【相关法律规定】

一、《私募投资基金监督管理暂行办法》（2014 年 8 月 21 日公布）

第五条 中国证监会及其派出机构依照《证券投资基金法》、本办法和中国证监会的其他有关规定，对私募基金业务活动实施监督管理。

设立私募基金管理机构和发行私募基金不设行政审批，允许各类发行主体在依法合规的基础上，向累计不超过法律规定数量的投资者发行私募基金。

......

第七条 各类私募基金管理人应当根据基金业协会的规定，向基金业协会申请登记，报送以下基本信息：

......

基金业协会应当在私募基金管理人登记材料齐备后的 20 个工作日内，通过网站公告私募基金管理人名单及其基本情况的方式，为私募基金管理人办结登记手续。

第八条 各类私募基金募集完毕，私募基金管理人应当根据基金业协会的规定，办理基金备案手续，报送以下基本信息：

......

基金业协会应当在私募基金备案材料齐备后的 20 个工作日内，通过网站公告私募基金名单及其基本情况的方式，为私募基金办结备案手续。

第九条 基金业协会为私募基金管理人和私募基金办理登记备案不构成对私募基金管理人投资能力、持续合规情况的认可；不作为对基金财产安全的保证。

第十二条 私募基金的合格投资者是指具备相应风险识别能力和风险承担能力，投资于单只私募基金的金额不低于 100 万元且符合下列相关标准的单位和个人：

（一）净资产不低于 1000 万元的单位；

（二）金融资产不低于 300 万元或者最近三年个人年均收入不低于 50 万元的个人。

前款所称金融资产包括银行存款、股票、债券、基金份额、资产管理计划、银行理财产品、信托计划、保险产品、期货权益等。

第十三条 下列投资者视为合格投资者：

（一）社会保障基金、企业年金等养老基金，慈善基金等社会公益基金；

（二）依法设立并在基金业协会备案的投资计划；

（三）投资于所管理私募基金的私募基金管理人及其从业人员；

（四）中国证监会规定的其他投资者。

以合伙企业、契约等非法人形式，通过汇集多数投资者的资金直接或者间接投资于私募基金的，私募基金管理人或者私募基金销售机构应当穿透核查最终投资者是否为合格投资者，并合并计算投资者人数。但是，符合本条第（一）、（二）、（四）项规定的投资者投资私募基金的，不再穿透核查最终投资者是否为合格投资者和合并计算投资者人数。

第十四条 私募基金管理人、私募基金销售机构不得向合格投资者之外的单位和个人募集资金，不得通过报刊、电台、电视、互联网等公众传播媒体或者讲座、报告会、分析会和布告、传单、手机短信、微信、博客和电子邮件等方式，向不特定对象宣传推介。

第十五条　私募基金管理人、私募基金销售机构不得向投资者承诺投资本金不受损失或者承诺最低收益。

第十六条　私募基金管理人自行销售私募基金的，应当采取问卷调查等方式，对投资者的风险识别能力和风险承担能力进行评估，由投资者书面承诺符合合格投资者条件；应当制作风险揭示书，由投资者签字确认。

二、中华人民共和国证券投资基金法（2015年4月24日发布）

第八十七条　非公开募集基金应当向合格投资者募集，合格投资者累计不得超过二百人。

前款所称合格投资者，是指达到规定资产规模或者收入水平，并且具备相应的风险识别能力和风险承担能力、其基金份额认购金额不低于规定限额的单位和个人。

……

三、中华人民共和国公司法（2018年修正）

第二十四条　有限责任公司由五十个以下股东出资设立。

第七十八条　设立股份有限公司，应当有二人以上二百人以下为发起人，其中须有半数以上的发起人在中国境内有住所。

四、中华人民共和国合伙企业法（2006年修正）

第六十一条　有限合伙企业由二个以上五十个以下合伙人设立；但是，法律另有规定的除外。

有限合伙企业至少应当有一个普通合伙人。

（北京市朝阳区人民检察院第二检察部　逯文芳）

新型多人复杂涉众非法集资类犯罪的处理

——蒋某某等八人非法吸收公众存款案

【关键词】

共同犯罪　私募基金　认罪认罚从宽　分级处理

【基本案情】

经审查认定:

(1) 2012年2月,犯罪嫌疑人蒋某某伙同董某甲、冯某某在本市朝阳区某某大厦成立华融银安投资基金(北京)有限公司(以下简称"华融银安公司")从事项目融资业务,并招收白某某、董某乙、金某某等人成立销售团队,并设定严格的团队级别区分及职务晋升条件,从而形成客户经理、总监、高级总监、资深总监、部门经理的管理体系。2013年7月,董某甲退出华融银安公司,股东变更为中房联合集团能源科技有限公司及中房能科(北京)投资基金管理有限公司,犯罪嫌疑人李某甲为该公司董事长。华融银安公司自成立后至2014年5月案发,持续对外以新发地芽菜、萤石矿等项目为名义,通过三方渠道人员、电话渠道等宣传方式,辅以网络宣传,承诺年投资回报率8%—12%,面向社会公众募集资金,到期后返本付息。

2012年2月至2014年5月总计向1100余人吸收资金人民币151567万元,其中用于向投资人返还本金总计人民币75000余万元;用于向投资人分红(付息)总计人民币14000余万元;用于工资支出、房租支出等公司运营成本总计人民币 3088 万余元；用于支付公司业务员及第三方渠道人员的佣金支出经概算达人民币 6500 余万元；对外投资房地产等项目总计人民币 34000 万余元，仍有人民币 19000 余万元资金缺口无法查实去向。

（2）2012 年 9 月，犯罪嫌疑人蒋某某伙同董某甲、魏某某在本市朝阳区京广中心成立华融普银投资基金（北京）有限公司（以下简称"华融普银公司"）从事项目融资业务，至 2013 年 7 月，董某甲退出华融普银公司；同年 9 月，此公司股东变更为中房联合集团能源科技有限公司及中房能科（北京）投资基金管理有限公司，犯罪嫌疑人李某甲为该公司董事长。因华融普银公司成立在后，且二公司高层领导基本保持一致，所以华融普银公司基本沿袭了华融银安公司的部门设置方式、主要经营模式及业务人员职务晋升模式等经营内核。除此之外还逐渐将华融银安公司已成型的销售团队承继下来，故市场各分部的稳定性较强，部门经理一级人员亦稳定，但是资深总监级以下人员因业绩变化，职务也相应会发生变化。华融普银公司自成立后至 2014 年 5 月案发，持续对外以成都某某医院、新发地、山东高速、亦庄房地产及外地诸多投资项目为名义，通过三方渠道人员、电话渠道等宣传方式，辅以网络宣传，承诺年投资回报率 8%—12%，面向社会公众募集资金，到期后返本付息。

2012 年 11 月至 2014 年 4 月总计向 2700 余人吸收资金 402782.3909 万元，其中用于向投资人返还本金总计人民币 102000 余万元；用于向投资人分红（付息）总计人民币 22000 余万元；用于工资支出、房租支出等公司运营成本总计人民币 4500 余万元；用于支付公司业务员及三方渠道人员的佣金支出经概算达人民币 22300 余万元；对外投资房地产等项目总计人民币 192500 万余元，仍有人民币 58000 余万元资金缺口无法查实去向。

华融银安、华融普银二公司总计向 3900 余人变相非法吸收公众存款 55 亿余元，未返还本金总计约 36.6 亿余元。

两个公司的经营范围相同，均为一般经营项目：非证券业务的投资、投资管理、咨询。不得从事下列业务：1. 发放贷款；2. 公开交易证券类投资或金融衍生品交易；3. 以公开方式募集资金；4. 对除被投资企业以外的企业提供担保。华融银安及华融普银虽然是两家独立的公司，但由于两公司的核心层相同，且项目存在关联，因此两公司的经营方式趋同，大致如下：

第一，公司市场各部通过投资咨询公司等中介渠道、银行理财人员（以上二种统称"三方渠道"）、电话销售、网络宣传等方式向潜在投资人宣传投资项目。两公司推出的基金项目主要有山东某某高速公路项目、成都某某医院医疗中心项目、京西北农产品物流仓储项目、新发地物流基金项目、新发地空港物流项目、新发地芽菜项目、中房能科亦庄项目、蓖麻项目、萤石矿项目等。

第二，如投资人选择了其中意的投资项目，则由业务员（既有可能是公司职员也有可能是三方渠道人员）与客户签订合伙协议书、股权回购协议书（以上两项均是华融普银或者银安公司与投资人签署的）、协议履约担保函（担保单位向投资人出具）、投资确认函（华融普银或者银安公司向投资人出具的）。其中合伙协议中标明"资金起息日、首次分红日、本金及红利返还日"，股权回购协议中标明"承诺逾期收购股权金额"，充分反映了涉案公司向投资人所发出的要约是"返本付息"。

依据合伙协议，投资人与华融银安或华融普银公司依据投资项目的不同共同成立多个合伙企业，每个合伙企业中，华融银安或华融普银公司占1%—2%的法人股，另98%—99%由为项目投资的自然人占股，一般找49个自然人，25个合伙企业有5个在北京注册，另20个在上海的保税区注册。

投资人投资以10万元为起点，10万元至49万元的年化投资收益率为8%，50万元至99万元的年化投资收益率为9%，100万元以上的的年化投资收益率为11%，以上投资收益率均为1年期基金；2年期基金的年化投资收益率为12%。投资周期以1年为一般，2年为特殊，半年分红一次，到期后返本付利。

第三，投资人签订投资一揽子协议后，向华融银安或华融普银公司指定的公账户入资，并将书面协议、汇款凭证、投资人身份证复印件一并交回业务员，由业务员交至公司客服部登记备案。客服部负责划分业绩归属，制作投资人投资项目及金额、返利时间及金额、业务员佣金金额的备案表格。

第四，华融银安或华融普银公司依据合伙协议，将合伙企业的资金成立基金项目，并以该基金项目投资，投资方式是在具体开发目标项目的公司获得股权。

此部分主要证据是投资人证言，涉案公司员工证言，三方渠道人员证言，书面合同（合伙协议、股权回购协议、汇款凭证等）、佣金支付单等书证，犯罪嫌疑人供述与辩解等相互印证。

公司架构比较清晰，除市场部随着公司规模的壮大而划分得更明确且分部更多，其他部门均保持稳定性。市场部没有一个总的负责人予以统领各市场分部，而是由市场各部门经理直接向副总裁董某甲负责。

按照公司部门分工可分为：行政（办公室）——主要负责公司的办公用品及办公设施的采购；人力资源——职责为给员工办理入职和离职手续，员工社保和工资、考勤；财务——职责为对公账户、支票及支出凭单等账证的管理，发放员工工资，支付返利返息，收取投资款；客服——客服部负责收审投资人签署的合伙协议、股权回购协议等文书，统计销售人员的业绩，统计支付给投资人的返利情况等；项目部——负责项目考察及包装；市场部——分为市场一部、二部、四部、六部及华融信诚基金公司（三部），均负责推销投资项目，与客户签订合同，带领客户交款。市场各部依据销售业绩对员工的职位由上而下分为经理、资深总监、高级总监、总监、客户经理；资产管理公司法人魏某某，主要业务范围就是负责跟各大券商、信托、银行商等金融机构谈业务上的对接，但实际执行与市场部同样是进行项目融资。

本案以客观证据为基础，以证人证言、犯罪嫌疑人供述为印证，能够证明华融银安公司、华融普银公司的经营模式，起获的投资人签订的合同（合伙协议、股权回购协议、担保函等）、项目宣传材料，投资人证言、涉案公司员工证言、三方渠道人员证言，犯罪嫌疑人的供述等，可以证实两公司的经营模式，如下：

第一，公司市场各部通过投资咨询公司等中介渠道、银行理财人员（以上二种统称"三方渠道"）、电话销售、网络宣传等方式向潜在投资人宣传投资项目。

第二，如投资人选择了其中意的投资项目，则由业务员（既有可能是公司职员也有可能是三方渠道人员）与客户签订合伙协议书、股权回购协议书、协议履约担保函等书面合同。

第三，投资人签订投资一揽子协议后，向华融银安或华融普银公司指定的公账户入资，并将书面协议、汇款凭证、投资人身份证复印件一并交回业务员，由业务员交至公司客服部登记备案。

第四，华融普银及华融银安公司向融资目标项目投资。

根据司法审计材料显示：华融银安公司自2012年2月至2014年5月，共有一千余人投资数十亿元。返本付息情况：向投资人分红（付息）约占资金收入的9%；返还本金总额约占资金总收入的49%；运营成本情况占资金收入的2%；佣金支出，业务员及位于其上层的业务领导在吸收投资人投资后，均会获得一定比例佣金提成，这个比例按规定应在5%—5.5%之间浮动，但现实情况是部分业务员为拉拢三方渠道人员为自己提供客户，从而提升业绩，向渠道人员许以高出规定比例的佣金提成，也有少数情况是低于标准的，这可以从佣金支出凭单等材料中体现出来，约占资金收入的4%，对外投资占资金收入的22%。

华融普银公司自2012年11月至2014年4月，共有二千余人投资数十亿元。返本付息情况，约占资金总收入的24%；运营成本约占资金收入的8%。

【诉讼过程和结果】

北京市公安局朝阳分局分别于2014年11月27日（董某甲等36人）、2014年12月26日（丛某某等3人）、2015年2月13日（蒋某某等3人）向朝阳区人民检察院移送审查起诉，朝阳区人民检察院依法并案处理，经审查认为，高管4人中蒋某某、魏某某、董某甲均系华融普银、华融银安公司从事非法吸存行为的策划者、组织者，是非吸模式的设计者和非吸行为的推动者，且在股权转让过程中获取巨额股权转让金，系二涉案单位"直接负责的主管人员"，依法提起公诉，业务部门经理级拟4人起诉，其余32人作出相对不起诉决定。全案认定为单位犯罪，经审查现华融银安公司、华融普银公司已无办公场地及人员，无法找到诉讼代表人应诉，故建议对本案虽以单位犯罪起诉，但在起诉书中不将两家单位列为"被告单位"。朝阳区人民检察院于 2015 年 6 月 1 日以非法吸收公众存款罪向北京市朝阳区人民法院提起公诉，经法院审理，于 2017 年 3 月 30 日作出一审判决，被告人蒋某某判处有期徒刑 9 年 10 个月，并处罚金人民币 50 万元；被告人魏某某犯非法吸收公众存款罪，判处有期徒刑 8 年，并处罚金人民币 40 万元；被告人董某甲犯非法吸收公众存款罪，判处有期徒刑 9 年 6 个月，并处罚金人民币 50 万元；被告人李某甲犯非法吸收公众存款罪，判处有期徒刑 9 年 6 个月；被告人卢某某犯非法吸收公众存款罪，判处有期徒刑 5 年，并处罚金人民币 20 万元；被告人白某某犯非法吸收公众存款罪，判处有期徒刑 5 年，并处罚金 20 万元；被告人王某甲犯非法吸收公众存款罪，判处有期徒刑 5 年，并处罚金 20 万元；被告人邱某某犯非法吸收公众存款罪，判处有期徒刑 4 年 6 个月，并处罚金人民币 2 万元；责令蒋某某、魏某某、董某甲、李某甲、卢某某、白某某、王某甲、邱某某退赔投资人的经济损失。

后上述八名被告人上诉，北京市第三中级人民法院于 2017 年 8 月 11 日经审理驳回上诉，维持原判，现判决已经生效。

【主要问题】

1. 涉众型非法集资类案件的定性以及处理。

2. 被告人众多的非法吸收公众存款罪如何实现分级处理从而做到罪责刑相适应？

3. 私募基金类非法集资如何进行处理？

【案件分析】

一、案件定性

（一）关于是否认定单位犯罪，有两种分歧意见：

1. 认定是自然人犯罪的理由

（1）从本案嫌疑人成立公司的主观目的来看，华融普银、华融银安两公司成立的初衷就是通过非法吸收公众存款进行融资。本案中，华融普银、华融银安两公司自成立以来，虽然一直是以公司的名义对外吸收公众存款，但是并不必然构成单位犯罪。根据犯罪嫌疑人的供述和工商登记材料、公司账户的资金往来明细、公司的相关账目可以证实，华融普银、华融银安成立的目的就是通过非法吸收公众存款的方式融资，再以投资项目营利的方式归还所承诺的高额回报。嫌疑人后续成立的三个管理中心（有限合伙）均是为了进行非法吸存而成立的。

根据 1999 年 7 月 3 日最高人民法院《关于审理单位犯罪案件具体应用法律有关问题的解释》第 2 条的规定，个人为进行违法犯罪活动而设立的公司、企业、事业单位实施犯罪的，不以单位犯罪论处。

（2）从公司成立后的运营情况来看，华融普银、华融银安两公司成立后以实施非法吸收公众存款为主要活动：

第一，两公司成立后，公司的核心业务部门是十个市场部，两公司的大部分员工均隶属市场部，市场部的主要工作职责便是面向公众非法吸收存款。为了激励员工非法吸存，公司还制定了十分诱人的奖励措施和晋级制度。

第二，两公司成立后公司运营的资金、员工工资、对外投资的资金、支付投资人的分红和返还本金，几乎全部来源于吸收公众的存款（成立初期，股东有少量出资）。

第三，尽管公司也开展了其向公众宣传的所谓经营项目，但是这些项目是否足以产生利润支付其承诺投资人的回报无法查实，但至少截至案发前没有盈利，而其不断地向投资者承诺的"还本付息"只能通过继续吸收后续投资者的资金来实现偿还。

可见，华融普银、华融银安两公司成立后到案发都是围绕着非法吸收公众存款的行为而展开。根据 1999 年 7 月 3 日最高人民法院《关于审理单位犯罪案件具体应用法律有关问题的解释》第 2 条的规定，公司、企业、事业单位设立后，以实施犯罪为主要活动的，不以单位犯罪论处。

2.认定是单位犯罪的理由

（1）华融普银、华融银安两个公司具备单位犯罪的主体资格。

刑法第 30 条规定："公司、企业、事业单位、机关、团体实施的危害社会的行为，法律规定为单位犯罪的，应当负刑事责任。"而刑法第176条明确了单位可以构成非法吸收公众存款罪的犯罪主体。

（2）华融普银、华融银安两个公司以单位的名义实施了非法吸收公众存款的行为，并且违法所得归单位所有。

在本案中，两公司所吸收资金全部进入公司账户，而且，这些资金中，除了支付返本付息、运营成本、佣金支出、对外投资之外，剩余钱款也都留在公司账户。本案犯罪嫌疑人在自己所吸收的全部资金中，除了获得按公司规定所应得的佣金外，没有将一分钱私自占为己有。2001年1月21日发布的《全国法院审理金融犯罪案件工作座谈会纪要》（法〔2001〕8号）文件在第二项内容（一）中规定："根据刑法和最高人民法院《关于审理单位犯罪案件具体应用法律有关问题的解释》的规定，以单位名义实施犯罪，违法所得归单位所有的，是单位犯罪。"

（3）华融普银、华融银安两个公司以单位的名义对外投资项目建设，大多数均合法有效。

华融普银、华融银安两个公司一直以其对外投资各实体项目为名来吸引公众集资，这些项目投资金额占公司所吸存资金的比例很大。而且项目本身合法且真实存在，具有一定的投资意义和价值，只是项目的盈利需要一定的周期，因而截至案发尚未实现投资目的。

3. 倾向性意见

根据宽严相济的刑事政策，检察机关倾向于第二种意见，但是需要说明的是，无论采取哪种意见，都要着重考虑犯罪嫌疑人的认罪态度和退赃情况。但是对于拒不认罪、拒绝退赃的犯罪嫌疑人，只要其行为符合非法吸收公众存款罪的犯罪构成要件，无论其属于何层级，原则上都应当追究其刑事责任。

（二）本案应当属于非法吸收公众存款罪而不是集资诈骗罪

集资诈骗罪与非法吸收公众存款罪的主要区别在于主观是否具有非法占有的目的，由于非法占有目的具有内在性和不可测性，所以最高人民法院《关于审理单位犯罪案件具体应用法律有关问题的解释》第4条列举了可以认定为非法占有目的的七种情形，主要涉及的是犯罪分子对吸收资金的处理方式。本案现有的证据证实华融普银、华融银安公司的吸收的资金主要进入两公司的银行账户，资金的去向是向投资者返还本金、支付分红和对外投资经营，公司主要负责人到案后对资金用途的供述与起获的公司账目，查封、冻结的财物情况基本一致。本案现有证据不足以证实在案犯罪嫌疑人对集资款具有非法占有的目的，不构成集资诈骗罪。

案发后华融银安及华融普银的总裁蒋某某，华融银安、华融普银被收购后的实际控制人李某甲，曾任华融银安董事长的冯某某，都曾经或现在逃匿中，但是本案现没有证据显示上述人员有携带集资款逃匿的情形，故不能认定上述人员构成集资诈骗罪。

另外，与非法吸收公众存款罪、集资诈骗罪行为方式及所造成的后果相似的犯罪类型还有组织、领导传销罪，非法经营罪。刑法规定组织、领导传销罪是行为人要以推销商品、提供服务等经营活动为名，要求参加者以缴纳费用或者购买商品、服务等方式获得加入资格，并按照一定顺序组成层级，直接或者间接以发展人员的数量作为计酬或者返利依据，引诱、胁迫参加或者继续发展他人参加，骗取财物，扰乱经济社会秩序的行为。该罪成立的特点：一是有购买商品服务之名，无提供商品服务之实，即"欺骗性"；二是内部结构严密，排列依据固定，层级需在3级以上且人员达30人以上，即"层级性"；三是行为人获利依托拉人头、发展下线，层级越高、下线越多，获利越大，即"收益无实物性"。此种犯罪行为明显与本案犯罪行为方式不同。

而非法经营罪是指违反国家规定进行经营行为，扰乱市场秩序，情节严重的行为。鉴于本案实施的犯罪行为虽亦属违反国家相关规定的融资行为，但有更切合且能对行为准确定性的其他特别条款，且行为方式基本不存在边界模糊地带，故在此亦不详细展开论述。

综上，本案的犯罪嫌疑人、被告人的行为所具有的非法性、公开性、利诱性、不特定性的特点都更加符合非法吸收公众存款罪的犯罪构成。

（三）本案存在假借合法私募基金等合法的形式开展非法吸收公众存款的违法犯罪

1.本案获取资金的行为与私募基金行为的辨析：私募基金是指以非公开

方式向投资者募集资金设立的投资基金。中国证监会于 2014 年 8 月公布《私募投资基金监督管理暂行办法》，虽然本案发生在该办法公布之前，但是从该办法可以看出私募基金具有以下几个特点，从而与本案具有本质区别：第一，私募基金最大的特点是非公开性，募集资金的方式不得采取互联网、短信等公开方式，这区别于本案中以业务员随机拨打电话、借助三方渠道、通过网站宣传等宣传方式宣传投资项目；第二，成为私募基金的投资人需要较高门槛，即具有一定经济实力，具备相应风险识别能力和风险承担能力，对投资者的投资金额也有一定的限制，这与本案中涉案公司对投资者经济能力和投资金额没有要求和限制有明显区别；第三，私募基金管理人或销售机构不得以任何方式向投资者承诺投资本金不受损失或者承诺最低收益，并要求其向投资者如实阐明相应风险，区别于本案中涉案公司与客户签订合伙协议书、股权回购协议书，并让关系公司与投资人签订协议履约担保函，其目的就是向投资者表明投资没有风险，承诺还本付息。

2. 本案获取资金的行为与股权众筹行为的辨析是股权众筹是融资者借助互联网上的众筹平台将其准备创办的企业或项目信息向投资者展示，吸引投资者加入，并以股权的形式回馈投资者的融资模式。中国证券业协会于 2014 年 12 月公布了《私募股权众筹融资管理办法（试行）》征求意见稿，推出了令金融从业人员和学者诟病的"私募股权众筹"的概念，使股权众筹向私募基金方向发展。但是股权众筹毕竟与私募基金不同，其借助互联网平台的特点就决定了其不可能以非公开的方式筹集资金，至于其宣传对象的特定与不特定是相对的，主要看对投资者资质和数量限制的程度。

但是股权众筹与本案还是有本质区别的。可以看到，即使在最早引入股权众筹的美国在其《创业企业融资法案》中，也对众筹平台的资质、融资者的登记备案和信息披露义务、投资者的经济实力和投资上限等方面作出了一系列规定。也就是说，无论是私募基金还是股权众筹，都要求融资者和投资者具有一定资质或履行一定义务，最重要的是，绝对禁止融资者向投资者作出还本付息的承诺，其目的就是让投资者对投资对象和投资风险有全面和充分的认识，投资与自己的风险承受能力相匹配的项目，保护投资者的利益，保障金融秩序的稳定。而这些特征与本案中华融普银和华融银安公司以各种方式向投资者表明投资没有风险，并承诺还本付息的行为显然是不一致的。因此，本案中犯罪嫌疑人蒋某某、董某甲、李某甲、魏某某等人以华融银安及华融普银公司的名义，面向社会公众非法获取资金并变相承诺返本付息的经营行为，违背了私募基金和股权众筹非公开性、投资者高规格性、收益风险承担性等本质特点，实质上是打着"私募基金"的幌子进行非法融资的行为。

二、案件处理效果

华融普银案分级处理原则为涉众型非法集资类犯罪适用认罪认罚从宽制度进行了有益探索和尝试，可有效提高诉讼效率。

（一）移送审查起诉共计 40 余人，从任职情况、收入情况、退赔情况等多个维度综合考虑进行分级处理，大胆探索适用认罪认罚从宽制度，基于最大限度追赃挽损、缓和社会矛盾的考虑最终提起公诉 8 人

1. 各犯罪嫌疑人在非法吸收公众存款中的职责和作用

分为高管层、业务部门经理及员工层、非业务部门人员及非公司员工四个层级予以说明：

（1）高管层。系本案犯罪方式的纠集者、指挥者、经营模式制定者，故主观上对利用上文阐述的模式非法获取资金具有明知，而辩解称主观认知为私募或其他合法融资行为，属于因认知能力产生的错误，不影响其具有主观故意；客观行为方面，一是组织成立了两家涉案公司用于从事募集资金的行为，二是所使用的一系列书面协议中明确表明固定的收益率及到期返本付息的实质内容，三是将非法获取的资金除用于办公消耗、对外投资项目外，也切实履行部分返本付息承诺，投资人的证言亦证实自己的投资目的并非风险投资而是保本并获得收益；客观上造成了扰乱金融秩序的后果。

（2）业务部门经理及员工。即市场部和华融普银的资产管理公司是进行非法获取公众资金、运行经营模式的核心部门，依据犯罪嫌疑人供述及涉案公司市场部其他员工证言、电话联络单等证据可以证明业务部门在案人员均

是从最基层的销售员工干起，并依据业绩进行升迁，因此我们基于此可以认定该部门员工均熟知公司的经营模式，并从事了客观的销售行为；但是在主观故意的程度方面，应是由经理层到资深总监等业务骨干、再到普通员工是逐级递减的。

（3）非业务部门人员。犯罪嫌疑人供述及相互指证均证实此部分人员主观上对公司经营方式知晓，客观上为公司的顺利运营提供帮助，其中如财务部为业务部门支付佣金提成，并按照客服部核算情况返本返利等；再如项目部为融资项目制作宣传计划等，均为核心运营行为提供了必不可少的帮助；但是相对核心业务部门人员，此类人员的主观恶性程度较小。

（4）非公司员工。一是犯罪嫌疑人雷某某，系犯罪嫌疑人曹某某（市场资深总监）的三方渠道人员，由曹某某向其介绍项目及投资方式，个人介绍投资金额5000余万元，并在介绍他人投资前进行一定的考察行为，主观恶性程度较低；二是犯罪嫌疑人赵某某，其系中方能科公司股东中房联合置业公司的法人兼董事长，其是否实际参与了非法集资行为，主观是否具有明知，现有证据还不足以证实，需进一步予以审查。

2. 认定各犯罪嫌疑人在非法吸收公众存款中的犯罪数额的参考标准

认定的标准主要是"任职时间标准"和"团队实吸标准"，分别针对在案嫌疑人的具体情况予以区别对待。

（1）认定公司高管层级人员的犯罪数额的参考标准

公司高管人员系犯罪活动的策划者、组织者、领导者，应当对任职期间公司全部的非法吸存数额负责。依据现有犯罪嫌疑人自己的供述，其他同案人员指认的供述，公司其他工作人员的证人证言，从公司起获的通讯录、从公司计算机中起获的通讯录、工资表等书证可以证实上述人员的职务身份和任职期间。依据现有从公司起获的纸质合同、从公司计算机中起获的公司签订合同备案登记、银行出具的公司账户的交易明细，以及鉴定机关对上述材料初步审计后得出的鉴定意见，根据上述证据，结合公司高管的任职时间可以得出每一个人任职期间公司吸收存款的金额，即每一个人负责的犯罪数额。

（2）认定公司市场部门经理、总监、其他人员的数额的参考标准

公司市场部门是负责公司项目宣传、联系投资人、签订合同吸收存款的核心业务部门。对于公司市场部门经理、总监、其他人员的数额认定存在两种思路：一是按照其在公司任职期间公司吸收存款的金额认定，即"任职时间标准"；二是按照其所在团体实际吸收存款的金额认定，即"团队实吸标准"。

"任职时间标准"的理由是：其一，公司市场部门虽然是公司核心业务部门，但与其他部门一样，也只是公司的一个组成部分，与其他部门共同配合完成整个非法吸存犯罪活动。其他非业务部门没有实际吸收存款数额，其成员必然只能对任职期间整个公司吸存的数额负责。如果市场部门人员仅对本部门甚至是团队吸存数额负责，会出现与其他部门成员犯罪数额认定标准不一致的情形。其二，由于从公司起获的纸质合同没有标明签订合同的业务员，而从公司电脑中起获的合同登记仅显示业务员的姓名，没有标明所属的部门，从犯罪嫌疑人的供述、公司其他工作人员的证言以及起获的通讯录可以看到，公司市场部人员变动频繁，有些业务员从通讯录中无法找到归属部门，有些业务员存在部门或团队的变化，无法确定某笔业务归属的部门或团队，因此准确计算出市场部经理、总监任职期间部门、团队的吸存数额在目前的证据情况下无法实现。

"团队实吸标准"的理由是：其一，公司的非业务部门没有实际吸收存款数额，即使对全公司吸收存款的数额负责，其在整个非法吸存犯罪活动中也只是起次要作用或辅助作用，应以从犯认定其刑事责任。其二，市场部门的人员对本部门或团队的吸存数额负责，因为其组织、领导或直接实施了该部分犯罪活动，应当承担相应的刑事责任。

（3）认定公司非业务部门人员犯罪数额的参考标准

公司非业务部门人员因为自身不直接从事吸存活动，只能够按照其任职期间公司吸存金额认定其负责的犯罪数额。具体方法同公司高管的数额认定方法，即首先根据本人供述、他人指认，证人证言，通讯录等证据认定上述人员的职务身份和任职期间，其次根据起获的纸质合同和计算机中提取的合

同备案，查明其任职期间公司吸存的金额，即其本人需要负责的犯罪金额。

（二）需要分级对犯罪嫌疑人进行处理的倾向性意见

1.高管级4人拟起诉。建议对公司高管级4人起诉，分别是蒋某某、李某甲、魏某某、董某甲。理由如下：高管4人中蒋某某、魏某某、董某甲均系华融普银、华融银安公司从事非法吸存行为的策划者、组织者，是非吸模式的设计者和非吸行为的推动者，且在股权转让过程中获取巨额股权转让金，系二涉案单位"直接负责的主管人员"，应予追诉，涉案金额依据4人任职时间计算。

2.业务部门经理级4人拟起诉，其余6人拟作相对不起诉。建议对白某某、王某甲、卢某某、邱某某4人起诉。

业务部门的经理均是从最基层的销售员工干起，并依据业绩进行升迁，因此他们是非吸行为的直接执行者，熟知公司的经营模式，组织和领导自己部门的业务人员开展非吸行为，在部门内起主导作用，对自身的吸存数额和部门的吸存数额负责，理论上属于单位犯罪中应当追诉的"直接责任人"，从犯罪构成来讲均已构成犯罪。

涉案金额采用"团队实吸标准"认定，理由是：其一，公司的非业务部门没有实际吸收存款数额，即使对全公司吸收存款的数额负责，其在整个非法吸存犯罪活动中也只是起次要作用或辅助作用，应以从犯认定其刑事责任。而市场部门的人员对本部门或团队的吸存数额负责，因为其组织、领导或直接实施了该部分犯罪活动，应当承担相应的刑事责任。其二，虽然在证据方面存在明确每位投资者业绩归属的困难性，但是就本案现有证据情况，仍然具有统计在案犯罪嫌疑人中总监级以上人员所带领"团队"吸收存款的操作性。

对于具有上述类似情节的经理，倾向性意见认为应当根据他们在二涉案公司的任职时间、任部门经理的时间、所负责的吸存金额、获利情况及退赃情况、是否具有自首的法定从轻、减轻情节等因素综合考量主观恶性程度，从而确定是否予以起诉。

追诉的参考标准是针对在涉案公司任职时间长、涉案金额大，且不愿接受认罪认罚积极退赃的或无法定减轻情节等方面进行考量，犯罪嫌疑人认罪认罚主动退赃是反映犯罪嫌疑人认罪悔罪的重要体现，故对于此层级中涉案金额虽然大，但高比例退赃的，可以综合全案证据从轻予以考虑。

3. 业务骨干级与高级总监级以上等人的处理需要考虑刑法的谦抑性原则。

一是资深总监和高级总监也是公司吸存行为的直接执行者，但是与业务部门经理相比，其工作更侧重于业务行为，管理的职能较小，部分人员甚至没有自己的团队，即使拥有团队，团队人员的佣金也是由部门经理统一领取，从这点也可以看出其在公司吸存行为中组织、管理作用小，主观恶性程度相对较低，原则上不宜认定为单位犯罪中需要负刑事责任的"其他直接责任人员"；二是根据二涉案公司业务部门依照销售业绩的升职要求，以上人员的级别绝大多数都属于他们曾任职的最高级别，而非其在公司任职时间内的固定职位；三是鉴于二涉案公司发展客户的重要渠道是三方渠道人员，由渠道人员介绍投资人给业务人员后，直接将业绩挂在业务人员名下，故主观恶性相对于一般的直接发展客户的非法吸存行为要小。此层级人员的涉案金额采取"团队吸存标准"计算。

综上，为最大限度追赃挽损，根据罪责刑相适应原则，在针对个案时可以参考对此层级拟提起公诉的标准要严于业务经理级，要综合考虑他们所处的层级，并结合以上人员在二涉案公司的任职时间、获利情况及退赃情况、是否具有自首的法定从轻、减轻情节等因素综合考量其主观恶性程度及实施行为的危害性和悔罪程度作出适当处理。

4. 非业务部门经理级可以充分适用认罪认罚从宽原则，尝试适用相对不起诉。理由如下：

（1）业务部门的高级总监级以下人员属于公司一般员工，直接从事吸存活动，但对于公司的整体经营情况了解不多，仅对自己的吸存数额负责，在公司吸存行为中作用较小，主观恶性较小。

（2）非业务部门的工作对整个公司的吸存行为起到了辅助作用，该部门无论是经理还是一般工作人员对公司的吸存行为作用较小，仅领取工资，没有其他佣金或提成，可以考虑以相对不起诉为原则，起诉为例外。对于任职于二涉案公司非业务部门经理级的人员，要求必须退赃，并达到较高的退赃率，如无退赃行为，则没有适用认罪认罚从宽制度的可能性。

（三）全面梳理案件，尽力追赃挽损

刑法最重要的目的除了惩罚犯罪之外，还应当注意恢复秩序，也就是说，追赃挽损是为了抚平被破坏的金融管理秩序，化解社会矛盾，经过检察机关及公安机关的不断努力，本案追赃效果显著，共扣押、冻结各类财产及财产性权益可估总市值约数十亿元人民币，追赃主要围绕以下几个方面：一是犯罪嫌疑人、被告人的直接犯罪所得。本案共被扣押冻结钱款总计数千万余元人民币，扣押在案部分嫌疑人所获得的物质奖励如汽车房产等，预估市值为700余万元。二是依据资金走向，锁定追赃方向，查封位于河北、河南、江苏等地的房产、股权、林权、探矿权，同时拓展思路，冻结被告人证券账户等。

在追赃的同时，通过复盘经营的情况，对于可能追赃的全部进行追赃，也就是说，对于犯罪嫌疑人在其任职过程中的收入，应当完全进行退还，因其客观上实施了犯罪行为，主观上也起到了帮助犯的作用，这也是认罪悔罪的应有之义，这就要求针对犯罪嫌疑人的违法行为，必须要求检察机关向犯罪嫌疑人及其家属或辩护人做工作，宣讲刑事政策，尽可能追赃挽损，达到三效合一的办案效果。

【相关法律规定】

一、中华人民共和国刑法（2017年修正）

第三十条 【单位负刑事责任的范围】公司、企业、事业单位、机关、团体实施的危害社会的行为，法律规定为单位犯罪的，应当负刑事责任。

第三十一条 【单位犯罪的处罚原则】单位犯罪的，对单位判处罚金，并对其直接负责的主管人员和其他直接责任人员判处刑罚。本法分则和其他法律另有规定的，依照规定。

第一百七十六条 【非法吸收公众存款罪】非法吸收公众存款或者变相吸收公众存款，扰乱金融秩序的，处三年以下有期徒刑或者拘役，并处或者单处二万元以上二十万元以下罚金；数额巨大或者有其他严重情节的，处三年以上十年以下有期徒刑，并处五万元以上五十万元以下罚金。

单位犯前款罪的，对单位判处罚金，并对其直接负责的主管人员和其他直接责任人员，依照前款的规定处罚。

二、最高人民法院《关于审理非法集资刑事案件具体应用法律若干问题的解释》（自 2011 年 1 月 4 日起施行）

第一条 违反国家金融管理法律规定，向社会公众（包括单位和个人）吸收资金的行为，同时具备下列四个条件的，除刑法另有规定的以外，应当认定为刑法第一百七十六条规定的"非法吸收公众存款或者变相吸收公众存款"：

（一）未经有关部门依法批准或者借用合法经营的形式吸收资金；

（二）通过媒体、推介会、传单、手机短信等途径向社会公开宣传；

（三）承诺在一定期限内以货币、实物、股权等方式还本付息或者给付回报；

（四）向社会公众即社会不特定对象吸收资金。

未向社会公开宣传，在亲友或者单位内部针对特定对象吸收资金的，不属于非法吸收或者变相吸收公众存款。

第二条 实施下列行为之一，符合本解释第一条第一款规定的条件的，应当依照刑法第一百七十六条的规定，以非法吸收公众存款罪定罪处罚：

（一）不具有房产销售的真实内容或者不以房产销售为主要目的，以返本销售、售后包租、约定回购、销售房产份额等方式非法吸收资金的；

（二）以转让林权并代为管护等方式非法吸收资金的；

（三）以代种植（养殖）、租种植（养殖）、联合种植（养殖）等方式非法吸收资金的；

（四）不具有销售商品、提供服务的真实内容或者不以销售商品、提供服务为主要目的，以商品回购、寄存代售等方式非法吸收资金的；

（五）不具有发行股票、债券的真实内容，以虚假转让股权、发售虚构债券等方式非法吸收资金的；

（六）不具有募集基金的真实内容，以假借境外基金、发售虚构基金等方式非法吸收资金的；

（七）不具有销售保险的真实内容，以假冒保险公司、伪造保险单据等方式非法吸收资金的；

（八）以投资入股的方式非法吸收资金的；

（九）以委托理财的方式非法吸收资金的；

（十）利用民间"会"、"社"等组织非法吸收资金的；

（十一）其他非法吸收资金的行为。

三、最高人民法院《关于审理单位犯罪案件对其直接负责的主管人员和其他直接责任人员是否区分主犯、从犯问题的批复》（自 2000 年 10 月 10 日起施行）

在审理单位故意犯罪案件时，对其直接负责的主管人员和其他直接责任人员，可不区分主犯、从犯，按照其在单位犯罪中所起的作用判处刑罚。

四、《全国法院审理金融犯罪案件工作座谈会纪要》（2001 年 1 月 21 日颁布）

2.单位犯罪直接负责的主管人员和其他直接责任人员的认定：直接负责的主管人员，是在单位实施的犯罪中起决定、批准、授意、纵容、指挥等作用的人员，一般是单位的主管负责人，包括法定代表人。其他直接责任人员，是在单位犯罪中具体实施犯罪并起较大作用的人员，既可以是单位的经营管理人员，也可以是单位的职工，包括聘任、雇用的人员。应当注意的是，在单位犯罪中，对于受单位领导指派或奉命而参与实施了一定犯罪行为的人员，一般不宜作为直接责任人员追究刑事责任。对单位犯罪中的直接负责的主管人员和其他直接责任人员，应根据其在单位犯罪中的地位、作用和犯罪情节，分别处以相应的刑罚，主管人员与直接责任人员，在个案中，不是当然的主、从犯关系，有的案件，主管人员与直接责任人员在实施犯罪行为的主从关系不明显的，可不分主、从犯。但具体案件可以分清主、从犯，且不分清主、从犯，在同一法定刑档次、幅度内量刑无法做到罪刑相适应的，应当分清主、从犯，依法处罚。

3. 对未作为单位犯罪起诉的单位犯罪案件的处理。对于应当认定为单位犯罪的案件，检察机关只作为自然人犯罪案件起诉的，人民法院应及时与检察机关协商，建议检察机关对犯罪单位补充起诉。如检察机关不补充起诉的，人民法院仍应依法审理，对被起诉的自然人根据指控的犯罪事实、证据及庭审查明的事实，依法按单位犯罪中的直接负责的主管人员或者其他直接责任人员追究刑事责任，并应引用刑罚分则关于单位犯罪追究直接负责的主管人员和其他直接责任人员刑事责任的有关条款。

五、《私募投资基金监督管理暂行办法》（自 2014 年 8 月 21 日起施行）

第五条　中国证监会及其派出机构依照《证券投资基金法》、本办法和中国证监会的其他有关规定，对私募基金业务活动实施监督管理。

设立私募基金管理机构和发行私募基金不设行政审批，允许各类发行主体在依法合规的基础上，向累计不超过法律规定数量的投资者发行私募基金。建立健全私募基金发行监管制度，切实强化事中事后监管，依法严厉打击以私募基金为名的各类非法集资活动。

建立促进经营机构规范开展私募基金业务的风险控制和自律管理制度，以及各类私募基金的统一监测系统。

第七条　各类私募基金管理人应当根据基金业协会的规定，向基金业协会申请登记，报送以下基本信息：

（一）工商登记和营业执照正副本复印件；

（二）公司章程或者合伙协议；

（三）主要股东或者合伙人名单；

（四）高级管理人员的基本信息；

（五）基金业协会规定的其他信息。

基金业协会应当在私募基金管理人登记材料齐备后的 20 个工作日内，通过网站公告私募基金管理人名单及其基本情况的方式，为私募基金管理人办结登记手续。

第八条　各类私募基金募集完毕，私募基金管理人应当根据基金业协会的规定，办理基金备案手续，报送以下基本信息：

（一）主要投资方向及根据主要投资方向注明的基金类别；

（二）基金合同、公司章程或者合伙协议。资金募集过程中向投资者提供基金招募说明书的，应当报送基金招募说明书。以公司、合伙等企业形式设立的私募基金，还应当报送工商登记和营业执照正副本复印件；

（三）采取委托管理方式的，应当报送委托管理协议。委托托管机构托管基金财产的，还应当报送托管协议；

（四）基金业协会规定的其他信息。

基金业协会应当在私募基金备案材料齐备后的 20 个工作日内，通过网站公告私募基金名单及其基本情况的方式，为私募基金办结备案手续。

第九条　基金业协会为私募基金管理人和私募基金办理登记备案不构成对私募基金管理人投资能力、持续合规情况的认可；不作为对基金财产安全的保证。

第十二条　私募基金的合格投资者是指具备相应风险识别能力和风险承担能力，投资于单只私募基金的金额不低于 100 万元且符合下列相关标准的单位和个人：

（一）净资产不低于 1000 万元的单位；

（二）金融资产不低于 300 万元或者最近三年个人年均收入不低于 50 万元的个人。

前款所称金融资产包括银行存款、股票、债券、基金份额、资产管理计划、银行理财产品、信托计划、保险产品、期货权益等。

第十三条　下列投资者视为合格投资者：

（一）社会保障基金、企业年金等养老基金，慈善基金等社会公益基金；

（二）依法设立并在基金业协会备案的投资计划；

（三）投资于所管理私募基金的私募基金管理人及其从业人员；

（四）中国证监会规定的其他投资者。

以合伙企业、契约等非法人形式，通过汇集多数投资者的资金直接或者间接投资于私募基金的，私募基金管理人或者私募基金销售机构应当穿透核查最终投资者是否为合格投资者，并合并计算投资者人数。但是，符合本条第（一）、（二）、（四）项规定的投资者投资私募基金的，不再穿透核查最终投资者是否为合格投资者和合并计算投资者人数。

第十四条 私募基金管理人、私募基金销售机构不得向合格投资者之外的单位和个人募集资金，不得通过报刊、电台、电视、互联网等公众传播媒体或者讲座、报告会、分析会和布告、传单、手机短信、微信、博客和电子邮件等方式，向不特定对象宣传推介。

第十五条 私募基金管理人、私募基金销售机构不得向投资者承诺投资本金不受损失或者承诺最低收益。

第十六条 私募基金管理人自行销售私募基金的，应当采取问卷调查等方式，对投资者的风险识别能力和风险承担能力进行评估，由投资者书面承诺符合合格投资者条件；应当制作风险揭示书，由投资者签字确认。

私募基金管理人委托销售机构销售私募基金的，私募基金销售机构应当采取前款规定的评估、确认等措施。

投资者风险识别能力和承担能力问卷及风险揭示书的内容与格式指引，由基金业协会按照不同类别私募基金的特点制定。

六、中华人民共和国证券投资基金法（2015 年修正）

第八十六条 基金份额持有人大会应当有代表二分之一以上基金份额的持有人参加，方可召开。

参加基金份额持有人大会的持有人的基金份额低于前款规定比例的，召集人可以在原公告的基金份额持有人大会召开时间的三个月以后、六个月以内，就原定审议事项重新召集基金份额持有人大会。重新召集的基金份额持有人大会应当有代表三分之一以上基金份额的持有人参加，方可召开。

基金份额持有人大会就审议事项作出决定，应当经参加大会的基金份额持有人所持表决权的二分之一以上通过；但是，转换基金的运作方式、更换基金管理人或者基金托管人、提前终止基金合同、与其他基金合并，应当经参加大会的基金份额持有人所持表决权的三分之二以上通过。

基金份额持有人大会决定的事项，应当依法报国务院证券监督管理机构备案，并予以公告。

七、中华人民共和国公司法（2018年修正）

第二十四条 有限责任公司由五十个以下股东出资设立。

第七十七条 股份有限公司的设立，可以采取发起设立或者募集设立的方式。

发起设立，是指由发起人认购公司应发行的全部股份而设立公司。

募集设立，是指由发起人认购公司应发行股份的一部分，其余股份向社会公开募集或者向特定对象募集而设立公司。

第七十八条 设立股份有限公司，应当有二人以上二百人以下为发起人，其中须有半数以上的发起人在中国境内有住所。

八、中华人民共和国合伙企业法（自2007年6月1日起施行）

第六十一条 有限合伙企业由二个以上五十个以下合伙人设立；但是，法律另有规定的除外。有限合伙企业至少应当有一个普通合伙人。

（北京市朝阳区人民检察院第二检察部　王爱强　王瑶）

以购买商品、加盟公司为名义非法集资的行为如何定性

——朱某某等人非法吸收公众存款案

【关键词】

非法吸收公众存款　联合加盟　购买商品　集资诈骗罪

【基本案情】

2009 年 12 月至 2012 年 5 月间，被告人朱某某、徐某某先后伙同被告人肖某某、张某甲、刘某甲，并纠集被告人倪某某、邢某某、尹某某、刘某乙、汤某某、张某乙、郭某某、李某某等人，假借销售商品为名，以北京某某科贸有限公司"联合加盟方案"为依托，通过网络、推介会等途径向社会公开宣传、承诺在一定期限内以货币的方式给付高额回报，变相吸收公众资金人民币 26 亿余元。

被告人朱某某曾于 2006 年在浙江衢州肖某某个人经营的传销公司工作。肖某某在 2005 年国务院《禁止传销条例》出台后，发现自己的经营模式就是国家禁止的传销模式，就对其进行了改良，使其不再具有三级以上的金字塔结构，但之前的经营模式仍是当时肖某某公司的主要经营模式，2007 年肖某某因犯非法经营罪被判刑。当时司法机关定罪的依据是原来的经营模式构成犯罪，而改良之后的模式因为并未开始经营，故未进行追究和处理。而肖某某自认为改良后的模式不是传销，是合法的。朱某某了解到肖某某改良后的

模式未被定罪，对其进行改造，最终形成以下经营模式：

公司有三种消费模式，一是个人消费，金额＝100元/套餐，累计达1500元时，签订"个人加盟合同"。该模式虽然设立，但几乎没有开展过。二是个人加盟，消费金额＝1500元×N（整数倍），即1500元＝1个套系。该模式是主要模式。三是公司产生：订货总额＝营业额。加盟后，公司会以当月营业额为基数按照既定的不同比例给加盟商返还运营补贴。（关于为何返还运营补贴，有多种说法：一是认为公司没有广告投入，均通过加盟商口口相传来进行营销，故该部分补贴是给加盟商个人促使产品销售和广告宣传的费用；二是认为公司直接连接厂商和消费者，没有其他中间环节，省下的利润公司让渡给消费者共享，符合国家提倡的消费养老理念。）运营补贴的返还基于营业额的高低，而营业额就是当月所有加盟款的总和。如果当月有营业额，就有运营补贴，反之，如果没有营业额，就不返还运营补贴。所以这也是促使各加盟商广而告之让更多人加入的动力之一。每人每次限投30万元。投入的加盟款，公司会给加盟商等值的积分，可以在公司提取相应积分的商品，如果不消费积分（不提取商品），就不能在公司继续购买套系，消耗多少积分，就可以继续购买对应积分的套系再兑换成积分。如果过三个月不领取商品，则积分自动清零。

2009年朱某某带着其经营模式，张某甲、刘某甲带着产品"清体液"打算合伙创业，但没有实体公司。于是朱某某找到其干爹徐某某，借用徐某某设立的空壳公司开始经营。2009年12月开始策划案，2010年1月开始正式运作，一直到2012年4月案发。本案涉及全国各地加盟商共计4.1万人，涉嫌犯罪金额大约在20亿元。扣押在案涉案赃款共计人民币3.4亿余元。初步统计报案人有1900多人，涉及金额122860050.00元。直至提起公诉阶段包括天津、福建、甘肃、山东等地的大量加盟商仍在陆续报案过程中。

在实施非法吸收公众存款期间，巨鑫联盈公司形成了较为明确的部门分工：（1）客服总监负责客服部、签约部、呼叫中心及检测中心。呼叫中心负责客户电话咨询及投诉处理，客服部负责接待公司来访客户，检测中心为客户做虹膜检测等医疗服务并推销产品，签约部负责与客户签署加盟合约。

（2）市场总监负责培训部、企划部、会务部及市场拓展部。企划部负责公司形象维护，为加盟课件润色，培训部负责对客户进行加盟内容的讲解，会务部专门为培训部组织推介会，市场拓展部负责与外地服务中心的联系。（3）财务总监负责财务部、审核部及结算部。其中审核部负责签约客户的电子录入，结算部负责客户返利金额的计算，财务部负责加盟资金的收支，每月给加盟商和服务专员的奖励等计算及审核均由朱某某直接分管。（4）运营总监负责物流部、产品认证部，由肖某某分管。物流部负责给加盟商运送货物，产品认证部负责产品定价。（5）行政总监负责行政部、人事部、物业部及保卫部，主要负责公司后勤保障、人员管理等。另外，公司培训总监负责对培训部讲师的授课技巧进行培训，同时负责对人数较多或较重要的顾客进行授课；公司高级讲师负责对人数较多或较重要的顾客进行授课以及赴外地对加盟商进行授课，授课内容偏重于经济学理论。

【诉讼过程和结果】

2012 年 8 月 26 日，北京市公安局朝阳分局以涉嫌非法吸收公众存款罪，对朱某某等 48 名犯罪嫌疑人移送朝阳区人民检察院审查起诉；因案件重大、疑难、复杂，同年 11 月 16 日，北京市人民检察院将本案指定市检察院第二分院审查起诉。

一、审查起诉情况

审查起诉阶段，鉴于公安机关移送的犯罪嫌疑人数量较多，在公司中的地位、作用各不相同，为了准确认定各犯罪嫌疑人的地位、作用及责任轻重。检察机关结合在案证据，从以下方面对犯罪嫌疑人进行梳理：

第一，根据犯罪嫌疑人具体实施行为在非法吸收公众存款犯罪中起到的作用，明确核心行为与非核心行为，最终确定三类核心行为：（1）加盟活动的设计、组织行为；（2）吸引社会公众投资的宣传、培训行为；（3）与客户签约加盟、收款及返利行为。

第二，根据犯罪嫌疑人在公司的任职情况，确定其所处的层级。朱某某、徐某某、肖某某、张某甲、刘某甲在各自的犯罪时期内属主犯，其余犯罪嫌疑人是次要实行犯或帮助犯，是从犯。

第三，犯罪嫌疑人具有的其他情节，如加入公司的时间、实际获利情况等。

第四，认罪悔罪、退赃退赔情况。

上述情况主要有以下证据证明：被告人的供述和辩解；巨鑫联盈公司工作人员的证言及加盟商证言；书证《加盟合同》《套系订购单》《项目服务专员协议》相关公司工商和税务登记材料及营业执照、公司账册、银行查询、冻结手续；司法会计鉴定意见书等。办案人员综合以上事实证据，根据宽严相济的刑事政策，客观分析对犯罪嫌疑人进行刑事追诉的必要性及刑事责任的轻重，区别对待、分类处理。对在非法吸收公众存款犯罪中起组织、领导等核心、骨干作用的犯罪嫌疑人，依法提起公诉。对实施三类核心行为的主要参与者，原则上追究刑事责任，但根据其任职部门、参与犯罪时间、认罪悔罪、退赃退赔情况等作进一步区别对待。对于部门经理及公司一般员工，原则上不追究刑事责任，但对其中参与非法吸收公众存款犯罪行为时间较长、所起作用较大的人员，依法提起公诉。对其他12名不是非法吸收公众存款核心部门的经理依法作出相对不起诉决定。对犯罪情节轻微的其他22名公司一般员工，依法作出相对不起诉决定。

2013年4月26日，北京市人民检察院第二分院以非法吸收公众存款罪对朱某某等13名被告人依法提起公诉，对其余35人均依法作出相对不起诉决定。

二、法庭审理情况

在法庭调查阶段，公诉人宣读起诉书，指控被告人朱某某、徐某某、肖某某、张某甲、刘某甲伙同被告人倪某某、邢某某、尹某某、刘某乙、汤某某、张某乙、郭某某、李某某，以销售商品为名，宣传加入联合加盟方案可获取高额回报，向社会公众募集资金，变相吸收公众存款，扰乱金融秩序，各被告人的行为均已构成非法吸收公众存款罪，且犯罪数额巨大，并进行了法庭调查。其中，被告人朱某某不承认公诉机关指控的犯罪事实，辩称其不具有非法吸收公众存款的主观故意，其通过巨鑫联盈公司搭建新型商业销售平台，将厂家、巨鑫联盈公司、消费者有机结合，消费者通过消费行为参与价值创造，巨鑫联盈公司通过发放运营补贴将消费者纳入利润分配当中，上述经营模式和分配机制符合市场规律；巨鑫联盈公司存在实质商品和实体交易；巨鑫联盈公司在对外宣传中未承诺还本付息或高额回报，系事后保障而非事前承诺；运营补贴源于公司创造利润，非还本付息或支付高额回报；巨鑫联盈公司运营模式未侵犯国家金融秩序和损害他人财产利益，不具有社会危害性；被告人肖某某不承认公诉机关指控的犯罪事实，辩称巨鑫联盈公司依法成立，销售行为符合工商机关核准的经营范围，销售的商品真实存在且具有质量保证，工商部门经调查亦未发现公司经营模式违法并予以行政处罚。巨鑫联盈公司的收益主要用于正常的生产经营活动，公司及本案被告人的行为未扰乱正常金融秩序。肖某某于 2011 年 7 月到巨鑫联盈公司，公司的运营模式已经实施，肖某某并非巨鑫联盈公司的出资人或股东，而是朱某某的个人顾问，主要工作内容为产品认证、生产厂家合作等，其个人未向社会公开宣传或向加盟商承诺任何回报并吸收资金；被告人徐某某对公诉机关指控的事实均不持异议，并当庭指认了被告人朱某某和肖某某的犯罪事实；被告人刘某甲对公诉机关指控的其犯非法吸收公众存款罪的事实不持异议，并当庭供述了巨鑫联盈公司的经营模式，指认了其他主犯的犯罪事实；被告人倪某某对公诉机关指控的其犯非法吸收公众存款罪不持异议，并当庭供述了自己的犯罪事实，并指认了其他同案犯。

在法庭辩论阶段，公诉人对不认罪的被告人的辩解进行了有针对性的驳斥，并根据各被告人的到案情况、认罪情况等，提出相应的量刑建议，进一步体现宽严相济的刑事政策。公诉人指出，非法吸收公众存款罪的认定不以工商登记是否违法或是否受到行政处罚为先决条件，而应严格依据刑法对被告人的行为作实质审查；被告人朱某某、肖某某在侦查阶段的供述、《肖总讲话》PPT 打印件等在案证据证实，朱某某、肖某某设计或修订的联合加盟方案，在借用超市会员积分返利形式的同时，背离消费之基础，将消费返利演变成为投资理财，肖某某在向加盟商宣讲时，就明确提出联合加盟方案的目的是"让所有人把花出去的钱再拿回到口袋"，"把钱消费在巨鑫联盈公司，也是理财"，"巨鑫联盈其实就是一个股市"；巨鑫联盈公司讲师、加盟商的证言证实，朱某某伙同肖某某等被告人，采用网络宣传、推介会、发展项目服务专员等途经，向社会不特定对象公开宣传了联合加盟方案；《加入巨鑫联盈的十大理由》《君子爱财，取之有道》等 PPT 讲稿、邢某某讲稿及授课视频、会计鉴定等证据进一步证实，朱某某、肖某某等在宣传过程中，通过表格推演，向加盟商展示投资周期结束后可获得数倍于加盟费的运营补贴，甚至明确提出加盟巨鑫联盈公司"不存在任何风险"，使加盟商相信自己投入的资金不仅能够全额收回，还能获取丰厚的收益，实质就是向加盟商变相承诺高额回报；朱某某等人将收取的加盟款直接用于运营补贴的发放，不仅未按照承诺提取营业额的 9% 作为保障基金，还通过提高补贴金额占加盟金额比例这一所谓的"安全阀"来不断吸引新的加盟商，增加了加盟商投资风险。综上，朱某某作为巨鑫联盈公司的法人、股东，系联合加盟方案的设计者和决策人，肖某某进入巨鑫联盈公司后任公司执行总裁兼朱某某的顾问，积极参与联合加盟方案的调整、宣传和推广，其二人的行为导致私募所得的巨额资金脱离国家金融监管，严重危害国家金融管理秩序，符合非法吸收公众存款罪的构成要件，均已构成非法吸收公众存款罪。被告人徐某某主动到公安机关如实供述巨鑫联盈公司的犯罪行为，并提供公司人员花名册、平面图，协助抓捕同案犯，且当庭能够指认不认罪的被告人朱某某和肖某某；被告人刘某甲在公安机关电话通知的情况下，主动到公安机关，如实供述犯罪行为，认罪态度较好且庭审中积极配合公诉机关对整个犯罪模式和其他主犯的行为进行有效指认；被告人倪某某协助抓捕同案犯且自始如实供述自己和其他同案的犯罪事实。对上述被告人应当依法分别认定自首、立功、坦白，并提出了从轻或减轻处罚的量刑建议，均被法院认可。

法庭经审理认为，朱某某等被告人构成非法吸收公众存款罪，证据确实、充分。2014 年 8 月 6 日，北京市第二中级人民法院作出判决，以非法吸收公众存款罪，分别判处被告人朱某某有期徒刑 10 年，并处罚金人民币 50 万元；被告人肖某某有期徒刑 10 年，并处罚金人民币 50 万元；被告人徐某某有期徒刑 6 年，并处罚金人民币 30 万元；被告人张某甲有期徒刑 5 年，并处罚金人民币 25 万元；被告人邢某某有期徒刑 5 年，并处罚金人民币 25 万元；被告人刘某甲有期徒刑 4 年，并处罚金人民币 20 万元；被告人倪某某有期徒刑 4 年，并处罚金人民币 20 万元；被告人尹某某有期徒刑 4 年，并处罚金人民币 20 万元；被告人郭某某有期徒刑 3 年 10 个月，并处罚金人民币 20 万元；被告人张某乙有期徒刑 3 年 6 个月，并处罚金人民币 20 万元；被告人汤某某有期徒刑 3 年，并处罚金人民币 15 万元；被告人刘某乙有期徒刑 2 年 6 个月，并处罚金人民币 10 万元；被告人李某某有期徒刑 2 年 6 个月，并处罚金人民币 10 万元；

宣判后朱某某、徐某某、肖某某、倪某某、邢某某、尹某某、郭某某、张某乙、汤某某、李某某不服，向北京市高级人民法院上诉，北京市高级人民法院经审理认为一审法院判定事情清楚，证据确实、充分，定罪及适用法律正确，量刑适当，审判程序合法，2015 年 7 月 6 日，作出终审裁定，驳回朱某某等人的上诉，维持原判。判决已生效。

【主要问题】

1. 以购买商品、加盟公司为名义进行非法集资的行为如何定性？
2. 涉案人员众多的非法集资犯罪案件如何处置？

【指导意义】

一、案件定性

本案主要涉嫌三个罪名：组织、领导传销活动罪、集资诈骗罪和非法吸收公众存款罪。本案不构成组织、领导传销罪。本案中只有服务专员、加盟商两级，未达到三级，不符合传销的模式。也不构成集资诈骗罪。本案中大量的资金去向基本上还是保证返还给各加盟商，包括在案扣押到的 3.4 亿余元的资金，故犯罪嫌疑人主观上还是返利，不宜认定为直接非法占有。

关于是否构成非法吸收公众存款罪。对此有两种意见：

第一种意见认为不构成犯罪，理由如下：第一，本案中经营模式是出售相应商品，加盟商分配的运营补贴实际上是企业的经营利润，不是返利，具有实体经营；第二，获取的运营补贴是不定期的，只有企业达到一定经营额的情况下才进行分配，如果没有盈利就不分配，并未承诺一定期限内还本付息或者一定有高额回报；第三，针对的是特定群体，公司发展规划规定只在全国发展 5 万会员，5 万之后就转型了，不再以此种方式经营。案发时只有 4.1 万多人，尚未到 5 万人。

第二种意见认为本案认定构成非法吸收公众存款罪。我们同意第二种意见，理由如下：

第一，本案中虽有商品的形式，但是商品只是一个规避法律的障眼法。首先，部分商品的定价畸高；其次，公司宣称返还的运营补贴是商品的八折作为利润分配，但是实际上每个加盟商拿到手的是除了商品本身，还有远高于商品定价的返利，返利平均达到加盟款的 10 倍左右。显然这是任何经营方式都不可能实现的利润；最后，从公司员工的证言和报案人的证言看，商品部是公司一个边缘部门，加盟商加盟看重的不是商品本身，关键是公司的高额运营补贴，如果不是公司强行要求必须提取商品，很多人并不会去提货。第二，关于是否定期返利的问题，虽然在合同中约定了可能会出现因运营额达不到而不能分配的情形，但是在宣讲过程中，包括 PPT 的演示文稿中，均证明肯定能达到 1.1 倍以上，且实际发放情况看，均在投入加盟款的 10 倍左右。第三，经营模式本身是面向社会的，并未限定特殊人群或对象，预计发展的会员人数不能说明是否面向社会公开的性质，且本案涉及的加盟商人数已经远远超出非法吸收公众存款罪要求的"情节特别严重"的标准。

二、案件处理效果

对涉案人员众多的非法集资犯罪案件，检察机关要坚持打击少数、教育挽救大多数的基本处理原则，运用好宽严相济的刑事政策，合理把握追究刑事责任的范围。在具体把握上，要坚持主客观相统一，结合事实证据全面深入分析各犯罪嫌疑人、被告人在非法集资中的地位作用、涉案数额、危害结果、主观罪过等主客观情节和认罪悔罪、退赃退赔等事后表现，综合判断责任轻重及刑事追诉的必要性。在审查逮捕、审查起诉过程中，要通过采取不同的强制措施、起诉或不起诉进行区别对待、分类处理，依法作出不批准逮捕、变更强制措施、不起诉等决定。在法庭审理过程中，要结合被告人在庭上的认罪态度，有针对性地提出是否从宽处罚的量刑建议。对犯罪嫌疑人、被告人区别对待，既能充分体现宽严相济的刑事政策，也能在一定程度上促使不认罪的被告人转变态度，节约司法资源。

非法集资案件由于涉及人数多、证据复杂以及被告人、犯罪嫌疑人认罪态度不一，办案周期往往较长，不仅司法成本高，而且还影响后续资产处置工作的开展，影响集资参与人的合法权益。对此，检察机关要改进办案方式方法，进一步提高办案的效率。修改后的《刑事诉讼法》正式规定了认罪认罚从宽制度，认罪认罚从宽制度在依法及时惩治犯罪、强化人权保障、优化司法资源配置、推动繁简分流、提升诉讼质量效率、完善多层次刑事诉讼程序体系等方面具有明显的价值优势和独特的功能作用。办案人员要从有利于提高办案效率、有利于实现办案效果、有利于维护人民群众的合法权益出发，在办理非法集资案件中积极运用认罪认罚从宽制度，不断总结积累经验，充分发挥这一制度的功能作用。

【相关法律规定】

一、中华人民共和国刑法（2017年修正）

第二十六条 【主犯】组织、领导犯罪集团进行犯罪活动的或者在共同犯罪中起主要作用的，是主犯。

三人以上为共同实施犯罪而组成的较为固定的犯罪组织，是犯罪集团。

对组织、领导犯罪集团的首要分子，按照集团所犯的全部罪行处罚。

对于第三款规定以外的主犯，应当按照其所参与的或者组织、指挥的全部犯罪处罚。

第二十七条 【从犯】在共同犯罪中起次要或者辅助作用的，是从犯。

对于从犯，应当从轻、减轻处罚或者免除处罚。

第三十条 【单位负刑事责任的范围】公司、企业、事业单位、机关、团体实施的危害社会的行为，法律规定为单位犯罪的，应当负刑事责任。

第三十一条 【单位犯罪的处罚原则】单位犯罪的，对单位判处罚金，并对其直接负责的主管人员和其他直接责任人员判处刑罚。本法分则和其他法律另有规定的，依照规定。

第一百七十六条 【非法吸收公众存款罪】非法吸收公众存款或者变相吸收公众存款，扰乱金融秩序的，处三年以下有期徒刑或者拘役，并处或者单处二万元以上二十万元以下罚金；数额巨大或者有其他严重情节的，处三年以上十年以下有期徒刑，并处五万元以上五十万元以下罚金。

单位犯前款罪的，对单位判处罚金，并对其直接负责的主管人员和其他直接责任人员，依照前款的规定处罚。

第一百九十二条 【集资诈骗罪】以非法占有为目的，使用诈骗方法非法集资，数额较大的，处五年以下有期徒刑或者拘役，并处二万元以上二十万元以下罚金；数额巨大或者有其他严重情节的，处五年以上十年以下有期徒刑，并处五万元以上五十万元以下罚金；数额特别巨大或者有其他特别严重情节的，处十年以上有期徒刑或者无期徒刑，并处五万元以上五十万元以下罚金或者没收财产。

第二百二十四条之一 【组织、领导传销活动罪】组织、领导以推销商品、提供服务等经营活动为名，要求参加者以缴纳费用或者购买商品、服务等方式获得加入资格，并按照一定顺序组成层级，直接或者间接以发展人员的数量作为计酬或者返利依据，引诱、胁迫参加者继续发展他人参加，骗取财物，扰乱经济社会秩序的传销活动的，处五年以下有期徒刑或者拘役，并处罚金；情节严重的，处五年以上有期徒刑，并处罚金。

二、最高人民法院《关于审理非法集资刑事案件具体应用法律若干问题的解释》（自 2011 年 1 月 4 日起施行）

第一条 违反国家金融管理法律规定，向社会公众（包括单位和个人）吸收资金的行为，同时具备下列四个条件的，除刑法另有规定的以外，应当认定为刑法第一百七十六条规定的"非法吸收公众存款或者变相吸收公众存款"：

（一）未经有关部门依法批准或者借用合法经营的形式吸收资金；

（二）通过媒体、推介会、传单、手机短信等途径向社会公开宣传；

（三）承诺在一定期限内以货币、实物、股权等方式还本付息或者给付回报；

（四）向社会公众即社会不特定对象吸收资金。

未向社会公开宣传，在亲友或者单位内部针对特定对象吸收资金的，不属于非法吸收或者变相吸收公众存款。

第二条 实施下列行为之一，符合本解释第一条第一款规定的条件的，应当依照刑法第一百七十六条的规定，以非法吸收公众存款罪定罪处罚：

（四）不具有销售商品、提供服务的真实内容或者不以销售商品、提供服务为主要目的，以商品回购、寄存代售等方式非法吸收资金的；

（十）利用民间"会"、"社"等组织非法吸收资金的；

（十一）其他非法吸收资金的行为。

第三条

……

具有下列情形之一的，属于刑法第一百七十六条规定的"数额巨大或者有其他严重情节"：

（一）个人非法吸收或者变相吸收公众存款，数额在100万元以上的，单位非法吸收或者变相吸收公众存款，数额在500万元以上的；

（二）个人非法吸收或者变相吸收公众存款对象100人以上的，单位非法吸收或者变相吸收公众存款对象500人以上的；

（三）个人非法吸收或者变相吸收公众存款，给存款人造成直接经济损失数额在50万元以上的，单位非法吸收或者变相吸收公众存款，给存款人造成直接经济损失数额在250万元以上的；

（四）造成特别恶劣社会影响或者其他特别严重后果的。

非法吸收或者变相吸收公众存款的数额，以行为人所吸收的资金全额计算。案发前后已归还的数额，可以作为量刑情节酌情考虑。

（北京市朝阳区人民检察院第二检察部　叶萍　王琳）

非吸公司中财务、风控等部门人员
刑事责任范围的界定

——王某某等人非法吸收公众存款案

【关键词】

非法吸收公众存款　刑事责任范围　财务、风控等部门　共同犯罪

【基本案情】

经审查认定：被告人卢某某、王某某于 2014 年 1 月至 2017 年 1 月，在北京市朝阳区某中心中企财富（北京）投资担保有限公司，以房屋抵押担保、投资理财为由，向社会公开宣传，与投资人签订《出借咨询与服务协议》《理财服务合同》等，非法吸收公众存款共计人民币 6000 余万元。被告人卢某某于 2017 年 1 月 24 日主动投案，被告人王某某后被查获归案。被告人卢某某系中企财富（北京）投资担保有限公司法定代表人、总经理，被告人王某某系中企财富公司财务部及风控部负责人。

【诉讼过程和结果】

本案由北京市公安局朝阳分局侦查终结，以被告人卢某某、王某某涉嫌非法吸收公众存款罪，于 2017 年 5 月 8 日向北京市朝阳区人民检察院移送审查起诉。北京市朝阳区人民检察院于 2017 年 11 月 6 日以被告人卢某某、王某某构成非法吸收公众存款罪依法提起公诉。公诉机关就上述指控移送了证

人证言、书证、被告人供述等证据材料，认为被告人卢某某、王某某的行为均触犯了我国刑法第 176 条第 1 款之规定，构成非法吸收公众存款罪，提请法院依法一并予以惩处。

对于公诉机关的指控，被告人卢某某对指控事实及罪名无异议，辩称其负责销售理财业务，公司实际控制人是沈某某。其辩护人的辩护意见为，卢某某系从犯，有自首情节，退赔，建议对卢某某从轻处罚。被告人王某某对指控罪名无异议，辩称指控数额有误。其辩护人的辩护意见为，指控王某某犯罪数额有误，王某某系从犯，有自首情节，退赔，建议对王某某减轻处罚并适用缓刑，不判罚金。

经一审法院审理查明：2014 年至 2017 年 1 月间，中企财富（北京）投资担保有限公司（后更名为中企财富非融资性担保有限公司。以下简称中企财富公司）以投资理财为由，公开宣传并承诺返本付息，吸收公众资金人民币 6000 余万元。郭某某、陈某某等 31 名投资人向公安机关报案，投资人民币 4000 余万元，返款人民币 900 余万元。被告人卢某某为中企财富公司法定代表人、总经理，负责吸收资金及日常经营。被告人王某某系中企财富公司财务部及风控部负责人，负责返息、放款、收款及放款审核等工作，2016 年 6 月 15 日离职。王某某任职期间，报案投资人投资人民币 4000 余万元。被告人卢某某于 2017 年 1 月 24 日投案。被告人王某某于 2017 年 3 月 15 日，经民警电话通知到案。公安机关查封房产一处，冻结银行账户 24 个，扣押印章 7 枚、电脑 1 台。在法院审理期间，卢某某退赔人民币 20 万元，王某某退赔人民币 6 万元。

一审法院认定上述事实的证据有：被告人卢某某、王某某的供述，证人沈某某、张某某、高某某、山某某、崔某某的证言，投资人郭某某、陈某某的证言、出借咨询与服务协议、对账单、理财服务合同、公证书、声明、借条、理财服务合同结束证明、结清证明、抵押合同、房屋所有权证、司法鉴定意见书，工商材料，冻结、查封手续，抵押借款合同、搜查笔录、扣押决定书、扣押清单，到案经过等。

一审法院认为，被告人卢某某、王某某的行为均已构成非法吸收公众存款罪，依法应予惩处。鉴于卢某某、王某某有自首情节，部分退赔，对其予以从轻处罚。责令卢某某、王某某各自退赔已报案投资人的经济损失。在案款物，一并处理。卢某某的辩护人所提卢某某系从犯的辩护意见，经查，卢某某作为公司法定代表人，负责公司日常经营及吸收资金，其个人账户亦用于吸收资金，并非起次要或辅助作用，不属于从犯，对此辩护意见不予采纳。王某某的辩护人所提王某某系从犯的辩护意见，经查，王某某负责公司财务及风控，在共同犯罪中，只是分工不同，并非起次要或辅助作用，不属于从犯，对此辩护意见不予采纳。王某某的辩护人所提对王某某减轻处罚并适用缓刑的辩护意见，经查，王某某给投资人造成巨额损失，亦无法退赔，虽有从宽处罚情节，但不足以减轻处罚及适用缓刑，对此辩护意见不予采纳。王某某的辩护人所提出的对王某某不判罚金的辩护意见，缺乏法律依据，不予采纳。

2018 年 4 月 27 日，北京市朝阳区人民法院依法判处被告人卢某某犯非法吸收公众存款罪，判处有期徒刑 5 年，罚金人民币 25 万元。被告人王某某犯非法吸收公众存款罪，判处有期徒刑 4 年，罚金人民币 20 万元。

宣判后，原审被告人王某某不服，提出上诉。上诉人王某某的上诉理由是：1. 王某某名义上虽是公司财务、风控负责人，但实际上没有任何决策权，工作上均听从卢某某的安排，所起作用较小，应认定为从犯；2. 王某某没有直接参与吸收公众存款；3. 王某某具有自首、退赔情节；4. 在案财产能够弥补投资人经济损失，社会危害性较小，情节显著轻微。综上，认为原判量刑过重，罚金过高。上诉人王某某的辩护人的辩护意见是：1. 原判认定王某某的犯罪数额有误。公司内部员工的投资金额、一对一客户的投资金额、经过公证的投资金额等均应从犯罪数额中扣除，另外，投资人陈某某的投资金额也不能计入犯罪数额；2. 原判并未查清公司相关人员在共同犯罪中的地位和作用，王某某在公司只是参与部分环节，是挂名的职务，应认定为从犯；3. 王某某本人并无违法性认识，不是积极参与者，不构成犯罪；4. 王某某具有自首、坦白、退赃、从犯等量刑情节，即使构成犯罪，也可以免予处罚。综上，建议二审法院改判。

二审法院经审理查明：一审判决书列举的认定本案事实的证据，已经一审法院庭审质证属实并予以确认。在二审法院审理期间，上诉人及其辩护人均未提出新的证据。二审法院对一审判决书所列证据亦予以确认，且原判认定的事实清楚，证据确实、充分。二审法院认为，对于上诉人王某某及其辩护人所提王某某应认定为从犯的上诉理由及辩护意见，经查，在案证人证言及被告人供述可以证明中企财富（北京）投资担保有限公司的运行模式是以投资理财为由，公开宣传并承诺返本付息，吸收公众资金，后再把吸收的钱款通过房产抵押方式借贷出去。王某某在公司负责返息、放款、收款及放款审核等工作，从其在共同犯罪中所起的作用看，不宜认定为从犯，故上诉人及其辩护人所提该点辩护意见无事实及法律依据，二审法院均不予采纳；对于辩护人所提原判认定犯罪数额有误的辩护意见，经查，王某某虽然不负责发展客户及销售公司理财产品，但作为风控部、财务部的负责人，其仍应对任职期间公司吸收的资金总额承担刑事责任，故辩护人所提该点辩护意见依据和理由不足，二审法院不予采纳。上诉人王某某及辩护人所提王某某具有自首、退赔等情节属实，二审法院可予采纳，且原判已经充分考虑该量刑情节，对王某某予以从轻处罚，其余上诉理由及辩护意见无事实及法律依据，二审法院均不予采纳。一审法院根据王某某、卢某某犯罪的事实，犯罪的性质、情节及对于社会的危害程度所作出的判决，认定事实清楚，证据确实充分，定罪及适用法律正确，量刑适当，审判程序合法，应予维持。据此，二审法院于2018年6月8日作出终审裁定，裁定驳回王某某的上诉，维持原判。判决已生效。

【主要问题】

涉众型金融案件中财务、风控等部门主管的刑事责任如何认定？

【指导意义】

一、证据分析

1. 在案证据有犯罪嫌疑人卢某某、王某某的供述，公司证人沈某某、张某某、高某某等人证言，投资人郭某某、刘某某等人证言，所签协议、收据、银行汇款凭证，公司营业执照等证据能够证实犯罪嫌疑人卢某某、王某某未经有关部门批准，通过熟人介绍等方式，以房屋抵押担保、投资理财为由，承诺保本高息，向社会公开宣传，与投资人签订《出借咨询与服务协议》《理财服务合同》，非法吸收公众存款共计人民币 6000 余万元。在案证据能够证实卢某某、王某某的行为符合非法吸收公众存款罪所具有的公开性、社会性、利诱性、非法性等特征。

2.关于犯罪嫌疑人卢某某。犯罪嫌疑人卢某某、王某某的供述，公司证人沈某某、张某某、高某某等人证言，投资人郭某某、刘某某等人证言，所签协议、收据、银行汇款凭证，公司营业执照证实卢某某为中企财富（北京）投资担保有限公司法定代表人及总经理，全权负责公司日常管理和所有经营活动。对于卢某某称自己仅是公司法人，不负责公司日常管理决策的辩解不予采纳，应当以非法吸收公众存款罪追究其刑事责任，卢某某应对涉案公司所有投资额负责，共计投资金额 6000 余万元。

3.关于犯罪嫌疑人王某某。在案证据有犯罪嫌疑人王某某、卢某某的供述，沈某某、张某某、高某某等人证言，投资人陈某某等人证言以及书证中的员工职位表，均能证实王某某为中企财富（北京）投资担保有限公司财务总监及风控部门负责人，负责审核借款人资质、经办手续，放款及登记公司日常支出、账目统计，发放投资人利息、给借款人放款等工作。犯罪嫌疑人王某某作为涉案公司高管，深入参与并决策非法变相吸收公众存款的行为，因此应当以非法吸收公众存款罪追究其刑事责任，并对涉案公司所有投资额负责，共计投资金额 6000 余万元。

二、定性分析

（一）分歧意见

第一种意见认为，财务、风控、技术、客服等部门主管不构成非法吸收公众存款罪。此种观点主要有以下理由：1.认为财务、风控、技术、客服等部门主管虽是公司财务、风控等部门负责人，但实际上没有任何决策权，工作上均听从实际控制人的安排；2. 认为财务、风控、技术、客服等部门主管只是参与部分辅助环节，没有直接参与非法吸收公众存款。本案中，被告人王某某并不是销售人员，不直接面向不特定社会公众，没有公开宣传介绍理财产品的行为，因此不应当构成非法吸收公众存款罪。

第二种意见认为，财务、风控、技术、客服等部门主管构成非法吸收公众存款罪。本案中，被告人王某某系公司重要部门高管，在公司负责返息、放款、收款及放款审核等工作，在工作中完整全面地接触了非法集资的整个过程，参与其中并起到重要作用，因此应当认定构成非法吸收公众存款罪。

（二）评析意见

我们认为与一般犯罪相比，涉众型经济犯罪主体的横向层级具有其特殊性，对负责或从事行政管理、财务会计、技术服务等辅助工作的犯罪嫌疑人，应当按照其参与的犯罪事实，结合其在犯罪中的地位和作用，依法确定刑事责任范围。

一般公司都有着自己的财务部门，负责发放工资、缴纳社保、报销记账等财务工作。涉众型金融案件有着特殊之处，很多涉案公司的财务部门人员都对公司结构、销售业务、投资流程有着详细的了解，不仅全面负责线上线下公司包括发放工资提成、记账转账在内的所有财务工作，还负责将合同中的投资金额、返利情况、投资期限、投资人信息、银行卡信息、业务员等情况记入台账，并负责定时返本返息。在此种情况下该财务人员就在工作中完整全面地接触了非法集资的整个过程，并参与其中。有的财务人员还掌握着公司公户和投资款进出的个人账户，听从实际控制人指令将投资款转进转出，能够清楚地看到投资人资金的流转及去向。对此类负责财务工作的犯罪嫌疑人，应当按照其参与的犯罪事实，结合其在犯罪中的地位和作用，依法确定刑事责任范围。

许多涉众型金融案件的涉案公司设立风控部门，一般负责风险控制，对项目进行评估考察，对资料的真实性和合法性进行验查，审核借款人资质、负责经办手续、抵押、放款、公证等。这样其就在涉案公司实际经营过程中发挥了相当的作用，也获得了相应的利润。对此类负责风控工作的犯罪嫌人，也应当按照其在涉案公司的分工和职责，根据案件具体实际情况，依法确定刑事责任范围。

在涉众型金融案件中，大多数涉案公司都有着自己的平台、网站、APP等。一般情况下技术部门负责平台或网站服务器的建设、功能开发、技术维护、项目落地等所有技术工作。对此类负责或从事技术服务等辅助工作的犯罪嫌疑人，应当按照其参与的犯罪事实，根据个案实际情况，结合其在犯罪中的地位和作用，依法确定其应当承担的刑事责任范围。

公司的行政、人事部门主要负责考勤、招聘、培训、入职离职管理、晋级及绩效考核等；行政部门主要负责会议活动的组织、物品的登记管理、后勤保障等事务性工作。涉众型金融案件有着特殊之处，第一种情形是销售团队的负责人往往自己进行团队的招聘、考核、管理工作，人事行政部门仅负责后勤内勤保障工作，在这种情况下，人事行政部门在涉案公司就处于辅助性边缘性地位，对犯罪所起的作用比较小。另一种情形是行政、人事部门主管属于公司的决策管理层，深入参与公司非法集资的整个过程中，带领行政、人事部门进行合同的设计、登记、对销售人员业绩的统计、核查、管理等工作，对犯罪所起的作用较大。对负责或从事行政管理、人事管理等工作的犯罪嫌疑人，应当按照其参与的犯罪事实，结合其在犯罪中的地位和作用，依法确定刑事责任范围。

涉众型金融犯罪中的涉案公司往往会设立运营部门，主要负责制定公司运营发展方针、策略、计划、方案，为公司重大决策提供研究分析报告，跟踪监督项目指标等。其部门主管一般为公司的核心管理岗位。对从事运营岗位的犯罪嫌疑人，应当按照其在涉案公司具体分工，依法确定其刑事责任范围。

涉众型金融犯罪中的涉案公司的客服部门与一般公司不同，一般通过电话或者官方网站进行工作。第一种情形是仅仅进行就售后的程序性与操作性问题解答，接待客户关于投诉、网络故障、简单询问类的问题，在这种情况下，客服部门在涉案公司就处于辅助性边缘性地位，对犯罪所起的作用比较小。另一种情形是客服向有意向的客户介绍公司背景、理财产品的详细内容，与客户沟通，回答关于产品收益、安全性、期限利率、有无担保等实质性问题，指导客户完成投资，这种情况下客服实际上充当了一个线上的销售人员的角色，直接参与非法集资的过程，对犯罪所起的作用较大。因此，在司法实践中要以事实为依据，以法律为准绳，结合其在犯罪中的地位和作用，依法确定刑事责任范围。

【相关法律规定】

一、中华人民共和国刑法（2017年修正）

第二十六条 【主犯】组织、领导犯罪集团进行犯罪活动的或者在共同犯罪中起主要作用的，是主犯。

三人以上为共同实施犯罪而组成的较为固定的犯罪组织，是犯罪集团。

对组织、领导犯罪集团的首要分子，按照集团所犯的全部罪行处罚。

对于第三款规定以外的主犯，应当按照其所参与的或者组织、指挥的全部犯罪处罚。

第二十七条 【从犯】在共同犯罪中起次要或者辅助作用的，是从犯。

对于从犯，应当从轻、减轻处罚或者免除处罚。

第一百七十六条 【非法吸收公众存款罪】非法吸收公众存款或者变相吸收公众存款，扰乱金融秩序的，处三年以下有期徒刑或者拘役，并处或者单处二万元以上二十万元以下罚金；数额巨大或者有其他严重情节的，处三年以上十年以下有期徒刑，并处五万元以上五十万元以下罚金。

单位犯前款罪的，对单位判处罚金，并对其直接负责的主管人员和其他直接责任人员，依照前款的规定处罚。

二、最高人民法院《关于审理非法集资刑事案件具体应用法律若干问题的解释》（自2011年1月4日起施行）

第一条 违反国家金融管理法律规定，向社会公众（包括单位和个人）吸收资金的行为，同时具备下列四个条件的，除刑法另有规定的以外，应当认定为刑法第一百七十六条规定的"非法吸收公众存款或者变相吸收公众存款"：

（一）未经有关部门依法批准或者借用合法经营的形式吸收资金；

（二）通过媒体、推介会、传单、手机短信等途径向社会公开宣传；

（三）承诺在一定期限内以货币、实物、股权等方式还本付息或者给付回报；

（四）向社会公众即社会不特定对象吸收资金。

未向社会公开宣传，在亲友或者单位内部针对特定对象吸收资金的，不属于非法吸收或者变相吸收公众存款。

第二条 实施下列行为之一，符合本解释第一条第一款规定的条件的，应当依照刑法第一百七十六条的规定，以非法吸收公众存款罪定罪处罚：

（一）不具有房产销售的真实内容或者不以房产销售为主要目的，以返本销售、售后包租、约定回购、销售房产份额等方式非法吸收资金的；

（九）以委托理财的方式非法吸收资金的；

（十一）其他非法吸收资金的行为。

第三条

……

具有下列情形之一的，属于刑法第一百七十六条规定的"数额巨大或者有其他严重情节"：

（一）个人非法吸收或者变相吸收公众存款，数额在100万元以上的，单位非法吸收或者变相吸收公众存款，数额在500万元以上的；

（二）个人非法吸收或者变相吸收公众存款对象30人以上的，单位非法吸收或者变相吸收公众存款对象150人以上的；

（三）个人非法吸收或者变相吸收公众存款，给存款人造成直接经济损失数额在10万元以上的，单位非法吸收或者变相吸收公众存款，给存款人造成直接经济损失数额在50万元以上的；

（四）造成特别恶劣社会影响或者其他特别严重后果的。

（北京市朝阳区人民检察院第二检察部　刘叶青　王琳）

非法集资类案件中社会性如何认定

——徐某某等 17 人非法吸收公众存款案

【关键词】

社会不特定对象　亲友　社会性

【基本案情】

经审查认定：

深圳金赛银基金管理有限公司（以下简称"金赛银公司"）成立于 2011 年 1 月 19 日，王某甲（在逃）系该公司法定代理人、实际控制人，公司注册地为广东省深圳市罗湖区宝安南路某某大厦某某室。金赛银公司以投资云南昆明、湖南张家界等地的房地产项目为由，通过网络、传单宣传、金融单位工作人员介绍客户等方式，在全国各地开设分公司，向社会不特定对象公开募集资金，承诺保本保息（年利息达 10%—13%）。通过给予介绍人提成的方式，促成一些在金融机构工作的人员向社会公众宣传、投资金赛银基金。在投资形式上，金赛银公司借用有限合伙私募基金的形式，采用与投资者签订合伙协议的方式，掩盖其非法吸收公众资金的事实。2015 年 10 月 21 日，深圳市证监局核查报告确认：金赛银公司违反《中华人民共和国合伙企业法》《私募投资基金监督管理暂行办法》的规定，涉嫌非法吸收公众存款。经审计，金赛银公司以及其关联的数十家公司、分公司在深圳、北京、杭州等地共计非法吸收公众资金 63.32 亿元，累计返还投资款 33.44 亿元，吸收投资款净额 29.88 亿元，对外投资 19.66 亿元。目前，金赛银公司非法吸收公众存款案已被深圳市罗湖区人民检察院提起公诉。

金赛银公司在北京地区亦成立了分公司，但该分公司仅负责协调事务，具体的销售工作则通过平安人寿保险有限公司销售人员杜某甲（因其他非吸案已判刑）负责。杜某甲原为平安人寿西单营业部总监，后成立永盛财富公司，其通过西单营业部的保险业务员及永盛财富公司销售深圳金赛银基金产品。同时，杜某甲还通过平安人寿保险有限公司通州营业部总监徐某某（恒通营业部）和昝某某（博通营业部）向北京地区宣传、销售金赛银基金产品。

被告人徐某某、昝某某（在逃）、杜某甲（另案处理）通过开会的方式向下属业务主任和业务员介绍金赛银基金项目，并通过业务员的客户资源，通过组织一日游、酒会等方式，招揽客户，并通过金赛银公司工作人员讲课的方式，宣传金赛银基金项目，承诺保本付息（年化收益为 10% 左右）。具体的流程为保险业务员向自己的客户宣传金赛银项目，然后由金赛银北京分公司的工作人员具体介绍并签订合伙协议，通过 POS 机刷卡的方式将资金转入具体的合伙企业，保险业务员按照客户投资额的 1%—3% 获得提成。

经统计，目前在案投资人共计 174 人，涉及资金 1.3 亿余元。其中，徐某某恒通营业部涉及 87 人 5663 万元，徐某某应对全部金额负责，管某某系徐某某部业务主任，负责协助组织活动等，亦应对上述全部金额负责；昝某某博通营业部涉及 36 人 4105 万元；杜某甲西单营业部涉及 43 人 2768.5 万元；其他的有 8 人 508 万元。

【诉讼过程和结果】

2015 年 7 月 28 日，刘某乙报案称，2014 年 6 月，金赛银公司以投资张家界贺龙国际体育中心城市综合体项目并返还利息为由，与投资人签订《合伙协议》，涉嫌非法吸收公众存款案，涉及事主 48 人，涉案金额 4000 余万元。经工作发现徐某某、管某某等人有作案嫌疑，民警对徐某某、管某某等人进行网上一级临控。

北京市公安局朝阳分局以京公朝诉字〔2017〕第 1177 号移送审查起诉的

被告人徐某某、管某某、马某某、刘某甲、张某甲、韩某某、潘某某、韩某某、尚某某、王某丙、贾某某、周某某、李某甲、王某乙、兰某某、林某某、丁某某涉嫌非法吸收公众存款罪一案，北京市朝阳区人民检察院于 2017 年 5 月 22 日收到卷宗 88 册。北京市朝阳区人民检察院以京朝检公诉刑诉〔2017〕2741 号起诉书指控被告人徐某某、管某某、马某某、韩某某、兰某某、潘某某、周某某、王某乙、贾某某犯非法吸收公众存款罪，于 2017 年 12 月 4 日提起公诉；并以京朝检公诉刑追诉〔2018〕5 号、京朝检公诉刑追诉〔2018〕10 号追加起诉决定书分别于 2018 年 1 月 16 日、1 月 29 日追加起诉。

北京市朝阳区人民法院经审理查明：2014 年至 2015 年 8 月，被告人徐某某、管某某在中国平安人寿保险股份有限公司北京分公司（以下简称平安人保公司）通州恒通营业区任总监、业务主任期间，利用公司客户答谢酒会等活动，组织公司业务员韩某某、马某某、尚某某、刘某甲、兰某某、林某某、杜某乙、李某乙、陆某某、王某丁、杨某某、王某戊，在平安人保公司恒通营业区、通州区贵友大厦等地，公开向不特定的保险客户宣传金赛银基金产品保本保息、刚性兑付、零风险，并由平安银行监管资金，为金赛银公司及关联公司吸收资金，获取提成并支付业务员提成。138 名投资人投资人民币 9000 余万元，收到返款人民币 500 余万元。其中，19 人经被告人马某某介绍，投资人民币 1600 余万元，收到返款人民币 100 余万元；16 人经被告人韩某某介绍，投资人民币 1600 余万元，收到返款人民币 100 余万元；26 人经被告人兰某某介绍，投资人民币 1100 余万元，收到返款人民币 60 余万元。被告人潘某某、周某某、王某乙系平安人保公司通州博通营业区业务员，在昝某某的组织下，利用前述方式，吸收公众资金。17 人经潘某某介绍，投资人民币 1800 余万元，收到返款人民币 100 余万元；9 人经周某某介绍，投资人民币 700 余万元，收到返款人民币 20 余万元；5 人经王某乙介绍，投资人民币 1100 万元，收到返款人民币 100 余万元。被告人贾某某系平安人保公司西单营业区业务员，在杜某甲的组织下，利用前述方式，吸收公众资金。2 人经贾某某介绍，投资人民币 700 余万元，收到返款人民币 50 余万元。被告人徐某某、管某某于 2017 年 1 月 23 日被查获；被告人马某某、韩某某于 2017 年

2月17日经通知到案；被告人兰某某于2017年3月11日被查获；被告人潘某某于2017年2月28日被查获；被告人周某某于2017年3月7日被查获；被告人王某乙于2017年3月5日被查获；被告人贾某某于2017年3月14日被查获。被告人徐某某退赔人民币140万元，被告人管某某退赔人民币305万元，被告人马某某退赔人民币55万元，被告人韩某某退赔人民币46万元，被告人兰某某退赔人民币45万元，被告人潘某某退赔人民币35万元，被告人周某某退赔人民币10万元，被告人王某乙退赔人民币17万元，被告人贾某某退赔人民币23万元。法院认为，被告人徐某某、管某某、马某某、韩某某、兰某某、潘某某、周某某、王某乙、贾某某法制观念淡薄，向社会公众吸收资金，扰乱金融秩序，数额巨大，其行为均已构成非法吸收公众存款罪，依法应予惩处。北京市朝阳区人民检察院指控徐某某、管某某、马某某、韩某某、兰某某、潘某某、周某某、王某乙、贾某某犯非法吸收公众存款罪的事实清楚，证据确实、充分，指控罪名成立。在共同犯罪中，徐某某组织下属业务员销售基金产品，制定销售任务，组织酒会、一日游等活动；管某某组织酒会等活动，统计及发放业务员提成，指令业务员召集投资人，二人均起主要作用，系主犯。马某某、韩某某、兰某某、潘某某、周某某、王某乙、贾某某在共同犯罪中起次要作用，系从犯。九被告人退缴违法所得或被扣押资产；徐某某、管某某供认部分犯罪事实，韩某某、马某某有自首情节，兰某某、潘某某、周某某、王某乙、贾某某如实供述所犯罪行。朝阳区人民检察院对徐某某、管某某予以从轻处罚，对马某某、韩某某、兰某某、潘某某、周某某、王某乙予以减轻处罚并适用缓刑，对贾某某予以减轻处罚。

法院于2018年7月30日判决如下：

一、被告人徐某某犯非法吸收公众存款罪，判处有期徒刑四年，罚金人民币二十万元（刑期从判决执行之日起计算；判决执行以前先行羁押的，羁押一日折抵刑期一日。即自2017年1月23日起至2021年1月22日止。罚金于本判决发生法律效力后三个月内缴纳）。

二、被告人管某某犯非法吸收公众存款罪，判处有期徒刑三年，罚金人民币十五万元（刑期从判决执行之日起计算；判决执行以前先行羁押的，羁押一日折抵刑期一日。取保候审前羁押的 303 日折抵刑期 303 日。即自 2018 年 6 月 25 日起至 2020 年 8 月 25 日止。罚金于本判决发生法律效力后三个月内缴纳）。

三、被告人周某某犯非法吸收公众存款罪，判处有期徒刑二年，缓刑二年，罚金人民币十万元（缓刑考验期限，从判决确定之日起计算。罚金于本判决发生法律效力后三个月内缴纳）。

四、被告人王某乙犯非法吸收公众存款罪，判处有期徒刑二年，缓刑二年，罚金人民币十万元（缓刑考验期限，从判决确定之日起计算。罚金于本判决发生法律效力后三个月内缴纳）。

五、被告人潘某某犯非法吸收公众存款罪，判处有期徒刑一年十个月，缓刑一年十个月，罚金人民币十万元（缓刑考验期限，从判决确定之日起计算。罚金于本判决发生法律效力后三个月内缴纳）。

六、被告人韩某某犯非法吸收公众存款罪，判处有期徒刑一年六个月，缓刑一年六个月，罚金人民币十万元（缓刑考验期限，从判决确定之日起计算。罚金于本判决发生法律效力后三个月内缴纳）。

七、被告人马某某犯非法吸收公众存款罪，判处有期徒刑一年三个月，缓刑一年三个月，罚金人民币五万元（缓刑考验期限，从判决确定之日起计算。罚金于本判决发生法律效力后三个月内缴纳）。

八、被告人兰某某犯非法吸收公众存款罪，判处有期徒刑一年，缓刑一年，罚金人民币五万元（缓刑考验期限，从判决确定之日起计算。罚金于本判决发生法律效力后三个月内缴纳）。

九、贾某某犯非法吸收公众存款罪，判处有期徒刑八个月，罚金人民币二万元（刑期从判决执行之日起计算；判决执行以前先行羁押的，羁押一日折抵刑期一日。取保候审前羁押的 30 日折抵刑期 30 日。即自 2018 年 7 月 27 日起至 2019 年 2 月 24 日止。罚金于本判决发生法律效力后三个月内缴纳）。

十、责令被告人徐某某、管某某退赔投资人的经济损失（与北京市第三中级人民法院〔2018〕京 03 刑终 293 号刑事判决书主文第三项及北京市朝阳区人民法院〔2018〕京 0105 刑初 284 号刑事判决书后附投资人名单合并执行。投资人名单后附)。

十一、在案资产及物品，依法处理 (处理清单后附)。

徐某某、管某某、贾某某不服判决提出上诉。后贾某某表示服从原判，申请撤回上诉。北京市第三中级人民法院裁定，准许贾某某撤回上诉；驳回徐某某、管某某的上诉，维持原判。该判决已生效。

【主要问题】

如何判断非法集资类案件中的"不特定对象"？

【指导意义】

一、案件定性

（一）被告人徐某某等人的行为构成非法吸收公众存款罪

根据最高人民法院《关于审理非法集资刑事案件具体应用法律若干问题的解释》第 1 条规定，构成非法吸收公众存款罪必须同时符合非法性、公开性、利诱性和社会性四个方面的条件。

第一，金赛银公司及徐某某等人未经有关部门依法批准，从事金融业务，借用投资基金的名义变相吸收巨额公众资金，严重扰乱了金融管理秩序，具有非法性。

第二，被告人徐某某等人通过举办酒会、一日游等方式招揽客户，向客户宣传金赛银基金项目，具有公开性。

第三，行为人面向社会不特定对象吸收资金，人数多达数千人（全案涉及人数），具有社会性。2010 年最高法《关于审理非法集资刑事案件具体应用法律若干问题的解释》第 1 条规定："未向社会公开宣传，在亲友或单位内部针对特定对象吸收资金的，不属于非法吸收或者变相吸收公众存款。"2014 年最高人民法院、最高人民检察院、公安部《关于办理非法集资刑事案件适用法律若干问题的意见》第 3 条规定："关于'社会公众'的认定问题，下列情形不属于最高人民法院《关于审理非法集资刑事案件具体应用法律若干问题的解释》第 1 条第 2 款规定的'针对特定对象吸收资金'的行为，应当认定为向社会公众吸收资金：（一）在向亲友或者单位内部人员吸收资金的过程中，明知亲友或者单位内部人员向不特定对象吸收资金而予以放任的；（二）以吸收资金为目的，将社会人员吸收为单位内部人员，并向其吸收资金的。"

本案中，金赛银公司客观存在通过网站、举办酒会、一日游等方式向社会公开宣传投资理财项目的事实。虽然业务员号称酒会是为答谢平安人寿保险公司 VIP 客户，但涉案投资人并非业务员的"亲属"，也不属最高人民法院《关于审理非法集资刑事案件具体应用法律若干问题的解释》中规定的"亲友"的"友"。因为认定涉案投资人是否属于最高人民法院《关于审理非法集资刑事案件具体应用法律若干问题的解释》中的"友"，应综合考虑朋友关系相识的经过、交往的基础是基于投资获利还是情谊帮扶等情况进行综合考量。对于因之前购买保险认识的"熟人""见过"的所谓朋友，受到高息利诱而投资的，不能认定为是在特定对象范围内募集资金。故其行为仍属向社会不特定对象募集资金。

第四，行为人与金赛银基金以投资可获高额回报为名，与投资人签订合伙协议，承诺保本付息，具有利诱性。

综上，涉案公司及各被告人的行为符合非法吸收公众存款罪的四个特性，属于变相吸收公众存款行为，具有严重的社会危害性，均构成非法吸收公众存款罪。

（二）本案不构成单位犯罪

涉案的金赛银公司在成立后主要的业务就是从事销售金赛银基金项目，根据最高法的相关解释，不构成单位犯罪，故深圳方亦是以个人犯罪侦查、起诉，故本案亦属个人犯罪。

二、案件处理效果

金赛银案目前共计有徐某某等 47 人因非法吸收公众存款罪被判处刑罚，北京市朝阳区人民检察院依托认罪认罚从宽处理机制为投资人挽回经济损失

1405.3 万元。

三、跨区域非法集资类案件的处理

2014 年最高人民法院、最高人民检察院、公安部《关于办理非法集资刑事案件适用法律若干问题的意见》第 8 条规定："关于跨区域案件的处理问题，跨区域非法集资刑事案件，在查清犯罪事实的基础上，可以由不同地区的公安机关、人民检察院、人民法院分别处理。对于分别处理的跨区域非法集资刑事案件，应当按照统一制定的方案处置涉案财物。国家机关工作人员违反规定处置涉案财物，构成渎职等犯罪的，应当依法追究刑事责任。"即跨区域非法集资类案件实行"三统两分"（统一指挥协调、统一办案要求、统一资产处置、分别侦查诉讼、分别落实维稳）办理原则。承办人了解到，2015 年 10 月 21 日，深圳市证监局核查报告确认：金赛银公司违反《中华人民共和国合伙企业法》《私募投资基金监督管理暂行办法》的规定，涉嫌非法吸收公众存款。经审计，金赛银公司以及其关联的数十家公司、分公司在深圳、北京、杭州等地共计非法吸收公众资金 63.32 亿元，累计返还投资款 33.44 亿元，吸收投资款净额 29.88 亿元，对外投资 19.66 亿元。目前，金赛银公司非法吸收公众存款案已被深圳市罗湖区人民检察院提起公诉。根据"三统两分"原则，金赛银案件在北京的犯罪行为归朝阳区人民检察院管辖。在办理跨区域非法集资类案件中，朝阳区人民检察院积极与关联案件兄弟部门面对面，特别是对于关联案件在外地司法机关的，严格贯彻落实非法集资"三统两分"办理原则，要求承办人尽量做到面对面沟通。目前，朝阳区人民检察院已经就多起案件，分别与深圳、杭州、上海、长春和天津的相关公检法机关进行了实地沟通和互通证据，确保案件办理的效果。

【相关法律规定】

一、中华人民共和国刑法（2017 年修正）

第一百七十六条　【非法吸收公众存款罪】非法吸收公众存款或者变相吸收公众存款，扰乱金融秩序的，处三年以下有期徒刑或者拘役，并处或者单处二万元以上二十万元以下罚金；数额巨大或者有其他严重情节的，处三年以上十年以下有期徒刑，并处五万元以上五十万元以下罚金。

单位犯前款罪的，对单位判处罚金，并对其直接负责的主管人员和其他直接责任人员，依照前款的规定处罚。

二、最高人民法院《关于审理非法集资刑事案件具体应用法律若干问题的解释》（自 2011 年 1 月 4 日起施行）

第一条 违反国家金融管理法律规定，向社会公众（包括单位和个人）吸收资金的行为，同时具备下列四个条件的，除刑法另有规定的以外，应当认定为刑法第一百七十六条规定的"非法吸收公众存款或者变相吸收公众存款"：

（一）未经有关部门依法批准或者借用合法经营的形式吸收资金；

（二）通过媒体、推介会、传单、手机短信等途径向社会公开宣传；

（三）承诺在一定期限内以货币、实物、股权等方式还本付息或者给付回报；

（四）向社会公众即社会不特定对象吸收资金。

未向社会公开宣传，在亲友或者单位内部针对特定对象吸收资金的，不属于非法吸收或者变相吸收公众存款。

第二条 实施下列行为之一，符合本解释第一条第一款规定的条件的，应当依照刑法第一百七十六条的规定，以非法吸收公众存款罪定罪处罚：

（一）不具有房产销售的真实内容或者不以房产销售为主要目的，以返本销售、售后包租、约定回购、销售房产份额等方式非法吸收资金的；

（二）以转让林权并代为管护等方式非法吸收资金的；

（三）以代种植（养殖）、租种植（养殖）、联合种植（养殖）等方式非法吸收资金的；

（四）不具有销售商品、提供服务的真实内容或者不以销售商品、提供服务为主要目的，以商品回购、寄存代售等方式非法吸收资金的；

（五）不具有发行股票、债券的真实内容，以虚假转让股权、发售虚构债券等方式非法吸收资金的；

（六）不具有募集基金的真实内容，以假借境外基金、发售虚构基金等方式非法吸收资金的；

（七）不具有销售保险的真实内容，以假冒保险公司、伪造保险单据等方式非法吸收资金的；

（八）以投资入股的方式非法吸收资金的；

（九）以委托理财的方式非法吸收资金的；

（十）利用民间"会"、"社"等组织非法吸收资金的；

（十一）其他非法吸收资金的行为。

（北京市朝阳区人民检察院第二检察部　王琇珺）

以提供服务为名非法吸收公众存款如何认定

——陆某某等 6 人非法吸收公众存款案

【关键词】

提供服务　养老产品　非法集资

【基本案情】

经审查认定：

2011 年 8 月至今，被告人陆某某先后成立世纪爱晚（海南）实业发展有限公司（以下简称世纪爱晚公司）、中融爱晚（北京）投资基金管理有限公司（以下简称中融爱晚公司）、怡养爱晚（北京）养老实业发展有限公司（以下简称怡养爱晚公司），陆某某任法定代表人及实际控制人。怡养爱晚公司的结构如下：公司总经理及实际负责人陆某某，副总裁刘某甲。公司主要业务部门有销售部，总经理孟某某，负责养老产品的销售，下有三名销售总监；渠道部，负责人秦某某和董某某，负责联络居委会、学校、部委老干部局体验养老服务并寻找投资人；项目部孙某某，负责基地的考察与选定及养老产品设计。公司还设有财务部、基地运营管理中心、行政部、客服部、人事部等。中融爱晚公司没有自己的员工，后期财务由怡养爱晚公司负责。

2013 年 3 月至 2016 年 6 月间，被告人陆某某伙同孟某某、董某某、张某某、郭某某、王某某，以世纪爱晚公司和怡养爱晚公司的名义，在北京市朝阳区某大厦等地，通过参加博览会、拨打电话、发放宣传册等形式向社会公开宣传公司的全国候鸟式养老服务产品，与投资人签订《养老服务协议》《补充协议》《担保合同书》，收取 5 万—100 万元不等的保证金，承诺一年内若干天数免费在其自有或租赁的养老基地吃住游玩，到期退还本金，如未入住养老基地，则给予年化 8%—15% 的消费补贴。公司运营后期，承诺在提供免费入住的同时给予消费补贴。在此期间，成立镇江分公司和南京分公司从事上述吸收资金业务。现共有报案人 500 余人，投资款共计 1.3 亿余元（未报案投资人 500 余人，投资款 1 亿余元）。

2013 年年底至 2016 年间，被告人陆某某以中融爱晚公司的名义委托中融汇联公司的黄某某（已因涉嫌非法吸收公众存款罪起诉）等人代为发行私募基金用于养老基地的开发，后又自行发行怡养爱晚新三板基金，承诺保本付息，年利率 8%—15%。现共有投资人 200 余人投资款 2.8 亿余元，投资项目包括爱晚一期、爱晚二期、怡养爱晚镇江基金、怡养爱晚新三板基金（现有基金报案投资人 31 人，投资款共计 2000 余万元）。

【诉讼过程和结果】

北京市公安局朝阳分局于 2015 年 11 月 16 日以中融爱晚公司涉嫌非法吸收公众存款罪立案侦查。2016 年 5 月 25 日，马某某到朝阳经侦大队报警称，怡养爱晚公司与事主签订《养老服务协议》，使事主损失 40 万元，现人去楼空。北京市公安局朝阳分局于 2016 年 6 月 5 日以怡养爱晚公司涉嫌非法吸收公众存款案立案侦查。

本案由北京市公安局朝阳分局侦查终结，以被告人陆某某、孟某某、张某某、郭某某、王某某、董某某涉嫌非法吸收公众存款罪，于 2016 年 12 月 26 日向北京市朝阳区人民检察院移送审查起诉。北京市朝阳区人民检察院于 2017 年 6 月 30 日以被告人陆某某、孟某某、董某某、张某某、郭某某、王某某构成非法吸收公众存款罪提起公诉。

北京市朝阳区人民法院于 2018 年 12 月 4 日判决认定被告人陆某某、孟某某、董某某、张某某、郭某某、王某某变相吸收公众存款，扰乱金融秩序，数额巨大，六人的行为已构成非法吸收公众存款罪，依法应予惩处。北京市朝阳区人民检察院指控被告人陆某某、孟某某、董某某、张某某、郭某某、王某某犯非法吸收公众存款罪的事实清楚，证据确实、充分，指控罪名成立。被告人陆某某在共同犯罪中起主要作用，是主犯；被告人孟某某、董某某、张某某、郭某某、王某某在共同犯罪中起辅助作用，是从犯。被告人陆某某能够如实供述主要罪行，对其依法予以从轻处罚；被告人孟某某、董某某、张某某如实供述主要罪行，退赔部分违法所得，系从犯，依法对二名被告人从轻处罚并适用缓刑；被告人郭某某、王某某能够如实供述主要罪行，退赔部分违法所得，系从犯，依法对二名被告人减轻处罚并适用缓刑。

北京市朝阳区人民法院判处：一、判处被告人陆某某有期徒刑七年，罚金人民币五十万元；二、判处被告人孟某某有期徒刑三年，缓刑五年，罚金人民币六万元；三、判处被告人董某某有期徒刑三年，缓刑四年，罚金人民币五万元；四、判处被告人张某某有期徒刑三年，缓刑三年，罚金人民币五万元；五、判处被告人郭某某有期徒刑二年，缓刑二年，罚金人民币二万元；六、判处被告人王某某有期徒刑一年，缓刑一年，罚金人民币二万元；七、责令被告人陆某某退赔投资人的经济损失（含在案人民币六十三万元），发还相应投资人。判决已生效。

【主要问题】

承诺提供服务是否属于非法吸收公众存款罪"四性"中的"利诱性"？

【指导意义】

一、案件定性

（一）证据方面

被告人陆某某归案后，多次供述均承认以世纪爱晚公司、中融爱晚公司及怡养爱晚公司的名义，指使公司员工通过参加博览会、上门推销等方式向社会公众公开宣传公司的连锁养老基地项目，收取投资人的保证金为投资人提供养老服务或者支付消费补贴，到期后返还保证金；同时，还以中融爱晚公司的名义，委托中融汇联公司的黄某某等人代为募集基金。被告人孟某某作为公司销售部门的负责人，主要负责介绍投资人、与投资人签订协议；被告人董某某作为公司渠道部的负责人，主要负责与各大部委等机关进行联系，拓展公司业务渠道；被告人张某某作为公司财务部门的负责人，主要负责保证金的收取及支出等工作；被告人郭某某作为基地运营管理部的负责人，主要负责基地服务手册的编撰；被告人王某某作为公司行政部的负责人，主要负责公司行政、后勤等工作。证人李某某的证言证实某某宾馆负责接待公司的养老会员，且也开展普通酒店业务的情况；证人杨某某证言证实被告人陆某某租赁某某别墅用于建设养老基地的情况；证人马某某等投资人的证言及提交的材料证实报案养老会员共计500余人，保证金共计1.3亿余元；投资中融爱晚公司基金的投资人共计15人，投资款共计2000余万元。涉案公司的工商登记材料证实涉案公司成立及工商变更的情况；北京湖溶飞公司提供的合同及情况说明证实涉案公司租赁某某小区的房屋用于开展养老服务的情况；社工联出具的相关证明证实世纪爱晚公司经审批成为"爱晚工程"的员工单位，海南基地也被选为爱晚工程的基地之一，但怡养爱晚公司的连锁基地并未得到授权。另卷中有分局调取的合同样本、公司人员身份证复印件等材料，以及涉案公司的银行账户交易明细等材料在案为证。

（二）定性方面

1. 被告人陆某某、孟某某等人的行为符合刑法第176条之规定，构成非法吸收公众存款罪

第一，非法性。陆某某所控制的公司在公司成立后，未经有关部门批准，以吸收养老会员保证金的名义吸收资金，除此之外并无其他营利性收入，全部支出且开销巨大。虽然采用了养老会员保证金的形式，但本质上仍是为了吸收资金，其行为实质是以合法经营的形式变相非法吸收公众存款的行为，具有非法性。

第二，公开性。公司宣传模式与一般非法吸收公众存款案没有不同，也是通过电话陌拜、发传单、参加博览会等形式向公众公开宣传，具有公开性。

第三，利诱性。本案以收取养老保证金的形式吸收资金，以保证金的多

少决定所获得的利益，保证金高的可以获得更多的入住天数和消费补贴，在公司宣传时也将入住天数换算为综合投资回报吸引投资者。其收取的保证金实际为吸收资金，其承诺的免费入住和年化消费补贴实质就是附加的高额回报。以提供服务方式非法吸收公众存款的犯罪手段，相较于其他销售理财项目等犯罪手法而言，具有一定的隐蔽性。最高人民法院《关于审理非法集资刑事案件具体应用法律若干问题的解释》第1条规定："承诺在一定期限内以货币、实物、股权等方式还本付息或者给付回报"系认定为刑法第176条规定的"非法吸收公众存款或者变相吸收公众存款"的条件之一。司法解释中的"等"字，意味着高额回报不局限于以常见的金钱形式出现，也可以以实物、股权、居住权、种植权、提供服务等新模式出现。例如，有的犯罪分子以提供种苗等形式非法吸收资金，承诺以收购或者包销产品的方式支付回报；有的以商品销售的方式吸收资金，以承诺返租、回购、转让的方式给予回报。

第四，社会性。行为人面向社会不特定对象吸收资金，人数多达数千人，具有社会性。

第五，陆某某的中融爱晚基金公司委托中融汇联公司发行基金，中融汇联相关负责人已经因非法吸收公众存款罪起诉，陆某某本人明知中融汇联公司向不特定人员宣传，发行基金并未遵守私募基金的规定，其本人也对基金合同进行了审核，承诺保本付息，其发行基金的行为也构成非法吸收公众存款罪。

2. 本案应当定性为个人犯罪而非单位犯罪

在案证据显示陆某某设立公司后公司主要业务就是吸收客户的养老保证金并提供所谓的养老服务，其设立的基金公司没有工作人员，委托其他公司代为募集资金，再无其他经营性活动及收入。根据最高人民法院《关于审理单位犯罪案件具体应用法律有关问题的解释》第2条："个人为进行违法犯罪活动而设立的公司、企业事业单位实施犯罪的，或者公司、企业、事业单位设立后，以实施犯罪为主要活动的，不以单位犯罪论处。"因此本案应认定为被告人陆某某、孟某某等6人共同犯罪。

3.本案应当定性为非法吸收公众存款罪而非集资诈骗罪

根据陆某某及公司财务经理张某某的供述，吸收的资金主要用于基地租赁、装修及公司运营，本案现在没有证据证明陆某某将投资款肆意挥霍，不能证明陆某某有非法占有的主观故意，故本案暂不宜定性为集资诈骗罪。

二、案件处理效果

本案是典型的以提供服务为名进行非法集资，目前，此类案件在旅游及养老服务领域较为突出。旅游服务领域案件是以旅游服务为幌子，通过收取会员费、缴纳保证金、办理年卡等方式非法集资。如朝阳区人民检察院办理的"旅行吧"非法吸收公众存款案，不法分子以北京旅行吧旅行社的名义，公开宣传办理公司旅游年卡可以减免旅游费用，与游客签订保证金协议，承诺半年或一年后返还本金并赠送旅游服务。养老服务领域案件大多利用国家政策、政府信用进行背书，将项目包装成具有国家"重大民生工程"背景，标榜养老模式创新，以"合法"运营养老机构、提供养老服务之名掩盖非法集资之实。更有甚者借"以房养老"为名，通过为投资人包办房产抵押借款等形式完成吸储。例如朝阳区人民检察院办理的"怡养爱晚"非法吸收公众存款案、"轩辕阁"非法吸收公众存款案、"泰合连城"非法吸收公众存款案均是以养老服务为名进行非法集资。

朝阳区人民检察院以本案为例，撰写《朝阳院反映养老服务领域非法集资犯罪呈现五方面特点应引起重视》等工作简报，并在北京市朝阳区人民检察院公众号发布《伪金融创新|你投资我，我养你老？"老板"日记揭开非法集资骗术！》《普法小短片|你投资我，我养你老？》等外宣文章及普法视频，向社会公众宣传以养老服务为名行非法集资之实的惯用手段，并提供鉴别是否涉嫌非法集资的方式：第一，合法资质，根据《养老机构设立许可办法》第13条，合法的民办养老机构要有民政局颁发的养老机构设立许可证；第二，是否违背养老服务行业本质。养老机构本质是提供服务，并不具备吸收资金、理财等功能。朝阳区人民检察院通过本案在普法宣传方面取得了良好效果。

三、养老服务领域非法集资犯罪案件特点

（一）利用国家政策、政府信用进行背书，将项目包装成具有国家"重大民生工程"背景

随着人口老龄化加剧，中央作出了加快发展养老服务业的决策部署，各方面资源逐步倾斜。与此同时，一些犯罪分子也利用国家相关政策、发展战略对项目进行包装宣传。例如，陆某某等人非法吸收公众存款一案，被告人陆某某宣传其实际控制下的世纪爱晚（海南）实业发展有限公司是国家"爱晚工程"的企业运作平台，怡养爱晚（北京）养老实业发展有限公司是全国老龄办信息中心（中国老龄协会老年人才信息中心）、全国老年人才专家委员会的企业平台，并利用自身全国老龄办信息中心"老年人才专家工作委员会办公室"副主任的身份进行宣传，使投资人对项目所谓的"国家背景"深信不疑。

（二）标榜养老模式创新，以"合法"运营养老机构、提供养老服务之名掩非法集资之实

涉案公司往往宣称自己系合法养老机构，大打创新牌，大肆宣传"投资养老""金融养老""消费养老""候鸟式养老"等新兴概念。但该类公司并未获得审批许可，不提供实质养老服务内容，却仍以该名义收取会员费、"保证金"，并以承诺还本付息或者给付回报等方式非法吸收公众资金。例如，陆某某等人非法吸收公众存款一案，涉案公司以"创新投资养老和消费模式""零风险投资＋零费用消费""全国'候鸟式'养生、养老、旅游、休闲、度假、投资一体化模式"等"创新"概念，向社会公开宣传自身的养老服务产品，与投资人签订《养老服务协议》，收取 5 万—100 万元不等的保证金，承诺一定期限内可免费在其自有或租赁的全国各地养老基地吃住游玩若干天，到期退还本金，并给予年化 8%—15% 的消费补贴。又如，李某某等人非法吸收公众存款一案，被告人通过实际控制的北京轩辕阁商务服务集团有限公司向社会公开宣传投资养老项目，承诺每月返还投资款 3%—10% 不等的利息且到期返本，并且投资人年老之后可以免费入住其修建的养老院，共计吸收资金人民币 13

亿余元。经审查，涉案公司仅在本市通州区、朝阳区建立了两处养老院，均未取得民政部门批准，经营场所亦属租赁，投资成本均仅两三千万元左右。

（三）借"以房养老"为名，通过为投资人包办房产抵押借款等形式完成吸储

此类非法集资案件中，行为人以可以实现"以房养老"每月坐享高息收益等名义进行宣传，实质上将投资人房屋进行抵押借款，资金链断裂后房产被行使抵押权，投资人损失惨重。例如，李某某等人非法吸收公众存款案中，涉案北京泰合连城投资有限公司专门成立"以房养老办"，专门宣传"以房养老"项目，宣称投资人可以用自己的房子投资获取高息收益。投资人高某某用自家房产参与了投资，全程有公司人员指引和陪同办理相关手续，高某某只需准备好房产证、户口簿等证件。高某某在收到300万元抵押款项后按公司人员要求全部转入指定账户，后公司与高某某签订了相关投资协议，约定高某某每月将有1.2万元收益。3个月后，高某某便被他人告知房屋已过户，要求高某某及家人立即搬离。

（四）以"有限合伙""私募基金"形式，虚假投资养老产业

行为人往往打着投资养老公寓、基地、地产建设项目等幌子，承诺给付高额回报，采用"有限合伙""私募基金"等方式非法吸收或骗取公众资金。例如，姚某某等人集资诈骗、非法吸收公众存款一案，被告人入股星湖绿色生态观光园有限公司并持有51%股份后，对外宣传称"星湖园养老基金"项目是以实体产业为基础、国家政策大力扶持且具有良好发展前景的项目，包装推出"星湖园养老产业基金"，并以"有限合伙"形式进行销售，年化收益率一般在12%—60%，部分可以达到72%—120%，个别甚至达到132%，共计通过该项目骗取资金30余亿元。又如，任某某等人非法吸收公众存款一案，被告人以投资北京市房山区北白村养老公寓项目可获得每月2%的高息返利为由，共计向100余名投资人非法吸收资金1400余万元。

（五）受害群体特殊、财产损失惨重，极易引发集体上访，影响社会稳定

朝阳区人民检察院办理的上述案件，涉案金额巨大，人数众多。且受害

群体多为离退休或即将离退休的中老年人，养老需求较为强烈，部分人员将自己多年积攒的储蓄甚至房产全部投入，而案发后大部分资金难以追回，给投资者造成严重的经济损失，极易引发集体上访。例如，姚某某等人集资诈骗、非法吸收公众存款一案，涉案投资人涉及全国 29 个省、自治区、直辖市，其先后到各级检察机关集体上访 40 余次，部分来访人数众多、持续多日，且有时伴有闹访现象。再如，陆某某等人非法吸收公众存款一案中，某次投资人来访 300 余人，在朝阳区人民检察院门前拉横幅、喊口号，事后借助网络公知将相关图文上传网络。

【相关法律规定】

一、中华人民共和国刑法（2017 年修正）

第一百七十六条【非法吸收公众存款罪】非法吸收公众存款或者变相吸收公众存款，扰乱金融秩序的，处三年以下有期徒刑或者拘役，并处或者单处二万元以上二十万元以下罚金；数额巨大或者有其他严重情节的，处三年以上十年以下有期徒刑，并处五万元以上五十万元以下罚金。

单位犯前款罪的，对单位判处罚金，并对其直接负责的主管人员和其他直接责任人员，依照前款的规定处罚。

二、最高人民法院《关于审理非法集资刑事案件具体应用法律若干问题的解释》（自 2011 年 1 月 4 日起施行）

第一条 违反国家金融管理法律规定，向社会公众（包括单位和个人）吸收资金的行为，同时具备下列四个条件的，除刑法另有规定的以外，应当认定为刑法第一百七十六条规定的"非法吸收公众存款或者变相吸收公众存款"：

（一）未经有关部门依法批准或者借用合法经营的形式吸收资金；

（二）通过媒体、推介会、传单、手机短信等途径向社会公开宣传；

（三）承诺在一定期限内以货币、实物、股权等方式还本付息或者给付回报；

（四）向社会公众即社会不特定对象吸收资金。

未向社会公开宣传，在亲友或者单位内部针对特定对象吸收资金的，不属于非法吸收或者变相吸收公众存款。

第二条 实施下列行为之一，符合本解释第一条第一款规定的条件的，应当依照刑法第一百七十六条的规定，以非法吸收公众存款罪定罪处罚：

……

（四）不具有销售商品、提供服务的真实内容或者不以销售商品、提供服务为主要目的，以商品回购、寄存代售等方式非法吸收资金的；

……

（北京市朝阳区人民检察院第二检察部　王琇珺）

如何通过司法会计鉴定辅助完成非法集资案件的审查起诉工作

——田某某等人非法吸收公众存款案

【关键词】

非法集资　非法吸收公众存款　司法会计鉴定　同步审查

【基本案情】

经审查认定：

被告人田某某与雷某某于 2009 年 9 月共同出资成立北京鼎峰千禧投资基金管理有限公司（以下简称鼎峰千禧公司），法定代表人雷某某，田某某和雷某某各占公司 50% 的股份，注册资本 3000 万元，注册地和实际经营地均为北京市朝阳区，经营范围：非证券业务的投资管理、咨询、参与设立投资企业与管理，不得以公开方式募集资金。2010 年 5 月 25 日鼎峰千禧公司法定代表人变更为霍某某，霍某某为公司执行董事、董事会成员，公司股东为田某某（占股 50%）、赵某某（占股 50%）。2010 年 6 月 17 日鼎峰千禧公司名称变更为六宝（北京）投资基金管理有限公司（以下简称六宝公司）。

2011 年 1 月至 2016 年 3 月间，被告人田某某等人未经国家有关部门批准，以六宝公司及有限合伙的名义，以私募股权基金的形式，先后在北京市朝阳区某金融大厦 32 层、北京市朝阳区某大厦 20 层，以投资经营"天金石油""蓝溪汽配城""托克托嘉和煤炭物流园"等项目为由，通过户外广告、

"口口相传""客户答谢会"、银行工作人员"飞单"等公开方式对外宣传，与投资人签订《合伙协议》《股权回购协议》等方式吸收资金，并约定保本返息，年投资回报率为11%—31%。在此期间，六宝公司分别在江西省、山西省、湖北省成立分公司从事上述吸收资金业务。

经审计，投资人投资款分别打入有限合伙及其他六宝公司关联公司账户内，经统计，六宝公司共设立15个有限合伙，17家关联公司。后六宝公司将涉案钱款对外投资到"天金石油""托克托嘉和煤炭物流园"等34个项目。田某某等人吸收2800余名投资人的资金共计人民币77亿余元。1900余名投资人报案，报案协议金额人民币19亿余元。六宝公司对外投资数额为33亿元。后因六宝公司资金链断裂，不能如期向投资人返本返息而案发。

【诉讼过程和结果】

2015年7月六宝公司投资人陈某某向公安机关报案称，六宝公司以投资"六宝天金石油专项投资基金项目"有返利为由，与投资人签订合伙协议，致使其损失300万元。2015年10月19日北京市公安局朝阳分局对六宝公司涉嫌非法吸收公众存款罪立案侦查。

2016年3月15日主犯田某某到案，2016年9月13日，北京市公安局朝阳分局以田某某、赵某某等8人涉嫌非法吸收公众存款罪向北京市朝阳区人民检察院移送审查起诉，2017年2月22日北京市公安局朝阳分局以张某某、陶某某涉嫌非法吸收公众存款案向北京市朝阳区人民检察院移送审查起诉，2017年3月9日北京市朝阳区人民检察院将上述两案并案处理，2017年3月22日北京市朝阳区人民检察院以田某某、赵某某、张某某等10人涉嫌非法吸收公众存款罪向北京市朝阳区人民法院提起公诉，2017年12月8日北京市朝阳区人民法院召开庭前会议，2018年1月29日北京市朝阳区人民法院开庭审理，2018年7月10日北京市朝阳区人民法院对本案公开宣判，被告人田某某等10人被判有期徒刑两年至九年不等，分别被处以罚金。被告人田某某、邓某某等8人不服一审判决，提出上诉，北京市第三中级人民法院认为一审判决定罪及适用法律准确、量刑适当，审判程序合法，应予维持，于2018年9

月 21 日裁定驳回上诉，维持原判。

【主要问题】

1. 证据体量庞大、资金往来错综复杂，如何准确厘清涉案资金流向？

2. 非法集资案件如何通过司法会计鉴定证实客观存在的非法占有状况，从而判定主观占有的目的？

【指导意义】

一、非法集资案件和司法会计鉴定的关系

（一）非法集资类案件的特点

非法集资类案件在刑法规定上主要包含非法吸收公众存款罪和集资诈骗罪两个罪名。近年来，非法集资类案件数量持续增长，尤其是 2018 年 6 月 P2P "爆雷" 以来，非法集资类案件呈激增态势。非法集资案件呈现出手段多样化、资金运作复杂化、会计账务处理失真化等特点。所以在非法集资案件的办理中，因案件复杂、社会危害程度高、案件性质恶劣，非法集资相关工作的处置需要切实、谨慎。因为此类案件所反映的事实基本都围绕着吸收并使用资金这一财务活动的展开，所以对财务活动的起因、过程、结果进行有效鉴定，既是法律诉讼的需要，也是此类案件定罪量刑的关键因素之一。

（二）司法会计鉴定的内涵

《中华人民共和国刑事诉讼法》第 146 条规定："为了查明案情，需要解决案件中某些专门性问题的时候，应该指派、聘请有专门知识的人进行鉴定。"司法鉴定是为了解决诉讼过程中出现的专门性的问题，聘请或指派具有相关专业胜任能力的第三方，针对涉案资料进行鉴别与判定的活动。如将鉴定范围限定为涉案的财务会计问题，那么司法会计鉴定是指派或聘请财务会计专业人员对涉案的财务会计资料进行鉴别与判定，针对财务会计问题的鉴定意见，以满足诉讼的需求。由此可见，司法会计鉴定的目的即满足司法诉讼的需求，查明、证实案件中有关财务会计的事实。

（三）司法会计鉴定在审查非法集资类案件中的作用

针对非法集资类案件的司法会计鉴定，具体而言，就是厘清涉案资金来源的认定数和资金去向的认定数，认定吸收对象造成的直接经济损失数额，从而为非法集资类案件的定罪量刑提供依据。

司法会计鉴定意见是通过严密的逻辑推断、收集互相关联的多重证据，形成证据链，以还原涉案的事实真相。特别对涉案资金的来源与去向的判定，司法会计鉴定意见是作为非法集资刑事案件量刑的关键证据，对维护投资人或受害人的权益，以及对保持司法审判的公正性都具有重要意义。

二、本案证据材料特点

司法会计鉴定证据，既是司法会计鉴定意见的重要组成部分，也是鉴定人通过对涉案财务会计资料分析后所出具鉴定意见的基础。司法会计鉴定意见的准确与否很大程度首先依赖的是鉴定的证据材料的完整性和真实性。

本案中，公安机关移送检察机关审查起诉时，形成卷宗材料 1049 卷（外地公安机关后续补充移送卷宗几百册），银行记账凭证 10 箱，上述证据材料中涉及财务会计部分主要包括：一是投资人报案时所提供的证据材料，主要包括投资合同、账户打款流水、银行对账单、投资人证言等；二是公安机关查封涉案公司时所起获的大量的投资合同、国有土地使用权抵押合同、保证合同、合伙协议等；三是涉案公司所保留的大量的账目等资料，包括支出凭单、银行对账单、收据、收条等；四是公安机关所调取的涉案账号的银行流水，经核算，最终本案中的银行账户多达 200 余个；五是涉案公司对外投资的项目合同、融资协议、战略合作协议、增资协议等，该案中投资项目多达 34 个。

另外，该案涉及人数众多、金额巨大。经审计，六宝公司共吸收 2800 余名投资人资金人民币 77 余亿元，其中已报案 1947 人，报案投资金额 19.54 亿元。但在案件移送北京市朝阳区人民检察院审查起诉时，报案人数才一千余人，后续报案人数增加将近一千余人，并且该案在检察机关的办案期限内，公安机关补充侦查的证据材料也在不断增长，涉案银行账户在不断累加，最终审计结果包含 200 多个银行账户的银行流水，涉案投资项目 34 个。不断变化的证据材料给检察机关的审查和司法会计鉴定机构的鉴定都提出了巨大的挑战。

三、案件办理难点

在国务院及"两高一部"颁布指令严厉打击非法集资案件之际，司法机关对处置非法集资刑事案件的压力越发巨大，主要体现在以下几个方面：

第一，司法资源不足，导致司法工作进展缓慢。非法集资案件量不仅日益剧增，而且单个案件的涉案金额越来越大、涉及投资人越来越多，司法工作在人力与物力的配备上都显得力不从心，笔者在案件办理过程中深切体会到，非法集资案件堆积，且单一案件办理的周期较长，如何充分利用司法会计鉴定显得尤为重要。

第二，司法人员对复杂的财务会计专业知识的掌握程度存在不足。由于非法集资案件所涉及资金的金额数一般较大，采取吸资的手段复杂多变，且涉案账目混乱繁杂，在面对涉案财务会计事项时难免会陷入困境。

第三，司法会计鉴定人员法律专业知识不足。作为司法会计的鉴定人员，也需要通过法律事实的角度对涉案的经济行为的真实性、完整性、准确性进行判定，而不能仅凭检查、复算、复核涉案会计资料就得出相应鉴定意见。

第四，司法会计鉴定证据材料收集不全面。涉案鉴定材料的收集是实施鉴定的必要前置条件，鉴定结论是否可靠，鉴定意见是否有说服力，很大程度上取决于鉴定材料收集的完整度。侦查阶段，因侦查人员不一定具有专业的财会知识，在证据材料的查证过程中难免存在疏漏。而且，线上的财会证据的获取也给侦查人员带来了一定的挑战。

四、不同阶段合理利用司法会计鉴定开展同步审查

（一）审查起诉阶段
1. 及时引入司法会计鉴定对本案开展同步辅助审查
审查起诉阶段，审计的重点一方面是对在案嫌疑人进行定罪量刑，另一方面还有追诉遗漏的犯罪嫌疑人，指导公安机关进一步查明事实，追赃挽损。

因本案的证据材料存在上文所述的特点，承办人首先从全案吸资规模、项目投资数额、投资占吸资比以及投资人损失四个角度审查全部案卷材料，及时引入并指导司法会计鉴定人员进行专业同步审查，要求在实施司法会计鉴定活动时，确定非法吸收公众存款的行为方式；查明非法吸收公众存款的过程；对非法吸收公众存款资金的来源、去向进行鉴定；对非法吸收公众存款的投资人人数、投资金额、投资时间、本金偿还金额、利息偿还金额、造成的直接损失金额进行鉴定。为满足上述证明标准，承办人从以下几方面将司法会计鉴定引入本案并开展同步审查：

一是汇总基础信息，为后期开展司法鉴定打下基础。本案中，承办人第一时间与负责本案的司法会计鉴定人员对卷宗进行分类整理，并就各类项目审计的重点进行了协商，并要求鉴定人员首先要对基础信息全面准确地录入、审核，包括协议名称、协议编号、签约时间、投资项目名称、签约人姓名、身份证号、电话、年化收益率、协议金额、付款金额、付款人、付款账号、收款人、收款账号、协议签署地，从而方便鉴定后期的分类汇总。

二是协商确定投资数额统计方法。本案投资人报案卷宗材料众多，承办人在审查投资人报案材料时发现，既存在一人多次投资的情况，也存在多人合单投资的情况，还存在投资人续投和转投的情况。对于投资人本息复投的情况，因本金未推出投资，所以在计算投资额数时需将续投中的本金予以扣除，从而避免重复计算。对于多人合单的情况，考虑到需要计算报告人的犯罪额数，故也需对该种情况进行拆分。

经和鉴定人员多次沟通，检察机关和鉴定机构达成一系列标准，如对于投资人合单的数额进行去重，对于投资人续投和转投的数额进行扣减，对于重名的投资人进行拆分。同时，要求依据投资人付款凭证、投资人银行交易流水与涉案公司收款账户流水进行比对，确定投资人的投资数额、返利数额以及损失数额。

三是对涉案被告人的犯罪数额进行审计。该案中，通过对比被告人供述和投资人的证言发现，涉案公司销售层级关系不明，人员流动性较大。经承办人梳理，最终确定被告人为两类两个层级，被告人田某某、赵某某、张某乙、余某某为公司负责人或行政人员，而其他被告人均为销售人员。作为公司负责人或行政人员，应对其任职期间公司全部吸收资金数额负责。对于业务人员，要求鉴定人员按照业务员的任职时间，并按层级去重后确认其业绩数额。对于销售总监，业绩计算规则确定为投资人直接指认部分和被告人直接指认其下属的业绩的加总，其中注意排除同时指认销售总监和业务人员的情况。

经按上述确立标准进行审计，最终认定被告人田某某系主犯，对六宝公司吸收资金人民币77亿余元负责；被告人赵某某系六宝公司财务总监，对六宝公司吸收资金人民币77亿余元负责；被告人邓某某及其下属业务员宫某某等吸收资金人民币5亿余元；被告人张某甲及其下属业务员等吸收资金人民币1.5亿余元；被告人陶某某吸收资金人民币3000余万元；被告人卢某某系中国农业银行股份有限公司北京某支行客户经理，为六宝公司吸收资金人民币6000余万元；被告人宫某某、唐某某系六宝公司销售员，宫某某吸收资金人民币2000余万元，唐某某吸收资金人民币190万元；被告人张某乙系六宝公司项目部员工，为六宝公司考察项目，其任职期间，六宝公司吸收资金人民币77亿余元；被告人余某某系六宝公司江西分公司负责人，吸收资金人民币5000余万元。

四是梳理六宝系下的有限合伙及关联公司，确定涉案公司项目投资情况。公安机关从涉案公司起获了大量的项目合同，经对项目进行核对，共统计出涉案投资项目34个。同时对公安机关调取的工商登记资料进行梳理，整理出六宝系下用于对外投资的15个有限合伙公司及17家关联公司。公安机关查扣的大量六宝公司账目材料中有很大比重是六宝公司将吸收的资金用于投资上述34个项目。经审查发现，涉案公司投资款的往来不都是规范的公司账户对公司账户，而是存在大量的私人账户和公司账户间的资金往来情况。因项目投资款在全部吸收金额中所占的比例对案件进行定性，确定被告人是否有挥霍所吸收资金的行为，从而推断被告人是否存在非法占有目的，承办人在和司法会计鉴定人员的沟通中要求，投资项目的资金往来均需要从合同、银行流水、单据等方面得到印证。经审计，六宝公司对外投资金额共计33亿元，收到回款 15.77 亿元。

五是对涉案投资项目进行综合整理，查明资金用途并进一步指导公安机关追赃挽损。结合工商注册登记材料和在六宝公司查扣的项目合同、银行交易流水及凭证等证据，对涉案的 34 个项目逐一进行整理。承办人要求对所有查封在案资产的项目资金流入情况进行专项审计，对还没有的查封资产的项目要求审计人员梳理关键信息，承办人形成补充侦查文书并交由公安机关进一步追查资金去向，将本案的追赃挽损工作贯穿于案件办理的全过程。

2. 本案应定性为非法吸收公众存款罪

被告人田某某等 10 人以六宝公司的名义在未经国家有关部门批准的情况下，从事吸收公众存款的行为具有非法性。宣传方式上，六宝公司通过拨打电话、户外广告、客户答谢会、"口口相传"等公开方式进行宣传，宣传的受众为不特定多数人，从而使集资对象及集资活动所产生的危险扩大到全社会范围，因此六宝公司吸收公众存款的行为具有公开性和社会性。六宝公司通过与投资人签订《合伙协议》《股权回购协议》等，以此形式变相承诺一定期限内保本付息，同时向投资人承诺年化收益率为 11%—31%，与国家批准设立的金融机构保本理财投资相比具有明显的利诱性。所以，被告人田某某、赵某某、邓某某等 10 人以六宝公司的名义向社会公开募集资金的行为具有非法性、公开性、利诱性和社会性特点，符合非法吸收公众存款罪的构成要件。本案中，因被告人田某某等人无明显挥霍资金的行为，且将所吸收资金用于投资的比例较高，无法认定被告人田某某等人具有非法占有目的。

此外，经查询基金业协会网站，虽然六宝公司已进行基金管理人备案登记，但因私募基金要求向特定的具有风险意识识别能力和风险承受能力的合格投资者募集，且运作方式禁止公开或变相公开。而六宝公司在募集资金的过程中不但没有考察投资者的风险识别能力和承受力，而且不向投资人揭示投资风险，变相向投资人承诺保本，同时六宝公司也采用公开的手段进行运营，因此六宝公司从事的业务已经突破了私募基金的范畴。

（二）庭审阶段

在朝阳区人民法院开庭审理该案件阶段，邀请本案的司法会计鉴定人员参与庭审并及时会商，明确举证重点、争辩焦点，高效、有力地完成出庭支持公诉。

一是及时组织司法鉴定人员与法官进行三方会商配合指控和庭审。从有力指控犯罪角度，对如何确定全案投资人数额，如何确定各被告人应当承担责任的数额，进行协商、核对。庭前会议后，针对辩护人所提的辩护要点，指导司法会计鉴定人员进行补充鉴定，为庭审高效准确出示证据提供专业意见支持。

二是在通过审前协商和庭前会议，确定对本案海量证据举证重点。首先是邀请司法会计鉴定人员出席庭前会议，就鉴定的程序性事项以及鉴定的方法进行逐一说明。其次向法庭明确将投资人报案材料和各项目投资情况以司法会计鉴定意见的形式综合出示。关于涉案项目，首先出示有财产查封在案的9个，对于每个项目的示证，以被告人对项目投资的供述、查扣的项目合同以及司法会计鉴定意见中项目的投资和汇款情况三项内容逐一出示印证。

五、案件处理效果

作为证据体量庞大、资金流向错综复杂的非法吸收公众存款案件，本案创造性地在不同阶段引入司法会计鉴定人员的专业技术审查。历时六个月左右，北京市朝阳区人民检察院顺利完成案件的全部审查起诉工作，北京市朝阳区人民检察院以非法吸收公众存款罪将田某某等10名被告人移送北京市朝阳区人民法院起诉。本案开庭前，北京市朝阳区人民检察院积极与北京市朝阳区人民法院开展庭前会商，最后这一涉案金额77亿余元，1000余册卷宗，10名被告人的督办案件，仅用一天的时间便高效地完成了法庭审理工作，并最终实现"诉判一致"。引入司法会计鉴定开展同步审查，既为该案在检察机关阶段顺利审查起诉，在法院阶段公正审判提供了科学合理的专业鉴定意见，同时也为本案投资人的利益保全、被告人的惩戒依据提供了必要的支持。

【相关法律规定】

一、中华人民共和国刑法（2017 年修正）

第一百七十六条 【非法吸收公众存款罪】非法吸收公众存款或者变相吸收公众存款，扰乱金融秩序的，处三年以下有期徒刑或者拘役，并处或者单处二万元以上二十万元以下罚金；数额巨大或者有其他严重情节的，处三年以上十年以下有期徒刑，并处五万元以上五十万元以下罚金。单位犯前款罪的，对单位判处罚金，并对其直接负责的主管人员和其他直接责任人员，依照前款的规定处罚。

第一百九十二条 【集资诈骗罪】以非法占有为目的，使用诈骗方法非法集资，数额较大的，处五年以下有期徒刑或者拘役，并处二万元以上二十万元以下罚金；数额巨大或者有其他严重情节的，处五年以上十年以下有期徒刑，并处五万元以上五十万元以下罚金；数额特别巨大或者有其他特别严重情节的，处十年以上有期徒刑或者无期徒刑，并处五万元以上五十万元以下罚金或者没收财产。

二、中华人民共和国商业银行法（2015 年修正）

第十一条 设立商业银行，应当经国务院银行业监督管理机构审查批准。未经国务院银行业监督管理机构批准，任何单位和个人不得从事吸收公众存款等商业银行业务，任何单位不得在名称中使用"银行"字样。

三、最高人民法院《关于审理单位犯罪案件具体应用法律有关问题的解释》（1999 年 6 月 25 日发布）

第一条 ……

第二条 个人为进行违法犯罪活动而设立的公司、企业、事业单位实施犯罪的，或者公司、企业、事业单位设立后，以实施犯罪为主要活动的，不以单位犯罪论处。

第三条 ……

四、最高人民法院《关于审理非法集资刑事案件具体应用法律若干问题的解释》（自 2011 年 11 月 4 日起施行）

第一条 违反国家金融管理法律规定，向社会公众（包括单位和个人）吸收资金的行为，同时具备下列四个条件的，除刑法另有规定的以外，应当认定为刑法第一百七十六条规定的"非法吸收公众存款或者变相吸收公众存款"：

（一）未经有关部门依法批准或者借用合法经营的形式吸收资金；

（二）通过媒体、推介会、传单、手机短信等途径向社会公开宣传；

（三）承诺在一定期限内以货币、实物、股权等方式还本付息或者给付回报；

（四）向社会公众即社会不特定对象吸收资金。

未向社会公开宣传，在亲友或者单位内部针对特定对象吸收资金的，不属于非法吸收或者变相吸收公众存款。

第二条 ……

第三条 非法吸收或者变相吸收公众存款，具有下列情形之一的，应当依法追究刑事责任：

（一）个人非法吸收或者变相吸收公众存款，数额在 20 万元以上的，单位非法吸收或者变相吸收公众存款，数额在 100 万元以上的……

第四条 以非法占有为目的，使用诈骗方法实施本解释第二条规定所列行为的，应当依照刑法第一百九十二条的规定，以集资诈骗罪定罪处罚。使用诈骗方法非法集资，具有下列情形之一的，可以认定为"以非法占有为目的"：

（一）集资后不用于生产经营活动或者用于生产经营活动与筹集资金规模明显不成比例，致使集资款不能返还的；

（二）肆意挥霍集资款，致使集资款不能返还的……

第五条 ……

（北京市朝阳区人民检察院第二检察部　晏行健）

非法集资案件中如何准确认定非法占有目的

——李某甲等人非法吸收公众存款案

【关键词】

非法吸收公众存款罪　集资诈骗罪　非法占有目的　集资数额

【基本案情】

经审查认定：

被告人李某甲于 2013 年 5 月 6 日与王某甲（李某甲母亲）共同出资正式成立北京轩辕阁商务服务集团有限公司，注册资金为 10 万元人民币，李某甲任公司执行董事、经理，2013 年 7 月通过中介公司两次增资，公司注册资金变更为 1 亿元，李某甲持股 90%，任公司法人、董事长，公司实际经营地为本市朝阳区麦子店正街某号。同时，自 2013 年 7 月至 2014 年 12 月间，李某甲还注册成立了北京轩辕阁养老服务有限公司、北京天正银汇资本运营管理中心等 8 家公司（均无实际业务）。

被告人潘某某任北京轩辕阁商务服务集团有限公司秘书长和规划部经理，负责起草文件、向各部门传达公司工作要求，同时也做"业务"介绍客户投资公司项目；被告人李某乙自 2013 年 11 月始任财务部经理，负责在客户合同上加盖公司公章和法人名章，并计算投资人的返利情况；公司下设 12 个业务部门，负责向社会不特定对象吸收资金，其中一部经理为被告人苏某某，二部经理为被告人王某乙，五部经理为被告人宋某某，六部经理为史某某，七部经理为被告人南某某。黄某某在北京轩辕阁商务服务有限公司成立之初系公司总经理，后任后勤部经理，最后任业务部经理负责招揽客户投资。

北京轩辕阁商务服务集团有限公司通过宣传册、投资人互相介绍等途径，向投资人宣传投资养老项目，与投资人签订投资理财合同，合同中仅约定投资理财但未明确约定投资项目，承诺每月返还投资款3%—10%的利息且到期返本，投资人年老之后可以免费入住该养老院。具体流程为投资人将投资款项转入法人李某甲个人账户或北京轩辕阁商务有限公司对公账户后，投资人自行填写合同，经财务与李某甲确认投资款到账后，财务在投资理财合同上加盖公司公章和法人人名章，投资人按月收息，业务经理按照投资金额的1%计算提成。

本案审计报告显示，报案人共有321人，报案投资金额26690.24万元，返利金额6643.59万元。涉案账户共计37个，其中：收取及返还账户27个，钱款周转账户10个。经对涉案37个账户的审计（起止日期为2013年1月至2016年7月），账户总支款482,452.79万元，其中：支付个人往来款共计137934.81万元，支付与其他公司往来款项124761.85万元，支付投资项目款项11000.01万元，支付理财款项42438.58万元。

【诉讼过程和结果】

北京市公安局朝阳分局经侦大队接反映称：北京轩辕阁商务服务集团有限责任公司于2013年5月至今，在北京市朝阳区北三环东路19号以给客户理财并承诺高额返利为名，向社会不特定对象吸收资金，且参与人员众多，该公司存在非法集资的嫌疑。后投资人李某丙向公安机关报案，北京市公安局朝阳分局于2016年12月13日立案侦查。2017年6月21日移送北京市朝阳区人民检察院审查起诉。

北京市朝阳区人民检察院于2018年3月2日以被告人李某甲、潘某某等9人构成非法吸收公众存款罪提起公诉。北京市朝阳区人民法院于2018年5月2日判决认定被告人李某甲、潘某某等9人法制观念淡薄，向社会公众吸收资金，扰乱金融秩序，数额巨大，其行为均已构成非法吸收公众存款罪，判处李某甲、潘某某等 9 人有期徒刑 3 年至 9 年 6 个月，并分别处以罚金。后被告人潘某某、黄某某等 7 人不服一审判决，提出上诉，北京市第三中级人民法院认为一审法院认定事实清楚，证据确实、充分，定罪及适用法律正确，量刑适当，审判程序合法，应予维持，于 2018 年 7 月 5 日裁定驳回上诉，维持原判。

【主要问题】

1. 没有投资合同和公司账目的印证，如何认定集资数额？
2. 涉案投资款有部分用于个人消费挥霍，能否将全案认定为集资诈骗？

【指导意义】

一、案件分析

（一）关于本案的定性，专案组内部存在两种分歧意见

第一种意见认为应当认定为非法吸收公众存款罪，以名义吸存额为犯罪数额。其理由如下：

第一，李某甲成立并实际控制的轩辕阁系列公司并非国家金融机构，不具备吸收公众存款职能，未经过有关部门依法批准，以投资理财为名义，实施变相吸收公众存款的行为，具有非法性。第二，被告人通过向社会不特定人群发放宣传册、亲朋好友"口口相传"等形式，向社会公开宣传投资理财项目，具有公开性。第三，北京轩辕阁商务服务集团有限公司均与投资者签订投资理财合同，明确承诺在一定期限内向投资人还本付息，月息高达 3%—10%。同时，介绍他人投资，还能提取高额佣金（投资总额 1%），因此，具有极大的利诱性。第四，本案报案投资人计 321 人，涉及本市多个区县以及周边省份，具有社会性。第五，北京轩辕阁商务服务集团有限公司实际投资了通州养老院、南十里居养老院两个项目，并与山东威海五洲基业房地产开发公司合作，受让价值人民币 1.1 亿元土地一宗，准备建设养老院。综上，被告人的行为符合最高法《关于审理非法集资刑事案件具体应用法律若干问题

的解释》第 1 条规定的非法吸收公众存款行为的四个特征，故构成非法吸收公众存款罪。

若本案定性为非法吸收公众存款，因在检察机关审查起诉阶段仍有大部分投资人并未向公安机关报案，无法准确认定投资人数、投资数额、投资返利以及投资人损失情况，导致名义集资数额 13 亿余元无法得到客观证据的印证。

第二种意见认为李某甲构成集资诈骗罪，以实际吸存额（已报案）为犯罪数额，其余在案被告人构成非法吸收公众存款罪，以名义吸存额为犯罪数额。其理由如下：

首先，李某甲虚构具有高额收益率的"一线金融"项目，骗取投资人的信任从而使其投资。多名业务经理及投资人证言称，李某甲宣称投资人的高收益并非来源于养老院，北京轩辕阁商务服务集团有限公司的高额收益主要是通过所谓"一线金融"获取，具体是购买国家内部的高息理财产品从而获得收益。但目前根据初步审计报告，北京轩辕阁商务服务集团有限公司购买的理财均为证券、基金等普通理财项目且并无收益，业务经理与投资人也只是听说从未见过北京轩辕阁商务服务集团有限公司从事所谓"一线金融"项目，现李某甲本人供述也否认从事所谓"一线金融"。在案证据显示并不存在所谓"一线金融"项目，李某甲的虚假宣传，使投资人陷入认识错误而投资，属于使用"诈骗方法"的非法集资。

其次，可推定被告人具有非法占有目的的情形，主要有以下几方面：一是集资后用于生产经营活动与筹集资金规模明显不成比例，根本无法维持所承诺的每月高额返息。被告人李某甲承诺北京轩辕阁商务服务集团有限公司的投资理财有月息 3%—10% 的返利（年化收益 36%—120%），与一般的银行理财项目相比明显畸高。经统计，北京轩辕阁商务服务集团有限公司及李某甲向已报案 321 名投资人集资 2.6 亿余元，返利 0.66 亿余元，根据初步审计能够认定实际集资总额 13 亿余元，此情况与北京轩辕阁商务服务集团有限公司用于生产经营活动的投资仅 1.2 亿余元，与集资规模明显不成比例。轩辕阁公司的通州和南十里居两处养老院项目仅有不足十人入住，没有任何盈利，而在山东威海的养老院项目也仅仅是购置了用地，项目尚未启动。经初步审计北京轩辕阁商务服务集团有限公司除投资人的投资款并没有其他收入，投资人返利均系以投资款支付。二是拒不交代资金去向。在案业务经理及投资人证言及其他相关证据能够证实李某甲系北京轩辕阁商务服务集团有限公司实际控制人，但李某甲拒不如实供述资金去向，辩解称自己只是名义上的法人代表，具体不管账，不知道资金去向。三是对集资款李某甲有个人挥霍及向亲属转移资金的行为。李某甲以投资款购买昌平回龙观龙城花园某别墅一套登记在李某甲个人名下，并由李某甲实际居住使用。另李某甲用投资款购买丰田埃尔法汽车一辆、奔驰房车一辆、奔驰 R350 汽车一辆用于个人使用，且案发后隐匿上述车辆。根据初步审计报告，有大额的投资款流入李某甲亲属个人账户（侄子张某某 3888 万元、继父范某某 5000 余万元），其中的 5000 万元转入账户后马上又全部转走，据李某甲称是其借用该账户收取投资款。

若将本案定性为集资诈骗，则存在以下问题：第一，认定被告人李某甲构成集资诈骗罪，其他在案被告人构成非法吸收公众存款罪。根据在案业务经理及已报案投资人的证言结合初步审计报告可以认定，轩辕阁公司收取投资款与发放返利，以及对外其他转账均由李某甲实际操作，李某甲虚构"一线金融"项目骗取投资后，对投资款进行挥霍并拒不交代资金去向，构成集资诈骗罪。目前没有证据其他在案被告人系伙同李某甲共同实施诈骗行为，因此其他被告人拟认定为非法吸收公众存款罪。第二，无法准确认定诈骗数额。案件办理前期，报案投资人仅有 321 人，尚有上千名投资人未报案，该部分投资人的投资及返利情况无法核实，故诈骗数额无法认定。

（二）依法履行法定程序，将案件报送有管辖权的检察机关进行审查

因本案是北京市公安局朝阳分局以李某甲等人涉嫌集资诈骗罪移送北京市朝阳区人民检察院审查起诉，且该案存在定性上的争议，北京市朝阳区人民检察院遂将该案报送北京市人民检察院第三分院进行审查。

有意见认为，从本案的证据情况来看，应当认定为非法吸收公众存款罪，非法吸收款数额可以认定为 13 亿余元，但不能认定为集资诈骗罪，主要原因在于非法占有的目的无法认定：（1）从公司资金控制来看，虽然现有证据均

指向李某甲是控制人，但是李某甲是盲人，不可能自己控制，现在也有证人指认周某某也控制资金，而目前周某某并不在案，因此李某甲自己控制资金账户的证据并不充分。（2）现有证据不足以认定李某甲有大肆挥霍或者转移财产的行为。从司法会计鉴定情况来看，有充分证据能够认定的集资数额只有2.6亿余元，虽然李某甲有购买别墅等消费行为，但并不能认定李某甲在开始吸存时就是基于骗的目的，一般的非吸案件的实际控制人都有可能有一定比例的消费行为，不能以此就认定李某甲在犯罪时就有非法占有的目的。另外，虽然目前看有3888万元转入了李某甲侄子张某某的账户，但是由于目前该账户并没有查询，不排除该账户只是走账的可能。（3）从本案证据来看，仍有3000多个账户的身份无法确定，无法将其都认定为投资人。另外，资金的来源、去向均无法确定，投资人数、投资人损失、投资人收到返利情况也无法确定，在报案人数不全的情况下出具的司法会计鉴定意见书不足以反映全案的客观情况。

（三）借助外脑智库，组织专家对案件定性进行论证，专家组也呈现出两种不同意见

第一种意见认为被告人李某甲构成集资诈骗罪，其余犯罪被告人构成非法吸收公众存款罪。

有观点认为，本案应定性为非法吸收公众存款，而非集资诈骗，理由如下：首先，《关于审理非法集资刑事案件具体应用法律若干问题的解释》中关于非法占有目的第一项规定"集资后用于生产经营活动与筹集资金规模明显不成比例，致使集资款不能返还的"，本案中要想证明上述规定的"不成比例"比较困难；其次，本案中"一线理财"是普通理财，如果有理财内容，则很难认定有非法占有目的；最后，对于本案中不想归还、逃匿资金的行为也很难证明。此外，《全国法院审理金融犯罪案件工作座谈会纪要》也强调，一是不能仅凭较大数额的非法集资款不能返还的结果，推定行为人具有非法占有的目的；二是行为人将大部分资金用于投资或生产经营活动，而将少量资金用于个人消费或挥霍的，不应仅以此便认定具有非法占有的目的。

本案部分投资人报案并不能阻却将全案定性为非法吸收公众存款，因非

法吸收公众存款是经济犯罪，只要破坏金融管理秩序的就可构成非法吸收公众存款。但因非法吸收公众存款和集资诈骗并不是对立关系，虽然本案全案定为非法吸收公众存款，可尝试将部分人如李某甲定为集资诈骗，对于李某甲用于个人挥霍的金额，如购买房产和汽车，可以认定为集资诈骗罪数额。因此从案件证据来看，将李某甲的集资诈骗数额认定为没有用于经营的0.79亿元和用于个人挥霍的数额。

还有观点认为：如全案定性为非法吸收公众存款，则不足以评价李某甲的实际作用和社会危害性，可能导致评价不足的问题。因为李某甲不仅是形式上，而且是事实上的公司实际控制人，作为实际获利者，李某甲挥霍、使用吸收来的资金，并且明白钱款的去向，所以以不能归还部分的资金数额确定为集资诈骗的数额是可以的。第一，因为"不成比例"没有绝对的标准，大量集资数额用于返还利息，且本案中投资项目基本上没有收益、无法盈利，所以本案认定为"不成比例"无不妥；第二，现有证据未见公司账目，如果账目被特意销毁，造成无法归还款项，则可以作为非法占有目的的证据之一；第三，本案吸收金额巨大，李某甲个人挥霍部分占比较小，仅将挥霍部分认定为诈骗数额显然偏小，所以因李某甲拒不说明财产去向导致资金去向无法查实也可以作为认定非法占有目的的证据之一。因此，李某甲的集资诈骗数额既不能简单地以13亿元计算，也不能仅以挥霍部分计算，而应从实际占有的和无法归还部分来认定，对该部分金额的认定具体情况进行区分列明。

第二种意见认为在案犯罪被告人均构成非法吸收公众存款罪。

有观点认为，建议认定非法吸收公众存款，理由如下：第一，集资诈骗属于非法集资的一种，认定非法占有目的要遵循"四看"：一看兑现时的履行能力，明知没有能力或者超出履行能力的，跟空头支票是一个道理；二看资金用途，主要是生产经营活动的，不能认定非法占有，如果是挥霍浪费、逃匿、用于非法活动的则可以认定；三看没有履行的原因是不能履行还是不想履行，有证据是不想履行的可以认定，是不能履行的不能认定；四看发现自己不能履行时是否有真诚、真实的努力，比如要求变更等。这四个方面有一个不具备都不能认定为具有非法占有目的。本案中，投资养老院是真实用途，不能认定；"一线金融"可以认定为非法吸收公众存款；房地产项目，不能认定；其他支出，没有证据证明净流出是否是支付利息或者其他生产经营活动，不能排除合理怀疑，有待于进一步查明。综上，能够认定为非法占有目的是第四项，然而在没有查清楚资金用途的情况下，不能确定。因此，不建议认定为集资诈骗罪。第二，"一线金融"可以认定为非法吸收公众存款的范畴，但是其中牵涉到田某某账户流出的理财，理财名义是田某某个人还是公司是一个问题。如果是公司，则是非法经营罪。如果说投资理财是田某某个人名义或者其他个人名义，虽然钱是田某某个人账户的，则应当认定为非法吸收公众存款。所以，目前来看，可能是田某某个人名义的，因为公司名义在金融监管方面门槛高，很难实现，因此个人名义购买的可能性更大。所以，"一线金融"的4.2亿元，属于非法吸收公众存款的范畴。

之所以不将投资养老院、房地产和其他支出金额定性为非法吸收公众存款是因为上述项目并不属于从事金融业务活动，没有破坏金融秩序，既然不是金融犯罪就不能定性为非法吸收公众存款。非法吸收公众存款必须具有三个要素：第一，行为人是否从事还本付息，是否是借贷关系；第二，是金融借贷还是民间借贷，是否用于金融业务活动，是否是金融法监管的业务活动；第三，行为人从事金融业务是否违法。本案中，因为养老院投资、房地产投资不是金融业务用途，其他支出用途不明，所以不建议将其纳入非法吸收公众存款犯罪进行起诉。

还有观点认为，全案定性为非法吸收公众存款显然更为妥当。因就本案证据来看，认定非法占有目的较为困难，涉案3000多个账户一共出去了11亿元的资金，资金的去向是否为非法占有也不足以证实。另外，关于本案购买别墅和汽车的行为，也难以构成集资诈骗，公司借此方式进行公司包装在现实生活中具有一定的合理性。关于本案的犯罪数额问题，应以全案的数额来认定，而且就本案证据来看，北京轩辕阁商务服务集团有限公司是以非法吸收公众存款为唯一业务或者主要业务，所以将其认定为自然人犯罪没有问题。关于案件的具体定性，随着案件证据的进一步补充和完善，如果证据能够证实其具有非法占有的目的，那么本案更改定性也是可取的。

（四）被告人李某甲、潘某某等9人构成非法吸收公众存款罪

经对北京轩辕阁养老服务有限公司涉案账户、资产及投资人报案材料进行审计（2015年12月23日至2017年5月3日），得出以下结论：报案人共计321人（审计报告出具后又有几十人报案），报案投资金额26690.24万元，返利金额6643.59万元。2013年1月至2016年7月，涉案37个账户总收款488052.1万元，其中收到279个已报案投资人款项26141.9万元。37个账户总支款482452.79万元，其中支付279个已报案投资者款项11425.89万元，支付投资项目款项11000.01万元，支付理财款项42438.58万元。

综合全案证据，北京市朝阳区人民检察院认定李某甲等人的行为构成非法吸收公众存款罪。首先，李某甲等人成立的北京轩辕阁商务服务集团有限公司在未经国务院银行业监督管理机构批准且未获取相应资质的情况下从事吸收公众存款业务，具有非法性；其次，李某甲等人以投资养老助残事业及投资理财等为由通过媒体、传单等方式向社会公开宣传，具备公开性；再次，北京轩辕阁商务服务集团有限公司公开发行的投资理财产品承诺月息3%—10%的返利（年化收益36%—120%），与一般的银行理财项目相比明显畸高，具有利诱性；最后，北京轩辕阁商务服务集团有限公司向社会公众公开募集资金，其对象具有不特定性，因此具有社会性。综上，李某甲、潘某某等9人违反国家金融管理法规，以北京轩辕阁商务服务集团有限公司等公司为依托，面向社会公众以投资养老助残事业及投资理财等为由非法吸收资金13亿余元，各被告人的行为均已触犯了刑法，构成非法吸收公众存款罪。

经审计，被告人李某甲、潘某某、李某乙参与非法吸收资金人民币13亿余元；被告人黄某某参与非法吸收资金人民币5亿余元；被告人苏某某参与非法吸收投资人报案金额人民币1.04亿余元；被告人王某乙参与非法吸收投资人报案金额人民币2700余万元；被告人史某某参与非法吸收投资人报案金额人民币2100万元；被告人宋某某参与非法吸收投资人报案金额人民币750余万元；被告人南某某参与非法吸收投资人报案金额人民币330万元。

二、案件处理效果

关于本案的办案成效，具体体现在以下四个方面：一是借助外脑智库支持，准确定案起诉。对案件的准确定性，是检察机关确立公信力，化解信访危机的基础。为了使专案组的认定，既符合法律原则，又经得起社会舆论的检验。北京市朝阳区人民检察院邀请法学知名专家学者，对涉案疑难问题进行了论证。专案组充分参考专家论证会意见并向市、分两级院请示后，依法作出认定，案件的处理最终也达到诉判一致的效果。二是通过审查引导侦查，确保案件质效。一方面由审计人员同步辅助审查，夯实定案证据；另一方面通过递进式引导侦查，依法追诉漏犯。三是依法从轻从宽，推进追赃挽损。北京市朝阳区人民检察院不断总结办案经验，并结合新刑诉法关于认罪认罚从宽制度的规定，对于自愿认罪且已经退赔违法所得及投资人损失的被告人，依法从轻处理，并以此推进非法集资案件的追赃挽损工作；四是创新接访机制，传递司法温度。由于投资群体的特殊性，轩辕阁案多次引发重大信访危机。面对血本无归、老无所依的投资人，专案组没有简单执法、机械办案，而是运用检察智慧，通过引导侦查、专家论证、认罪从宽、创新接访多措并举，既打击了假借养老之名的非法集资，又妥善化解了信访矛盾。专案组先后在 29 个月内接访 50 余次 2000 余人。以此案为契机，专案组探索形成了一套成熟的非法集资案件办理经验，并在 2018 年 3 月国务院处非办专题调研会上应邀作了经验分享。

【相关法律规定】

一、中华人民共和国刑法（2017 年修正）

第一百七十六条 【非法吸收公众存款罪】非法吸收公众存款或者变相吸收公众存款，扰乱金融秩序的，处三年以下有期徒刑或者拘役，并处或者单处二万元以上二十万元以下罚金；数额巨大或者有其他严重情节的，处三年以上十年以下有期徒刑，并处五万元以上五十万元以下罚金。

单位犯前款罪的，对单位判处罚金，并对其直接负责的主管人员和其他直接责任人员，依照前款的规定处罚。

二、中华人民共和国商业银行法（自 2015 年 10 月 1 日起施行）

第十一条 设立商业银行，应当经国务院银行业监督管理机构审查批准。未经国务院银行业监督管理机构批准，任何单位和个人不得从事吸收公众存款等商业银行业务，任何单位不得在名称中使用"银行"字样。

三、最高人民法院《关于审理单位犯罪案件具体应用法律有关问题的解释》（1999 年 6 月 25 日发布）

第二条 个人为进行违法犯罪活动而设立的公司、企业、事业单位实施犯罪的，或者公司、企业、事业单位设立后，以实施犯罪为主要活动的，不以单位犯罪论处。

四、最高人民法院《关于审理非法集资刑事案件具体应用法律若干问题的解释》（自 2011 年 11 月 4 日起施行）

第一条 违反国家金融管理法律规定，向社会公众（包括单位和个人）吸收资金的行为，同时具备下列四个条件的，除刑法另有规定的以外，应当认定为刑法第一百七十六条规定的"非法吸收公众存款或者变相吸收公众存款"：

（一）未经有关部门依法批准或者借用合法经营的形式吸收资金；

（二）通过媒体、推介会、传单、手机短信等途径向社会公开宣传；

（三）承诺在一定期限内以货币、实物、股权等方式还本付息或者给付回报；

（四）向社会公众即社会不特定对象吸收资金。未向社会公开宣传，在亲友或者单位内部针对特定对象吸收资金的，不属于非法吸收或者变相吸收公众存款。

第三条 ……

（北京市朝阳区人民检察院第二检察部 晏行健）

变相吸收公众存款的行为如何认定

——高某某非法吸收公众存款案

【关键词】

变相非法吸收公众存款　销售商品　销售行为　商品回购

【基本案情】

经审查认定：

高某某所在公司采禾尚品广告媒体（北京）有限公司（以下简称采禾尚品传媒公司），2012年2月3日成立，住所北京市朝阳区某大街17号4层B01，法定代表人、股东周某某。被告人高某某系采禾尚品传媒公司市场部副经理。被告人高某某伙同他人，在北京市朝阳区望京某大厦内，以采禾尚品传媒公司的名义，通过推介会、口口相传等方式公开宣传投资媒体终端机、钻石等项目，并承诺高额货币回报，非法吸收110名报案人人民币1700余万元，造成报案人损失共计人民币1130余万元。

采禾尚品传媒公司的具体运作模式为：先由该公司去超市，根据超市的面积把媒体机的资源进行推广，然后与超市签署租赁合同，再由市场部通过购买个人信息打电话的方式寻找投资者，有意向投资的人与公司签订《媒体终端机合作合同》，合同具体内容为投资人通过投资的形式认购媒体终端机，每台终端机价值人民币5000元。采禾尚品传媒公司将投资款用于购买媒体终端机，再把媒体机安装到超市内。在获得广告资源后，采禾尚品传媒公司将每月媒体机全国广告收益的30%平分给每台媒体终端机的所有者，直至每台媒体机所有者（投资人）分得的广告收益总金额达2万元为止。因媒体机市场不景气，采禾尚品传媒公司又以购买钻石的名义，吸引不特定群体投资，并以回购的形式变相承诺还本付息，在与投资人签订的《采禾尚品钻石回购协议书》中约定，投资人购买钻石用于消费的同时，除钻石带来的增值收益外，还可以享受采禾尚品传媒公司回购及寄卖服务。回购条件为，投资人自购买钻石之日满五年，可要求采禾尚品传媒公司回购协议项下的钻石，钻石回购价格以投资人初期购买价格为准，享受钻石年增值率15%的收益。

高某某供职于采禾尚品传媒公司市场部，担任市场副总经理，是资金募集部门的管理人员，从事相应管理工作，其伙同徐某某（另案处理）等人组织旅游推介会或通过口口相传等方式对不特定社会对象进项公开宣传，并与投资人签订投资合同，为资金募集活动提供用于返利等用途的个人银行账户，直接参与和实施了采禾尚品传媒公司非法吸收资金的行为。

【诉讼过程和结果】

经审查认定：

2014年11月24日，投资人李某到北京市公安局朝阳分局报案称，2012年12月至2013年2月，采禾尚品传媒公司以投资广告媒体机构项目有高额返利为名与投资人签订媒体认购协议，使李某损失人民币7万元，涉嫌非法集资。经工作发现，高某某有重大嫌疑，2016年11月北京市公安局朝阳分局在北京市朝阳区一酒店内将被告人高某某抓获。2017年1月19日，北京市公安局朝阳分局以高某某涉嫌非法吸收公众存款罪向朝阳区人民检察院移送审查起诉。

2016年7月24日，朝阳区人民检察院以被告人高某某构成非法吸收公众存款罪向朝阳区人民法院提起公诉。2017年10月31日，朝阳区人民法院判决认定被告人高某某伙同他人，违法国家金融管理法律规定，向社会公众公开宣传并承诺高额回报和返还利息，非法吸收公众存款，数额巨大，其行为触犯了刑法，已构成非法吸收公众存款罪，判处高某某有期徒刑3年6个月，罚金人民币 20 万元。后被告人高某某以量刑过重为由提起上诉。2017 年 10 月 31 日北京市第三中级人民法院裁定认为，上诉人高某某伙同他人，违反国家金融管理法律规定，通过向社会公开宣传的方式，承诺在一定期限内还本付息，向社会公众吸收资金，其行为已构成非法吸收公众存款罪，且数额巨大，依法应予以惩处，一审判决认定事实清楚，证据确实、充分，定罪及适用法律正确，量刑适当，审判程序合法，依法驳回高某某的上诉，维持原判。该判决已生效。

【主要问题】

1. 变相吸收公众存款行为如何认定？
2. 如何区分正常的销售行为和非法吸收公众存款？

【指导意义】

一、案件定性

近年来，金融创新活跃，同时金融犯罪也随金融市场热点，愈加复杂和多样化，以各种名目变相进行非吸收公众存款，严重扰乱了国家的金融管理秩序，具有极大的社会危害性。根据《中华人民共和国刑法》第 176 条规定，非法吸收公众存款罪是指违反国家规定，非法吸收公众存款或者变相吸收公众存款的行为。所谓变相吸收公众存款，即未经中国人民银行批准，向社会不特定对象吸收资金，即使不以吸收公众存款的名义，但实施了吸收公众资金的行为，并承诺在一定期限保本付息的行为。

从上述定义来看，非法吸收公众存款具有以下共同特征：1. 非法性。非法性是任何未经中国人民银行批准，向社会公众集资或吸收存款的行为，因为缺少法定特别授权都是非法的。这里的"非法"具有两种情形，第一种就是不具备吸收公众存款的主体资格，非金融机构或个人非法吸收资金；第二种是具备吸收公众存款的主体资格，但是超出授权的范围进行非法吸收资金。2. 公开性。公开性是指，行为人必须以公开的方式面向社会不特定对象吸收资金。如本案中，被告人所在公司通过购买个人信息随机拨打电话，虽然拨打电话对象是个人，但是因为其是随机拨打，接通电话的是不特定的人，因此其行为即有了公开性。3. 利诱性。利诱性是指行为人承诺在一定期限内以货币，实物或者其他形式还本付息，或者给付高额利息。4. 社会性。不特定性与公开性关联密切。最高人民法院《关于审理非法集资刑事案件具体应用法律若干问题的解释》对于公开性的解释是"通过媒体、推介会、传单、手机短信等途径向社会公开宣传"，社会性则解释为"向社会公众即社会不特定对象吸收资金"。公开性决定了其吸收资金所面向的群体是没有限制的，即不特定的。

结合本案，笔者认为采禾尚品传媒公司吸收资金行为为变相吸收公众存款行为，理由如下：

首先，采禾尚品传媒公司的行为具有非法性。被告高某某所在采禾尚品传媒公司销售媒体机行为是经过有关部门批准的，但批准的这种销售是指正常的销售行为。但是采禾尚品公司销售媒体机及后来销售钻石的目的并不是销售，而是以销售为幌子吸收资金。被告人高某某供述中称，"采禾尚品传媒公司经营的是市场广传媒，具体就是在大型超市安装采禾尚品公司的广告屏，然后再让市场部寻找租赁这些广告屏在上面做广告。但是公司开始准备经营这个项目时，缺乏资金，公司的领导层就想到把这些管钢构屏以理财商品的形式卖给客户，让客户的资金投进来，使公司经营产生效益"，其他在案书证及证人证言也印证了这一点，也就是说采禾尚品媒体公司销售媒体机的目的是解决资金紧张问题，虽然签订的是《媒体终端机合作协议》，但是宣传时均以理财商品的名义进行销售，并在合作协议里着重强调了媒体机广告收益的投资功能。采禾尚品传媒公司的行为，已超出正常的销售范围，具备了非法性的特征。

其次，采禾尚品传媒公司的行为具备公开性和不特定性。根据被告人高某某、投资人证言及其他在案证据，采禾尚品传媒公司的宣传方式是，拨打电话、组织推介会、组织旅游或口口相传。拨打电话、组织推介会等宣传方式的具有明确的公开性和不特定性，但口口相传是否也具备公开性？我们认为，口口相传式的宣传同样具备公开性。所谓公开性，在上文已经讨论过，即通过一种公开的形式向不特定的群体进行宣传。根据《关于审理非法集资刑事案件具体应用法律若干问题的解释》，公开性包含两个要件：一是公开，宣传不是封闭在一个群体中的，而是面向所有人的；二是不特定，这也是公开的应有之义，当宣传面向所有人时，那么接收群体就是不确定的，每个人都可能接收到宣传所传达的信息。口口相传，虽然其影响面不像召开推介会、媒体会，发布广告那样广，但是同样具备了公开和不特定的特征。因为口口相传并不限定范围，任何一个遇到的人都可能成为该信息的获得者，从而根据所获信息找到采禾尚品传媒公司进而进行投资。此外，任何一个信息的获得者都可能成为下一个传播者。因此口口相传本质上具备公开性和社会性的特征。

最后，采禾尚品传媒公司的行为具有利诱性。根据投资人提供的投资协议《媒体终端机合作合同》，明确约定投资人以每台5000元人民币购买终端机后，即享有终端机的所有权，采禾尚品传媒公司会将在每月中旬将当月全国广告收益的30%平均分给每台媒体终端机的所有者，直至每台媒体终端机所有者分得广告收益总金额达2万元为止。当投资人分得的每台媒体终端机广告收益达2万元后，投资人媒体终端机的所有权将自动由采禾尚品传媒公司所有。该合同表面看，是由投资人出资购买媒体终端机，然后由采禾尚品传媒公司利用自身商业模式发挥媒体终端机传播广告的商用价值，然后将广告收益分给投资人。其实质是先获得投资人的投资款5000元，然后承诺一定期限内向投资人返还2万元。合同双方无须进行象征所有权转移的"交付"行为，而是借用买卖的名义，实施吸收资金的行为，其本质是具备保本付息的利诱性。此后，采禾尚品传媒公司与投资人签订的《采禾尚品钻石回购协议书》同样约定了具备利诱性的条款："乙方（投资人）自购买之日满五年，可要求甲方［采禾尚品国际贸易（北京）有限公司，实际控制人与采禾尚品传媒公司一致］回购本协议之钻石。钻石回购价格，以乙方初期购买该钻石价格为准想，享受钻石增值率15%收益。"回购并不是法律词汇，商品回购在生活中并不少见，许多商家将此作为营销手段。但是本案中，采禾尚品公司并不具有销售钻石的真实目的，其宣传中提到的也是"钻石理财商品"，投资人并没有因支付投资款而获得钻石，其所期待利益为一段时间后的投资本金及所谓的钻石增值率，即利息。因此，此种"回购"本质上也是一种保本付息的承诺。

综上，被告人高某某所在采禾尚品传媒公司符合非法吸收公众存款的特征。根据在案证据，采禾尚品传媒公司及关联公司成立后，以实施非法吸收公众存款为主要活动，根据《中华人民共和国刑法》及最高人民法院《关于审理单位犯罪案件具体应用法律有关问题的解释》对单位的规定，采禾尚品传媒公司非法吸收公众存款行为不属于单位犯罪。被告人高某某虽辩称自己仅为普通员工，但是根据证人证言等证据，其系采禾尚品传媒公司市场部副总经理，是资金募集部门的管理人员，并对市场部有一定管理权限。在任职期间，高某某伙同他人向社会不特定对象公开宣传，签订投资合同，提供个人账户，在共同犯罪中属于具体实施者和直接参与者，其行为构成非法吸收公众存款罪。

二、如何区分正常的销售行为和非法吸收公众存款

销售行为看似与非法吸收公众存款罪没有任何联系，但是"销售"可以成为非法吸收公众存款罪的一种犯罪手段。如本案中，涉案公司以销售商品的名义，掩盖非法集资的实质，虽然签订的协议名为"购买"，但是实际没有任何交付行为，投资人所获利益也不是销售的商品本身。《关于审理非法集资刑事案件具体应用法律若干问题的解释》第2条第一项第4款明确规定，不具有销售商品、提供服务的真实内容或者不以销售商品、提供服务为主要目的，以商品回购、寄存代售等方式非法吸收资金的，以非法吸收公众存款罪定罪处罚。在区分正常销售行为和非法吸收公众存款行为时，最主要的要看行为人是否有销售商品的真实意图，或者是否以销售商品为主要目的。

非法吸收公众存款行为危害极大。以高息利诱吸引投资，将大量的社会闲散资金集中到单位或个人手中，从而造成大量社会资金失控，不仅不利于国家的宏观调控也会引起吸收存款上的不正当竞争，破坏利率统一，影响货

币稳定，严重扰乱国家金融秩序。非法吸存行为人一般都会在一定时间内吸收大量资金，但是自身的经济实力和承担风险的能力不足以应对资金链断裂所带来的巨大风险，根本无法保证投资人的资金安全和利益，一旦出现问题，往往会形成巨额资金亏空，导致投资人损失惨重，极易引起大规模的群体性事件，影响社会稳定。检察机关应充分发挥检察职能，在严厉打击此类犯罪的同时，也要加强释法说理和普法宣传，以案释法，增强社会公众的警惕性和投资风险意识，构筑打击非法集资的合力。

【相关法律规定】

一、中华人民共和国刑法（2017年修正）

第一百七十六条【非法吸收公众存款罪】非法吸收公众存款罪或者变相吸收公众存款，扰乱金融秩序的，处三年以下有期徒刑或者拘役，并处或单处二万元以上二十万元以下罚金；数额巨大或者有其他严重情节的，处三年以上十年以下有期徒刑，并处五万元以上五十万元以下罚金。

单位犯前款罪的，对单位判处罚金，并对其直接负责的主管人员和其他直接责任人员，依照前款的规定处罚。

二、最高人民法院《关于审理非法集资刑事案件具体应用法律若干问题的解释》（自2011年1月4日起施行）

第一条 违反国家金融管理法律规定，向社会公众（包括单位和个人）吸收资金的行为，同时具备下列四个条件的，除刑法另有规定的以外，应当认定为刑法第一百七十六条规定的"非法吸收公众存款或者变相吸收公众存款"：

（一）未经有关部门依法批准或者借用合法经营的形式吸收资金；

（二）通过媒体、推介会、传单、手机短信等途径向社会公开宣传；

（三）承诺在一定期限内以货币、实物、股权等方式还本付息或者给付回报；

（四）向社会公众即社会不特定对象吸收资金。

未向社会公开宣传，在亲友或者单位内部针对特定对象吸收资金的，不属于非法吸收或者变相吸收公众存款。

第二条 实施下列行为之一，符合本解释第一条第一款规定的条件的，应当依照刑法第一百七十六条的规定，以非法吸收公众存款罪定罪处罚：

（一）不具有房产销售的真实内容或者不以房产销售为主要目的，以返本销售、售后包租、约定回购、销售房产份额等方式非法吸收资金的；

……

三、最高人民法院《关于审理单位犯罪案件具体应用法律有关问题的解释》（1999 年 6 月 25 日发布）

第一条 刑法第三十条规定的公司、企业、事业单位，既包括国有、集体所有的公司、企业、事业单位，也包括依法设立的合资经营、合作经营企业和具有法人资格的独资、私营等公司、企业、事业单位。

第二条 个人为进行违法犯罪活动而设立的公司、企业、事业单位实施犯罪的，或者公司、企业、事业单位设立后，以实施犯罪为主要活动的，不以单位犯罪论处。

四、最高人民法院《全国法院审理金融犯罪案件工作座谈会纪要》（2001 年 1 月 21 日颁布）

（一）关于单位犯罪问题

根据刑法和《最高人民法院关于审理单位犯罪案件具体应用法律有关问题的解释》的规定，以单位名义实施犯罪，违法所得归单位所有的，是单位犯罪。

……

.2.单位犯罪直接负责的主管人员和其他直接责任人员的认定：直接负责的主管人员，是在单位实施的犯罪中起决定、批准、授意、纵容、指挥等作用的人员，一般是单位的主管负责人，包括法定代表人。其他直接责任人员，是在单位犯罪中具体实施犯罪并起较大作用的人员，既可以是单位的经营管理人员，也可以是单位的职工，包括聘任、雇佣的人员。应当注意的是，在单位犯罪中，对于受单位领导指派或奉命而参与实施了一定犯罪行为的人员，一般不宜作为直接责任人员追究刑事责任。对单位犯罪中的直接负责的主管人员和其他直接责任人员，应根据其在单位犯罪中的地位、作用和犯罪情节，分别处以相应的刑罚，主管人员与直接责任人员，在个案中，不是当然的主、从犯关系，有的案件，主管人员与直接责任人员在实施犯罪行为的主从关系不明显的，可不分主、从犯。但具体案件可以分清主、从犯，且不分清主、从犯，在同一法定刑档次、幅度内量刑无法做到罪刑相适应的，应当分清主、从犯，依法处罚。

五、最高人民检察院《关于办理涉互联网金融犯罪案件有关问题座谈会纪要》（2017年6月1日发布）

11. 负责或从事吸收资金行为的犯罪嫌疑人非法吸收公众存款金额，根据其实际参与吸收的全部金额认定。但以下金额不应计入该犯罪嫌疑人的吸收金额：

（1）犯罪嫌疑人自身及其近亲属所投资的资金金额；

（2）记录在犯罪嫌疑人名下，但其未实际参与吸收且未从中收取任何形式好处的资金。

吸收金额经过司法会计鉴定的，可以将前述不计入部分直接扣除。但是，前述两项所涉金额仍应计入相对应的上一级负责人及所在单位的吸收金额。

（北京市朝阳区人民检察院第二检察部　张文潇）

挂名法定代表人刑事责任的认定

——张某甲、张某乙、尹某某非法吸收公众存款案

【关键词】

挂名法定代表人　非法吸收公众存款　帮助行为　共同犯罪

【基本案情】

经审查认定：

森泰顺佳投资管理（北京）有限公司（以下简称"森泰顺佳公司"）于2012年5月23日成立，注册资本人民币2000万元，法定代表人、股东、执行董事、经理尹某某，监事张某甲。经营范围：投资管理、投资咨询等一般经营项目。森泰顺佳石景山分公司法定代表人尹某某。森泰财富（北京）资产管理有限公司（以下简称"森泰财富公司"）于2013年8月1日成立，法定代表人、执行董事、总经理张某甲，监事张某乙，注册资本10万元（股东张某甲10%、张某乙10%），经营范围：投资管理、投资咨询等一般经营项目。森泰财富公司天津分公司于2014年6月4日成立，负责人王某甲，经营范围经济贸易咨询等一般范围。

2013年至2016年，被告人张某甲、张某乙、尹某某伙同他人在北京市朝阳区、天津市等地，销售森泰顺佳"月月赢""年年薪"等理财产品，并与投资人签订《出借咨询与服务协议》《债权转让及受让协议》等书面协议，承诺高额利息，到期返本，非法吸收100余名报案投资人人民币共计5000余万

元，后返还人民币 500 余万元，造成经济损失人民币 4500 余万元。森泰顺佳公司的主要运作模式为，张某甲先通过自有资金出借，形成债权后进行转让，后以投资人投资款放贷，形成债权，再次进行转让，不断循环。其间，采用打电话、发宣传彩页、召开推介会等形式公开向社会宣传。并在合同中明确约定每笔投资，森泰顺佳公司都会计提 3% 的风险准备金，并通过业务员口头告知投资人，当借款人无法偿还借款时，公司会以风险准备金偿还客户，如风险准备金不足以覆盖客户投资款，公司会先行偿付，并由公司向借款人追偿。张某乙、尹某某系张某甲父母，二人是森泰顺佳公司的实际出资人，尹某某是森泰顺佳公司挂名法定代表人，森泰顺佳的实际经营人为二人之子张某甲，尹某某在公司没有决策、控制权。在森泰顺佳经营过程中，尹某某为森泰顺佳收取投资人投资款提供银行账户，出席过公司年会、投资人招待会等活动，在后期森泰顺佳公司出现兑付困难时，尹某某出面接待过投资人。

【诉讼过程和结果】

2016 年 4 月 28 日，投资人王某乙（等人）到北京市公安局朝阳分局报案称，森泰顺佳公司以借款返还利息为由，与投资人签订《出借咨询与服务协议》，使投资人损失 5 万元人民币。北京市公安局朝阳分局于 2016 年 5 月 4 日立案侦查。2016 年 12 月 14 日，北京市公安局朝阳分局以张某甲、张某乙、尹某某涉嫌非法吸收公众存款罪向朝阳区人民检察院移送审查起诉。

朝阳区人民检察院经审查认定被告人张某甲、张某乙、尹某某，自 2014 年至 2016 年，在本市朝阳区森泰顺佳公司等地，以高额返利为诱饵，与 100 余人签订《出借咨询与服务协议》，吸收资金共计人民币 5000 余万元。2017 年 6 月 9 日，朝阳区人民检察院以被告人张某甲、张某乙、尹某某构成非法吸收公众存款罪提起公诉。2018 年 8 月 1 日，朝阳区人民法院判决认定被告人张某甲、张某乙、尹某某伙同他人，自 2013 年至 2016 年间，在北京市朝阳区、天津市等地，采取打电话、发传单等方式向社会公开宣传森泰顺佳公司的债权转让理财产品，采取签订《出借咨询与服务协议》等方式，承诺高额返利，到期返本，严重违反金融管理法规，数额巨大，扰乱金融市场秩序，其行为构成非法吸收公众存款罪，判处张某甲有期徒刑 7 年，罚金人民币 35 万元，判处张某乙有期徒刑 3 年 6 个月，罚金人民币 20 万元，判处尹某某有期徒刑 3 年，罚金人民币 15 万元。该判决已生效。

【主要问题】

非法吸收公众存款案中，挂名法定代表人是否需要承担刑事责任？

【指导意义】

根据《中华人民共和国民法总则》规定，依照法律或者法人章程的规定，代表法人从事民事活动的负责人，为法人的法定代表人。法定代表人以法人名义从事的民事活动，其法律后果由法人承受。也就是说法定代表人代表法人在国家法律、法规及企业章程规定的范围内行使职权、履行义务，代表法人参加民事活动，法定代表人是代表法人行使职权的负责人。在单位犯罪中，认定单位直接负责的主管人员，即在单位实施的犯罪中起决定、批准、授意、纵容、指挥等作用的人员，一般是单位的主管负责人，包括法定代表人。一般来说，法定代表人作为公司或者企业的决策者，其行为对于公司来说具有决定性的意义，如其行为涉嫌犯罪，或公司涉嫌犯罪，作为法定代表人应该承担相应的刑事责任。

本案中尹某某系森泰顺佳公司实际经营人张某甲的母亲，虽是法定代表人，但对公司的经营或项目运营均没有决策权和实际控制权，仅为挂名法定代表人。在法庭审理阶段，尹某某称自己参加过公司年会，但未参与公司实际经营；尹某某辩护人称尹某某是挂名法定代表人，没有参与公司的实际运作。我们认为，尹某某虽不是公司的实际经营人，不具备决策权，但是为公司成立出资，并参加公司投资人大会、年会等活动，为张某甲的实际经营提供了帮助，其行为已经构成非法吸收公众存款罪的共犯。理由如下：

1.尹某某在森泰顺佳公司实际经营过程中发挥了重要的帮助作用。尹某某是森泰顺佳公司的法定代表人，也是森泰顺佳公司的股东，在森泰顺佳公司经营过程中，其虽不具备决策、控制的能力，但是参与了该公司举办的招待投资人、年会等活动。张某甲辩称，尹某某和张某乙没有参与公司经营，他们作为张某甲的父母，参与公司活动是很正常的，作为父母不放心自己的孩子，来公司监督也是正常的。但是尹某某在参与公司活动的过程中，对公司运营模式是主观明知，在明知的基础上，仍然为其子张某甲吸收公众存款提供银行账户，视察天津分公司，以公司法定代表人身份出席公司的年会、推介会，在公司出现兑付困难后，出面帮助张某甲接待投资人。在张某甲经营过程中，尹某某提供了重要的帮助。张某甲的行为涉嫌非法吸收公众存款罪，尹某某对其提供的支持与帮助，不能仅仅看成母亲对子女的帮助，在主观明知的前提下，尹某某的帮助可能构成共犯。

2. 森泰顺佳公司销售理财产品吸收资金系非法吸收公众存款的行为。2010 年最高人民法院发布《关于审理非法集资刑事案件具体应用法律若干问题的解释》，其中第 1 条规定，构成非法吸收公众存款罪需具备四个要件，即"非法性、公开性、利诱性和社会性。"结合本案，首先，森泰顺佳公司行为具有非法性。非法性即未经有关部门批准或者借用合法经营的形式吸收资金。《中华人民共和国商业银行法》第 11 条明确规定，未经国务院银行监督管理机构批准，任何单位和个人不得从事吸收公众存款等商业银行业务，森泰顺佳公司经营范围明确限定为投资管理、投资咨询等一般经营项目，且未经有关部门批准不得以公开方式募集资金，在其不具备吸收公众存款的资质的情况下，以销售债权理财产品的名义吸收资金的行为具有非法性。其次，森泰顺佳公司行为具有公开性。公开性即通过媒体、推介会等形式向社会公开宣传。根据在案书证、证人证言、被告人供述等证据，森泰顺佳公司通过随机拨打电话，在居民区、公园、地铁站等人流量大的公共场所设置宣传点，分发宣传材料等途径，进行公开宣传，同时针对有意向投资的群体召开推介会、酒会、组织旅游等形式进一步巩固客户资源。森泰顺佳的上述宣传行为针对的是不特定群体，具有公开性。再次，森泰顺佳的行为具有利诱性。利诱性即承诺一定期限内以货币、实物等形式还本付息或者给付汇报。报案的投资人称，森泰顺佳业务员在介绍该公司理财产品时称有高息、无风险、有保障或称风险低、债务人有固定资产抵押等。在与投资人签订的投资合同中，承诺固定收益，并明确投资风险由公司承担，该种承诺是保本付息的承诺。且债权转让及受让，本有返还本金的含义，因此森泰顺佳的行为具有利诱性。最后，森泰顺佳公司的行为具有社会性。社会性即向社会不特定对象吸收资金。森泰顺佳案中，有100名投资人报案，报案的100名投资人与被告人张某甲、张某乙、尹某某均不具有亲友关系，也不是森泰顺佳公司的内部员工，该100名投资人之间也没有任何关联。且森泰顺佳的宣传方式是公开的，也就是说其面向的群体是不特定的，在销售理财产品时没有设置任何投资金额、投资人员范围的限制，任何有意向投资的人都可以购买该公司理财产品进行投资，投资人数也没有限制，由此可见森泰顺佳公司的行为具有社会性。森泰顺佳公司的行为具备非法性、公开性、利诱性和社会性，其行为符合非法吸收公众存款罪的客观要件。

3. 本案不属于单位犯罪。《中华人民共和国刑法》第176条规定，单位犯非法吸收公众存款罪的，对单位判处罚金，并对其直接负责的主管人员和其他直接责任人员进行处罚。本案在审查起诉阶段，张某乙的辩护人提交辩护意见称该案属于单位犯罪，在自然人犯罪中由自然人承担刑事责任，在单位犯罪中，除单位外，由决策者、组织者及具体实施者承担刑事责任。张某乙并不是森泰顺佳公司的实际控制人，仅为负责后勤的普通人员，没有拉客户投资的行为，因此张某乙作为个人没有犯罪故意和犯罪行为，依法不构成非法吸收公众存款罪。同样的辩护意见，也可以适用于尹某某。尹某某作为森泰顺佳公司的挂名法定代表人，参与公司年会、提供银行账户等行为均不是决策、控制行为，也没有直接"拉客户找投资人"的行为，如该案构成单位犯罪，尹某某不会承担直接负责的主管人员需要承担的刑事责任。但我们认为，该案不属于单位犯罪。最高人民法院《关于审理单位犯罪案件具体应用法律有关问题的解释》第2条规定，个人为进行违法犯罪活动而设立的公司、企业、事业单位实施犯罪的，或者公司、企业、事业单位设立后，以实施犯罪为主要活动的，不以单位犯罪论处。结合本案，森泰顺佳公司成立于2012年5月23日，据被告人张某甲供述，该公司自成立以来就从事"收取投资人投资款和用投资人投资款放贷"的业务，因为张某甲对于业务不熟悉，由胡某某来负责业务工作，2012年10月份胡某某离开森泰顺佳公司，2013年开始张某甲全面负责森泰顺佳公司，继续从事"经营债权"的业务。根据张某甲供述，结合在案其他证据，森泰顺佳公司自成立以来就从事非法吸收公众存款行为，即公司设立后，以实施犯罪为主要活动，根据法律规定，森泰顺佳公司非法吸收公众存款的行为不以单位犯罪论处。

综上，张某甲、张某乙和尹某某违反金融管理法规，非法吸收公众存款数额巨大，构成非法吸收公众存款罪。张某甲，作为森泰顺佳的实际经营人，负责全部实物的组织、策划、决策等，在共同犯罪中起核心作用，系主犯。尹某某作为挂名法定代表人虽不具备决策权和控制权，但为森泰顺佳公司的成立、出资，参加公司投资人大会等活动作出贡献，为张某甲实际经营提供了帮助，在共同犯罪中起次要、辅助作用，系从犯。

实践中，实际经营人基于各种原因，不方便或不愿意担任法定代表人，进而找家人、朋友或者雇佣他人担任法定代表人的情况时有发生。当实际经营人控制的公司实施犯罪行为时，挂名法定代表人不能仅仅因为是"挂名的"，没有决策权、不参与经营，就免除刑事责任。挂名法定代表人是否需要承担法律责任，需要考察挂名法定代表人是否在犯罪活动中发挥作用。以非法吸收公众存款罪为例，如在案证据表明挂名法定代表人确实没有参与非法吸收公众资金的经营活动，且对非法吸收公众资金完全不知情，在非法吸收公众存款罪的犯罪活动中没有发挥任何作用，不具有犯罪行为，则不需承担刑事责任。但如果仅是没有决策权、控制权，但参与了非法吸收公众资金的行为或者为非法吸收公众资金的行为提供了帮助、支持，且对非法吸收资金的行为是主观明知的，则构成非法吸收公众存款罪，对其量刑需要按其在非法吸收资金的犯罪活动中发挥的实际作用来确定。如本案中，尹某某虽是挂名，但因其在张某甲的经营过程中提供帮助，在共同犯罪中起次要、辅助作用，因此构成了非法吸收公众存款罪，是从犯。

随着政府鼓励创业的政策的出台，越来越多人投入了创业开公司的大潮中，注册公司的门槛也越来越低。"挂名法定代表人"的现象也开始增加，不少人基于朋友、亲戚关系或者收取佣金替他人担任法定代表人，但是担任挂名法定代表人是有风险的。法定代表人作为代表法人履行职责，行使权利的代表，其地位在企业或者公司法人中不言而喻。即使挂名法定代表人并未实际经营公司，可实际控制人以公司名义作出的一些违法行为，依然可能需要挂名法定代表人承担责任，如实际控制人利用挂名法定代表人的信任和不谨慎签署文件，一旦发生违约或违法行为，挂名法定代表人需要承担相应的责任。有的挂名法定代表人为规避风险，与实际控制人签署免责协议书，但是该协议书定也只在二人之间有效，对外并不具有抗辩效力，无法避免法律风险。因此，挂名有风险，不要因贪图一时之利随意担任法定代表人。

【相关法律规定】

一、中华人民共和国刑法（2017 年修正）

第二十五条 【共同犯罪的概念】共同犯罪是指二人以上共同故意犯罪。

二人以上共同过失犯罪，不以共同犯罪论处；应当负刑事责任的，按照他们所犯的罪分别处罚。

第二十六条 【主犯】组织、领导犯罪集团进行犯罪活动的或者在共同犯罪中起主要作用的，是主犯。

……

对于第三款规定以外的主犯，应当按照其所参与的或者组织、指挥的全部犯罪处罚。

第二十七条 【从犯】在共同犯罪中起次要或者辅助作用的，是从犯。

对于从犯，应当从轻、减轻处罚或者免除处罚。

第三十条 【单位负刑事责任的范围】公司、企业、事业单位、机关、团体实施的危害社会的行为，法律规定为单位犯罪的，应当负刑事责任。

第三十一条 【单位犯罪的处罚原则】单位犯罪的，对单位判处罚金，并对其直接负责的主管人员和其他直接责任人员判处刑罚。本法分则和其他法律另有规定的，依照规定。

第一百七十六条 【非法吸收公众存款罪】非法吸收公众存款罪或者变相吸收公众存款，扰乱金融秩序的，处三年以下有期徒刑或者拘役，并处或者单处二万元以上二十万元以下罚金；数额巨大或者有其他严重情节的，处三年以上十年以下有期徒刑，并处五万元以上五十万元以下罚金。

单位犯前款罪的，对单位判处罚金，并对其直接负责的主管人员和其他直接责任人员，依照前款的规定处罚。

二、最高人民法院《关于审理非法集资刑事案件具体应用法律若干问题的解释》（自 2011 年 1 月 4 日起施行）

第一条 违反国家金融管理法律规定，向社会公众（包括单位和个人）吸收资金的行为，同时具备下列四个条件的，除刑法另有规定的以外，应当认定为刑法第一百七十六条规定的"非法吸收公众存款或者变相吸收公众存款"：

（一）未经有关部门依法批准或者借用合法经营的形式吸收资金；

（二）通过媒体、推介会、传单、手机短信等途径向社会公开宣传；

（三）承诺在一定期限内以货币、实物、股权等方式还本付息或者给付回报；

（四）向社会公众即社会不特定对象吸收资金。

未向社会公开宣传，在亲友或者单位内部针对特定对象吸收资金的，不属于非法吸收或者变相吸收公众存款。

三、最高人民法院《全国法院审理金融犯罪案件工作座谈会纪要》（2001 年 1 月 21 日公布）

（一）关于单位犯罪问题

根据刑法和《最高人民法院关于审理单位犯罪案件具体应用法律有关问题的解释》的规定，……

2．单位犯罪直接负责的主管人员和其他直接责任人员的认定：直接负责的主管人员，是在单位实施的犯罪中起决定、批准、授意、纵容、指挥等作用的人员，一般是单位的主管负责人，包括法定代表人。其他直接责任人员，是在单位犯罪中具体实施犯罪并起较大作用的人员，既可以是单位的经营管理人员，也可以是单位的职工，包括聘任、雇佣的人员。……

四、最高人民检察院《关于办理涉互联网金融犯罪案件有关问题座谈会纪要》（2017 年 6 月 1 日发布）

11. 负责或从事吸收资金行为的犯罪嫌疑人非法吸收公众存款金额，根据其实际参与吸收的全部金额认定。但以下金额不应计入该犯罪嫌疑人的吸收金额：

（1）犯罪嫌疑人自身及其近亲属所投资的资金金额；

（2）记录在犯罪嫌疑人名下，但其未实际参与吸收且未从中收取任何形式好处的资金。

吸收金额经过司法会计鉴定的，可以将前述不计入部分直接扣除。但是，前述两项所涉金额仍应计入相对应的上一级负责人及所在单位的吸收金额。

（北京市朝阳区人民检察院第二检察部　张文潇）

以代炒黄金为名非法吸收公众存款行为的认定

——赵某某非法吸收公众存款案

【关键词】

伦敦金　非法吸收公众存款　口口相传　共同犯罪

【基本案情】

经审查认定：

2015年10月至2016年5月，被告人赵某某伙同他人在北京市朝阳区等地，以口口相传和互联网络等公开方式，向投资报案人宣传介绍通过香港汇邦资本有限公司（以下简称"汇邦公司"）运作智赢天下智能交易服务平台，投资"现货黄金"等境外贵金属交易项目能获得高额货币回报。汇邦公司于2015年8月28日登记于香港，香港方面的负责人为李某某、王某某，内地市场方面的负责人赵某某、陶某某等人。投资人通过汇邦公司运作的智赢天下职能交易服务平台网站进行投资，起投额为10300美元（含200美元软件交易使用费）。汇邦公司对外宣称与ADSA达汇（阿联酋）公司能进行合作，资金安全，月盈利历史水平为6%—10%，此外还区分一、二、三级代理人形式的交易额提成。

投资人投资的具体方式：投资人根据上述宣传和介绍，登录汇邦公司网站www.wellbongfx.com，通过智赢天下智能交易服务平台注册获得MT4交易账户，适用网上银行并经由广州银联网络支付有限公司这一第三方支付平台，按照香港银行人民币离岸汇率实时兑换的人民币支付购买"中汇商务网上支付"等商品，以充值美元入金进行投资交易，投资人可以通过手机APP客户端等形式查看交易记录，并收取汇邦公司通过广州银行网络支付有限公司返回的投资收益。2016年5月6日，投资人交易账户数据异常，后汇邦公司上述网站和手机客户端于2016年5月11关闭，投资人陆续报案。

根据投资人提交的网页截图显示ADS达汇公司于2016年5月12日发布声明称未与汇邦公司正式签署过合作伙伴关系，汇邦公司于2015年12月3日在ADS达汇开设MT4账户，成为ADS达汇客户，因汇邦公司虚构其为ADS达汇合作机构，ADS达汇于2016年4月22日正式撤销汇邦公司的账户。

【诉讼过程和结果】

2016年5月17日，投资人章某报案称，2015年11月至2016年4月期间，被告人赵某某利用汇邦公司贵金属交易为名，向社会公众进行集资，以承诺高额返利为由骗投资人投资。2016年5月17日北京市公安局朝阳分局对赵某某立案侦查。2016年11月22日，北京市公安局朝阳分局以赵某某涉嫌非法吸收公众存款罪移送朝阳区人民检察院审查起诉。

朝阳区人民检察院经审查认定，被告人赵某某于2015年至2016年，在北京市朝阳区××广场8号楼1902号等地，以香港"汇邦资本有限公司"的"智赢天下智能交易服务平台"进行贵金属交易获得稳定收益为由，非法吸收公众存款1亿元、460万美元。朝阳区人民检察院于2017年5月24日以被告人赵某某构成非法吸收公众存款罪向朝阳区人民法院提起公诉。北京市朝阳区人民法院于2017年12月27日判决认定，被告人赵某某伙同他人，共同组织、策划以投资"汇邦公司"运营境外贵金属交易项目为名向不特定的投资人进行公开宣传，以高额投资收益为利诱，吸引投资人的资金，并从中获取提成等宣传回报，投资人的资金经"汇邦公司"名义汇聚形成资金池，被告人赵某某的行为已构成非法吸收公众存款罪，其作为上述行为的组织、策划者之一，应对指控的全部投资人资金承担责任，判处赵某某有期徒刑6

年，罚金人民币 30 万元。2018 年 1 月 1 日，赵某某上诉，称一审判决认定犯罪金额有误，其系从犯，主观恶性小，原审判决量刑过重。2018 年 1 月 23 日，北京市第三中级人民法院裁定，上诉人赵某某违反国家金融管理法律规定，以投资境外贵金属交易为由，变相吸收公众存款，数额巨大，其行为已构成非法吸收公众存款罪。北京市朝阳区人民法院根据赵某某犯非法吸收公众存款的事实，犯罪的性质、情节及对于社会的危害程度所作出的判决，事实清楚，证据确实、充分，定罪及适用法律正确，量刑适当，审判程序合法，驳回赵某某上诉，维持原判。该判决已生效。

【主要问题】

1. 以代炒黄金为名吸收资金的行为应如何认定？
2. 赵某某在共同犯罪中的作用如何认定？

【指导意义】

一、赵某某等人以代炒黄金为名非法吸收公众存款的行为，构成非法吸收公众存款罪

近年来，受金融危机的影响，货币贬值幅度大。黄金作为永恒财富的象征，受到越来越多人的青睐。目前我国黄金投资市场逐渐开放，因此越来越多人认识并接受黄金投资新型投资理财产品，黄金成为社会大众一个重要的投资渠道。本案中赵某某等人对外宣称的是投资伦敦金。所谓伦敦金，是指由伦敦国际金融期货交易所提供的一种交易产品，其实物是存放在伦敦城地下金库的 99.5% 纯度的 400 盎司金砖。我们日常说的伦敦金，不是实体的金砖，而是一种贵金属保证金交易方式。因为起源于伦敦，因此称为伦敦金。目前伦敦金是市场上比较热门的黄金投资方式，很受投资者追捧。伦敦金与国内黄金相比，放大了投资资金，比如黄金价格为 1000 美元 / 盎司，买一手（伦敦金的 1 手是指 100 盎司）需要 100000 美元，但保证金交易只需交 1000 美元的保证金即可获得价值 100000 美元的交易权。上海黄金交易所的黄金交易，一般设置的杠杆比例为 1∶10，伦敦金的杠杆可达到 1∶100，高利润的同时也带来高风险。目前，国内没有可以直接做伦敦金的外汇交易场所，也没有监督机构对其交易进行专门的监管。基于此，很多人通过地下炒金的方式投资伦敦金。地下炒金主要有两类：一类是代理境外正规的交易商，收取代理费。也就是帮境内投资者通过境外公司开户。另一类则是"骗子公司"。以炒金为名，吸引投资人，搭建虚假的炒金平台，投资者的钱并没有进入国际市场，而是进入炒金公司的账户，炒金公司利用虚假平台软件随意操控资金交易。香港金银业贸易场是香港金与银等贵金属的交易场所，可以进行伦敦金交易，因此很多"骗子公司"盯上了香港市场，常常以代理香港公司或者以香港公司分公司的名义吸引投资人。

结合本案在案证据，赵某某的行为构成非法吸收公众存款罪，理由如下：

首先，赵某某的行为具有非法性。本案中，赵某某等人系以香港汇邦公司的名义对外宣传，吸收资金，根据在案证据显示，赵某某等人吸收的资金并未进入国际交易市场。其以"代炒黄金为名"吸收资金的行为符合非法吸收公众存款罪的特征。根据赵某某供述"汇邦公司的注册地在香港，李某某和王某某说好像在新西兰注册牌照，再取得金融许可。还说已经办下来了，具体我也不清楚，我没见过照片"，称"因为在做英国伦敦金的交易上，汇邦公司没有资格，只有通过 ADS 才可以进行交易"。投资人章某称"赵某某说拿到了新西兰的金融监管牌照，并把新西兰的金融监管牌照拍照片发给我，我在网上查找了金融监管的牌照牌号，发现没有"。从上述二人的供述和证言看，汇邦公司是否拥有金融监管牌照并不确定，且我国并不允许在境外的公司在国内开展贵金属交易业务，赵某某还以汇邦公司的名义吸收资金，其本质是非法的。

其次，在宣传过程中，赵某某等人采取口口相传的方式，即朋友介绍朋友的方式，该种方式具有公开性和社会性。公开性是指利用媒体、传单、推介会、手机短信等方式向社会公开宣传。社会性是指向社会公众即社会不特定对象吸收资金。《关于审理非法集资刑事案件具体应用法律若干问题的解释》第 1 条第 2 款规定："未向社会公众宣传，在亲友或者单位内部针对特定对象吸收资金的,不属于非法吸收或者变相非法吸收公众存款。"本案中的"朋友"是否属于上述第1条第2款规定的"亲友"范围。我们认为是不属于的。最高人民法院、最高人民检察院、公安部《关于办理非法集资刑事案件若干问题的意见》第三项,关于"社会公众"的认定,指出在向亲友或者单位内部人员吸收资金的过程中,明知亲友或者单位内部人员向不特定对象吸收资金而予以放任的应当认定为向社会公众吸收资金。本案中,赵某某等人的宣传方式是通过"朋友介绍朋友",一个人朋友的范围是一定的,但是"朋友的朋友"的范围则是不确定的,因此"朋友介绍朋友"的宣传方式看似将宣传限定在了一定范围内,但其实质仍然是面向社会公众,具有公开性和社会性。被告人赵某某明知"朋友会继续介绍朋友"仍未限制朋友传播,且约定介绍人可以收取一定的介绍费作为佣金。由此可见赵某某对于公开宣传是明知的,且通过佣金的方式刺激投资人不断介绍他人投资。

最后,赵某某等人等行为具有利诱性。本案中被告人称,投资人利用汇邦公司"智赢天下"软件投资,资金安全,称汇邦公司选择具有权威可靠性的机构进行资金存管,目前合作伙伴是ADS,ADS是中东交易量最大的经纪商,受阿联酋央行的监管,有极高的商誉与安全可靠性。后根据ADS达汇公司出具证明,可证实汇邦资本未与ADS达汇公司正式签署过合作伙伴关系,汇邦资本于2015年12月3日于ADS达汇开设MT4账户,成为ADS达汇客户,后因汇邦公司虚构与ADS合作的事实,ADS达汇于2016年4月22日正式撤销汇邦公司账户。除此之外,赵某某等人宣传投资汇邦公司收益率高在其公司的一个宣传手册"汇帮资本智赢天下理财项目简介"中称,智能天下团队利用本平台系统,对于所管理的资本(包括但不限于汇邦资本公司自身)2013年赢利76%,2014年赢利96%,2015年突破100%。此种宣传的实质是变相的保本付息宣传。

综上,赵某某等人的行为,是以投资伦敦金为名,以高额收益为利诱,利用口口相传等方式公开宣传,并从中获得提成、佣金等回报的非法吸收公众资金的行为。赵某某作为汇邦公司智赢天下理财项目北京地区的负责人,其行为构成了非法吸收公众存款罪。

二、赵某某是共同犯罪的组织者、策划者

庭审中赵某某称对公诉机关指控的罪名无异议，但辩称部分投资人不属于其名下客户，相关投资金额不应由其承担责任。并称自己也是汇邦公司的投资人，自己仅属于汇邦供公司北京的经纪人之一，其有上级。赵某某的辩护人也称赵某某系从犯，赵某某仅应对其名下的投资人的投资金额负责。但是综合全案证据，本案中赵某某并不构成从犯。根据刑法第 27 条规定，在共同犯罪中起次要或者辅助作用的是从犯。赵某某在汇邦公司的非法吸收公众存款案中不仅起到辅助的作用，其是汇邦公司在北京开展吸收资金业务的"元老。"根据赵某某供述和其他在案证据，赵某某是在深圳出差过程中，经人介绍认识了香港汇邦公司的交易部主任李某某，李某某向赵某某介绍了自己研发的炒股自动化交易软件。后在李某某介绍下，赵某某认识了香港汇邦公司投资方的市场部主任王某某，并决定进行投资。回京后，赵某某、陶某某等人组织人员开始在北京、上海等地发展投资人。赵某某主要在北京发展客户，并且租赁了北京市朝阳区大望路××广场 8 号楼 1902 号作为办公地点，用来发展客户洽谈合作。赵某某虽然辩称其上级仍有经纪人，有些客户不是其发展，但根据上述赵某某在汇邦公司发展大陆业务的积极作为来看，赵某某仍然是组织者、策划者之一，因此赵某某是主犯，应对报案全部投资人的投资金额负责。

自市场化改革以来，我国贵金属交易市场发展显著，特别是近年来贵金属市场如雨后春笋般涌出，但整个行业还处于发展初期，缺乏规范、有效及统一的监管体系，各种交易平台良莠不齐，发展状况比较混乱。许多犯罪分子利用市场监管漏洞，从事违法犯罪活动，社会公众在选择投资项目时应提高警惕，特别是类似于国内没有正规交易渠道的理财产品，尽量不要尝试。

【相关法律规定】

一、中华人民共和国刑法（2017 年修正）

第二十五条 【共同犯罪的概念】共同犯罪是指二人以上共同故意犯罪。

二人以上共同过失犯罪，不以共同犯罪论处；应当负刑事责任的，按照他们所犯的罪分别处罚。

第二十六条 【主犯】组织、领导犯罪集团进行犯罪活动的或者在共同犯罪中起主要作用的，是主犯。

三人以上为共同实施犯罪而组成的较为固定的犯罪组织，是犯罪集团。

对组织、领导犯罪集团的首要分子，按照集团所犯的全部罪行处罚。

对于第三款规定以外的主犯，应当按照其所参与的或者组织、指挥的全部犯罪处罚。

第二十七条 【从犯】在共同犯罪中起次要或者辅助作用的，是从犯。

对于从犯，应当从轻、减轻处罚或者免除处罚。

第一百七十六条 【非法吸收公众存款罪】非法吸收公众存款罪或者变相吸收公众存款，扰乱金融秩序的，处三年以下有期徒刑或者拘役，并处或者单处二万元以上二十万元以下罚金；数额巨大或者有其他严重情节的，处三年以上十年以下有期徒刑，并处五万元以上五十万元以下罚金。

单位犯前款罪的，对单位判处罚金，并对其直接负责的主管人员和其他直接责任人员，依照前款的规定处罚。

二、最高人民法院《关于审理非法集资刑事案件具体应用法律若干问题的解释》（自 2011 年 1 月 4 日起施行）

第一条 违反国家金融管理法律规定，向社会公众（包括单位和个人）吸收资金的行为，同时具备下列四个条件的，除刑法另有规定的以外，应当认定为刑法第一百七十六条规定的"非法吸收公众存款或者变相吸收公众存款"：

（一）未经有关部门依法批准或者借用合法经营的形式吸收资金；

（二）通过媒体、推介会、传单、手机短信等途径向社会公开宣传；

（三）承诺在一定期限内以货币、实物、股权等方式还本付息或者给付回报；

（四）向社会公众即社会不特定对象吸收资金。

未向社会公开宣传，在亲友或者单位内部针对特定对象吸收资金的，不属于非法吸收或者变相吸收公众存款。

第二条　实施下列行为之一，符合本解释第一条第一款规定的条件的，应当依照刑法第一百七十六条的规定，以非法吸收公众存款罪定罪处罚：

……

（十一）其他非法吸收资金的行为。

第三条　非法吸收或者变相吸收公众存款，具有下列情形之一的，应当依法追究刑事责任：

（一）个人非法吸收或者变相吸收公众存款，数额在20万元以上的，单位非法吸收或者变相吸收公众存款，数额在100万元以上的；

（二）个人非法吸收或者变相吸收公众存款对象30人以上的，单位非法吸收或者变相吸收公众存款对象150人以上的；

（三）个人非法吸收或者变相吸收公众存款，给存款人造成直接经济损失数额在10万元以上的，单位非法吸收或者变相吸收公众存款，给存款人造成直接经济损失数额在50万元以上的；

（四）造成恶劣社会影响或者其他严重后果的。

具有下列情形之一的，属于刑法第一百七十六条规定的"数额巨大或者有其他严重情节"：

（一）个人非法吸收或者变相吸收公众存款，数额在100万元以上的，单位非法吸收或者变相吸收公众存款，数额在500万元以上的；

（二）个人非法吸收或者变相吸收公众存款对象100人以上的，单位非法吸收或者变相吸收公众存款对象500人以上的；

（三）个人非法吸收或者变相吸收公众存款，给存款人造成直接经济损失数额在50万元以上的，单位非法吸收或者变相吸收公众存款，给存款人造成直接经济损失数额在250万元以上的；

……

三、《关于办理非法集资刑事案件适用法律若干问题的意见》（2014 年 3 月 25 日颁布）

二、关于"向社会公开宣传"的认定问题

《最高人民法院关于审理非法集资刑事案件具体应用法律若干问题的解释》第一条第一款第二项中的"向社会公开宣传"，包括以各种途径向社会公众传播吸收资金的信息，以及明知吸收资金的信息向社会公众扩散而予以放任等情形。

三、关于"社会公众"的认定问题

下列情形不属于《最高人民法院关于审理非法集资刑事案件具体应用法律若干问题的解释》第一条第二款规定的"针对特定对象吸收资金"的行为，应当认定为向社会公众吸收资金：

（一）在向亲友或者单位内部人员吸收资金的过程中，明知亲友或者单位内部人员向不特定对象吸收资金而予以放任的；

（二）以吸收资金为目的，将社会人员吸收为单位内部人员，并向其吸收资金的。

四、关于共同犯罪的处理问题

为他人向社会公众非法吸收资金提供帮助，从中收取代理费、好处费、返点费、佣金、提成等费用，构成非法集资共同犯罪的，应当依法追究刑事责任。能够及时退缴上述费用的，可依法从轻处罚；其中情节轻微的，可以免除处罚；情节显著轻微、危害不大的，不作为犯罪处理。

（北京市朝阳区人民检察院第二检察部　张文潇）

P2P 平台涉嫌非法吸收公众存款罪的认定及单位犯罪的认定

——曾某某、苏某某等 7 人非法吸收公众存款案

【关键词】

P2P 平台　资金池　非法吸收公众存款　非法集资　单位犯罪　证据审查

【基本案情】

经审查认定：

杨某某（另案处理，其非法吸收公众存款一案由杭州市江干区人民法院审理）于 2013 年 2 月 28 日成立浙江望洲实业有限公司，2013 年 6 月变更为浙江望洲控股集团。2013 年 7 月变更为望洲集团有限公司（以下简称"望洲集团"），杨某某为法定代表人、董事长，为拓展业务，杨某某在全国各地设立分公司，开展 P2P 业务，该业务分成两部分，一端是望洲财富投资管理有限公司负责面向公众吸储，另一端是望洲普惠投资管理有限公司负责寻找债务人并放款。望洲财富投资管理有限公司以打电话向人介绍、上街发广告、微信宣传、不定期召开答谢会的形式对外宣传公司理财产品及发展投资客户。望洲集团总部在上海东方电视台、天津电视台、CCTV4 做过关于公司品牌性宣传，主要是说集团旗下在做金融性产品，并有自己的宣传网站。根据理财产品的不同期限约定向投资人回馈 7%—15% 的年化收益。投资人在第三方支

付平台（富友）开设账户，并通过向账户内充值的方式进行投资，望洲集团通过与投资人签订《授权协议书》，对投资人在富友平台的账户内资金有划拨、冻结和查询等权利，实际上控制了投资人的钱款，富友平台将投资人信息反馈给望洲集团的清算中心，清算中心通过当日的债权转让匹配情况通知富友平台打款给贷款客户，若当日在债权匹配之后平台还有闲置资金，清算中心将会对闲置资金进行提现至杨某某个人账户。

被告人曾某某于 2014 年 5 月在望洲财富投资管理公司工作，2014 年 8 月到贷款端望洲普惠投资管理有限公司任总经理，全面负责望洲普惠投资管理有限公司管理工作，该公司办公地址在东单民生金融中心 D 座，望洲普惠投资管理有限公司负责开发贷款客户、管理及催缴，收取 6%—7% 的手续费，具体的放款工作由望洲集团的清算中心操作，手续费也是由望洲财富清算中心代收。公司审核部做好债务人名单之后直接上报望洲集团，审核通过后由清算中心将款项直接转到债务人在富友平台上开设的提现账户上，望洲普惠投资管理有限公司的客户全部都是通过线上的形式拿到申请的借款。据被告人曾某某称，望洲普惠投资管理有限公司从 2014 年 5 月至案发全国发放贷款是 17 亿—18 亿，客户 2 万—3 万。被告人曾某某在望洲普惠投资管理有限公司有 5% 的股份，其每月固定收入 25000 元人民币，共收入 50 万元左右。

望洲财富投资管理有限公司成立于 2014 年 3 月 10 日，法人杨某某，公司地址在上海市虹口区西江湾路 388 号 A 栋 28 层，注册资本 20000 万人民币，经营范围是投资管理、投资咨询、资产管理，金融信息服务等。被告人苏某某 2014 年 3 月应聘到望洲财富投资管理有限公司，后负责筹备望洲财富投资管理有限公司朝阳分公司，2014 年 10 月筹备完毕开始运营，望洲财富投资管理有限公司在全国都有分公司，在北京有两家分公司。2014 年 5 月左右，望洲财富投资管理有限公司在北京西城区成立望洲财富投资管理有限公司北京西城分公司，办公地址北京市宣武门某大街某号某大厦某层。2014 年 10 月成立望洲财富投资管理有限公司北京朝阳第一分公司，办公地址在朝阳北路某中心某号，分公司财务人员负责跟总公司清算中心对接，公司下设三个营业部，两个营业部在呼家楼。在 2016 年 3 月，朝阳区常营北路 15 号成立望洲财富投资管理有限公司常营营业部（临街部），每个营业部下设 3 个团队，每个团队 10 至 20 人，公司主要经营 P2P 理财产品。业务员通过电话、微信、发放宣传单等方式宣传公司理财产品，根据期限不同投资额和利息均不同，最低限额 2 万元，2 万至 50 万元，年利息 13%；50 万至 100 万元，年利息 13.5%；100 万元以上，年利息 14%，上不封顶。投资人通过在第三方支付平台开设账户的形式向内充值投资，公司总部清算中心负责对钱款的实际控制和掌握。通过望洲财富投资管理有限公司报贷款的方式再从富友平台进行账户内划转。

【诉讼过程和结果】

2016 年 4 月 22 日 14 时，投资人周某某等人到北京市公安局朝阳分局经侦大队报案称：望洲财富投资管理有限公司北京朝阳第一分公司以 P2P 理财项目有高额返息为由，与投资人签订《合同书》，使其损失 600 万元人民币。北京市公安局朝阳分局决定于 2016 年 4 月 22 日对望洲财富投资管理有限公司北京朝阳第一分公司立案侦查。后经侦大队将被告人曾某某、苏某某等抓获。

北京市朝阳区人民检察院于 2017 年 4 月 20 日以被告人曾某某、苏某某等人构成非法吸收公众存款罪提起公诉。北京市朝阳区人民法院于 2017 年 12 月 29 日判决认定望洲集团违反国家金融管理法律规定，通过下属望洲财富投资管理有限公司和望洲普惠投资管理有限公司等企业和分支机构向社会公众公开宣传并承诺高额回报和还本付息，非法吸收公众存款且数额巨大，望洲集团在不具备公开募集资金资质的情况下，以债权转让形式公开宣传其投资理财业务，向不特定的社会公众募集资金，并承诺高额货币回报和保本保息，望洲集团沉淀和控制投资人资金，形成资金池用于发放贷款和单位经营等用途，该单位行为符合非法吸收公众存款罪的构成要件。被告人曾某某作为望洲集团贷款端的主管人员，其主观上明知望洲集团通过望洲财富投资管理有限公司向社会公开募集资金，仍组织望洲普惠投资管理有限公司员工为望洲集团以债权转让名义实施的募集资金行为寻找、管理债务人和催收贷款，以管理相关债权，该行为系望洲集团非法募集资金整体行为的必要组成部分，故被告人曾某某的行为已构成非法吸收公众存款罪，应对望洲集团非法募集的全部资金承担相应责任。被告人苏某某作为望洲集团下属望洲财富投资管理有限公司分支机构的负责人，在望洲集团的指挥下，组织或带领该分公司销售人员开展业务，非法募集资金，应对该分支机构吸收的全部金额承担责任，其他被告人均应对其本人和各自带领团队所吸收的全部金额承担责任。被告人曾某某系望洲集团的直接责任人员，被告人苏某某等人作为望洲集团的其他直接责任人员，犯罪数额巨大，各被告人行为均触犯了刑法，均已构成非法吸收公众存款罪，依法均应予惩处。判处被告人曾某某有期徒刑 6 年 6 个月，罚金人民币 30 万元；被告人苏某某有期徒刑 3 年 10 个月，罚金人民币 20 万元，其他被告人均被判处有期徒刑 2 年到 3 年不等，并处罚金。

【主要问题】

1. 如何认定 P2P 平台构成非法吸收公众存款罪？

2. 如何通过综合审查书证和电子证据来确定犯罪金额？

3. 非法集资案件如何区分单位犯罪和自然人犯罪？

【指导意义】

一、如何认定 P2P 平台构成非法吸收公众存款罪

本案中被告人曾某某、苏某某等人的行为构成非法吸收公众存款罪，系共同犯罪。

首先，在案各被告人实施了非法吸收公众存款的犯罪行为。

第一，曾某某、苏某某等人以望洲财富投资管理有限公司北京朝阳第一分公司的名义，未经中国人民银行批准，在不具有可以吸收存款的金融机构资质的情况下，擅自以网络借贷的名义向社会不特定对象非法吸收公众存款，其行为具有典型的非法性。

第二，望洲财富投资管理有限公司北京朝阳第一分公司的业务经理带领团队内的业务员，以随机按话段拨打电话及在超市商场内发放传单等方式招揽投资人，其宣传具有公开性。

第三，望洲财富投资管理有限公司北京朝阳第一分公司与投资人签订的出借咨询与服务合同和担保函中，明确约定借款期限，并约定到期返本，按投资期限付息，具有利诱性。

第四，根据已报案投资人的实际情况及被告人的供述可以认定，投资人系销售人员在宣传时随机选择的对象，销售人员也均以提高业绩拿到提成为目的，吸收资金的对象具有不特定性。

其次，被告人对资金存管于富友第三方支付平台，望洲财富投资管理有限公司仅起到中介作用，且未形成资金池的辩解，不能成立。

第一，投资款仍为涉案公司实际控制。富友第三方支付平台收款的运行，需要吸收资金方先在该平台开设账户并绑定自己使用的银行卡，投资人将资金转入富友支付平台，实际上不是转入各个投资人名下的账户，而是统一转入吸资方的账户，这部分资金受吸资方实际控制，可以随时转用。在案证据也证明了，望洲集团只对部分吸收的资金实际出借，并随时可以使用后投资的资金提现和非法挪用于还本付息。

第二，望洲集团存在变相自融行为，通过实行债权转让为自己吸收资金，实际形成资金池。望洲财富投资管理有限公司在以 POS 机方式收取客户投资款后，一部分资金会匹配给望洲普惠投资管理有限公司的借款人用于借贷，一部分用于已到期投资人的还本付息。同时，还通过重复发布已经匹配完成的借款这一手段，给投资者造成"自己的投资款已经借给借款人"的假象，使剩余的大部分资金停留在望洲财富投资管理有限公司的账户中，而望洲集团则可以随时使用这部分资金用于自身发展需要。这实际上是利用网络借贷的自融行为。

再次，各被告人明知望洲财富投资管理有限公司的运营模式，仍以牟利为目的参与其中，具有非法吸收公众存款的主观故意。对于法律的禁止性规定不知情不能成为阻却犯罪成立的事由，且大部分被告人均在公司实际赚取了大量提成。

最后，在案各被告人的行为尚不构成集资诈骗罪。

涉案资金大部分用于实际借贷或其他生产经营活动，在案被告人不具有非法占有的目的。且望洲财富投资管理有限公司北京朝阳第一分公司吸收的资金直接转入望洲集团总部的清算中心内统一调配，各被告人均不对吸收的资金有实际的控制权。

综上，被告人曾某某、苏某某等 7 人的行为构成非法吸收公众存款罪，系共同犯罪。

二、如何通过综合审查书证和电子证据来确定犯罪金额

本案涉案证据众多，结合投资人证言及出借合同、银行账户交易记录，公司电脑中起获的自记账目，资金收付凭证，审计报告，互联网电子数据等证据，贯彻宽严相济、分层处理的原则，综合认定非法吸收资金数额如下：

1. 被告人曾某某作为望洲普惠投资管理有限公司总部的负责人，直接负责该集团钱款放贷情况，应作为本案望洲集团涉案人员杨某某等人的共犯，对集团吸收的全部金额负责，比照上述同案犯进行处理。根据杭州天智会计师事务所于 2016 年 12 月 30 日出具的杭天智专审字〔2016〕第 20 号《关于核实望洲集团有限公司涉嫌非法集资债权债务情况的专项审计报告》，望洲集团非法募集的总金额为人民币 64.19 亿余元。

2. 被告人苏某某作为望洲财富投资管理有限公司北京朝阳第一分公司负责人，应对该朝阳分公司吸收的总额全部负责，其他被告人应对各自营业部及所带领的销售团队吸收的金额全部负责。

但在认定数额方面，存在如下问题：在涉案公司电脑中提取的业绩及提成表中反映苏某某业绩为 18598.79 万元，其他销售人员业绩分别为 3822.58 万元，1680.99 万元，2093.91 万元，1026.71 万元；在涉案公司电脑中提取的投资人合同统计表中反映苏某某业绩为 4056.7 万元，其他销售人员业绩分别为 368 万元，391 万元，536 万元，457.4 万元；上述两份电子数据的数额差距较大，且业绩提成表可能存在为赚取提成虚报业绩的问题，投资人合同统

计表可能存在统计不全或未统计的问题，故无法依据这两份电子数据中的数额认定涉案数额。但已报案投资金额又仅有 2000 余万元，与被告人供述金额及上述书证中反映的金额差距巨大，仅以报案数额起诉，无法全面反映望洲财富投资管理有限公司北京朝阳第一分公司吸收资金的真实情况。

因此，为准确认定涉案公司非法吸收资金的数额，承办人前往杭州调取了富友支付平台交易明细，将富友支付平台中反映的望洲财富投资管理有限公司北京朝阳第一分公司实际入账金额与在案《出借咨询与服务合同》互相对比印证，以富友平台实际入账金额 75421889.62 元为基准，根据存疑有利于被告人的原则，对其中没有合同印证的金额予以扣除，得出扣除结果为望洲财富投资管理有限公司北京朝阳第一分公司全部募集金额为 6000 余万元，该数额亦与向审计公司了解的初步审计结果相差不大。故苏某某应对该部分金额负责。对于其他销售人员，由于富友支付平台交易明细无法准确做到投资人与介绍人的一一对应，故就低按已报案投资人指认其他在案销售人员及其团队的涉案金额认定。

三、非法集资案件如何区分单位犯罪和自然人犯罪

首先，望洲财富投资管理有限公司北京朝阳第一分公司除非法吸收公众存款外，没有其他实际经营业务。且望洲财富投资管理有限公司北京朝阳第一分公司系不具有独立法人资格的分公司，其总公司望洲财富投资管理有限公司成立后亦仅用于 P2P 吸收资金业务，没有其他实际经营业务。根据单位犯罪案件司法解释的规定，公司设立后以实施犯罪为主要活动的，不以单位犯罪论处。

其次，虽然望洲集团有其他经营业务，但望洲财富投资管理有限公司是其子公司，具有独立的法人资格，本案望洲财富投资管理有限公司北京朝阳第一分公司与望洲集团不具有法律上的从属地位，故不应因望洲集团有实际的业务，而认定望洲财富投资管理有限公司北京朝阳第一分公司非法吸收公众存款的行为是单位犯罪。

最后，经与杭州市江干区检察院沟通，该院适用刑法第 176 条第 1 款的

规定，以自然人犯罪对杨某某等人提起公诉，为了贯彻"三统两分"的原则，在追诉标准上与对总公司的处理保持统一，故拟对本案以自然人犯罪起诉。

本案于 2017 年 4 月 20 日起诉后，朝阳法院于 2017 年 12 月 29 日作出一审判决，认定金额与朝阳区人民检察院一致，但在判决书中认定本案为单位犯罪。经与承办法官沟通，其答复称因杭州市江干区法院认为望洲集团具有实际经营业务，望洲普惠投资管理有限公司系服务于望洲集团，故判决认定杨某某等人非法吸收公众存款罪一案为单位犯罪。基于与关联案件审理结果保持一致性的考量，故将本案也认定为单位犯罪，将本案被告均认定为望洲集团的"其他直接责任人员"予以处理。

收到判决后，经审查认为，判决结果符合在本案 2017 年 4 月提起公诉后，最高人民检察院于 8 月发布的《关于办理涉互联网金融犯罪案件有关问题座谈会纪要》第 22 条、第 23 条规定：对参与涉互联网金融犯罪，但不具有独立法人资格的分支机构，违法所得完全归分支机构上级单位所有并支配的，不能对分支机构作为单位犯罪主体追究刑事责任，而是应当对分支机构的上级单位（符合单位犯罪主体资格）追究刑事责任。仅将分支机构的上级单位认定为单位犯罪主体的，该分支机构相关涉案人员可以作为该上级单位的"其他直接责任人员"追究刑事责任。

同时，考虑到本案在法院审理期间各被告积极退赔投资人损失，经朝阳区人民检察院审判监督部主任、主管检察长同意，认为朝阳法院的判决定性符合"三统两分"原则，量刑适当，同意法院判决，不再提起抗诉。

此案判决结果反映出，公诉案件受理后至判决生效前，承办人与各单位、各部门全程沟通的重要性，故朝阳区人民检察院金融部根据本部门办案特点，研究制定了案件办理的三个面对面原则：一是与侦查机关面对面，要求承办人与侦查机关要从案件报捕开始，必须与侦查人员面对面沟通，就案件侦查方向、取证重点等进行专项沟通，并做到随时跟进、监督和反馈；二是与审计部门面对面，要求承办人从审计机关介入开始，必须与审计人员面对面沟通，就审计事项、重点工作进行明确，随时跟进；三是与关联案件兄弟部门面对面。特别是对于关联案件在外地司法机关的，严格贯彻落实非法集资案件"三统两分"的办理原则，要求承办人尽量做到面对面沟通，全程及时更新案件进展情况。

【相关法律规定】

一、中华人民共和国刑法（2017年修正）

第三十条 【单位负刑事责任的范围】公司、企业、事业单位、机关、团体实施的危害社会的行为，法律规定为单位犯罪的，应当负刑事责任。

第三十一条 【单位犯罪的处罚原则】单位犯罪的，对单位判处罚金，并对其直接负责的主管人员和其他直接责任人员判处刑罚。本法分则和其他法律另有规定的，依照规定。

第一百七十六条 【非法吸收公众存款罪】非法吸收公众存款或者变相吸收公众存款，扰乱金融秩序的，处三年以下有期徒刑或者拘役，并处或者单处二万元以上二十万元以下罚金；数额巨大或者有其他严重情节的，处三年以上十年以下有期徒刑，并处五万元以上五十万元以下罚金。

单位犯前款罪的，对单位判处罚金，并对其直接负责的主管人员和其他直接责任人员，依照前款的规定处罚。

二、最高人民检察院《关于办理涉互联网金融犯罪案件有关问题座谈会纪要》（2017年6月1日公布）

1. 准确认识互联网金融的本质。互联网金融的本质仍然是金融，其潜在的风险与传统金融没有区别，甚至还可能因互联网的作用而被放大。要依据现有的金融管理法律规定，依法准确判断各类金融活动、金融业态的法律性质，准确界定金融创新和金融违法犯罪的界限。在办理涉互联网金融犯罪案件时，判断是否符合"违反国家规定""未经有关国家主管部门批准"等要件时，应当以现行刑事法律和金融管理法律法规为依据。对各种类型互联网金融活动，要深入剖析行为实质并据此判断其性质，从而准确区分罪与非罪、此罪与彼罪、罪轻与罪重、打击与保护的界限，不能机械地被所谓"互联网金融创新"表象所迷惑。

2. 妥善把握刑事追诉的范围和边界。涉互联网金融犯罪案件涉案人员众多，要按照区别对待的原则分类处理，综合运用刑事追诉和非刑事手段处置和化解风险，打击少数、教育挽救大多数。要坚持主客观相统一的原则，根据犯罪嫌疑人在犯罪活动中的地位作用、涉案数额、危害结果、主观过错等主客观情节，综合判断责任轻重及刑事追诉的必要性，做到罪责适应、罚当其罪。对犯罪情节严重、主观恶性大、在犯罪中起主要作用的人员，特别是核心管理层人员和骨干人员，依法从严打击；对犯罪情节相对较轻、主观恶性较小、在犯罪中起次要作用的人员依法从宽处理。

3. 注重案件统筹协调推进。涉互联网金融犯罪跨区域特征明显，各地检察机关公诉部门要按照"统一办案协调、统一案件指挥、统一资产处置、分别侦查诉讼、分别落实维稳"（下称"三统两分"）的要求分别处理好辖区内案件，加强横向、纵向联系，在上级检察机关特别是省级检察院的指导下统一协调推进办案工作，确保辖区内案件处理结果相对平衡统一。跨区县案件由地市级检察院统筹协调，跨地市案件由省级检察院统一协调，跨省案件由高检院公诉厅统一协调。各级检察机关公诉部门要加强与公安机关、地方金融办等相关单位以及检察机关内部侦监、控申等部门的联系，建立健全案件信息通报机制，及时掌握重大案件的立案、侦查、批捕、信访等情况，适时开展提前介入侦查等工作，并及时上报上级检察院。省级检察院公诉部门要发挥工作主动性，主动掌握社会影响大的案件情况，研究制定工作方案，统筹协调解决办案中遇到的问题，重大、疑难、复杂问题要及时向高检院报告。

......

5. 互联网金融涉及 P2P 网络借贷、股权众筹、第三方支付、互联网保险以及通过互联网开展资产管理及跨界从事金融业务等多个金融领域，行为方式多样，所涉法律关系复杂。违法犯罪行为隐蔽性、迷惑性强，波及面广，社会影响大，要根据犯罪行为的实质特征和社会危害，准确界定行为的法律性质和刑法适用的罪名。

6. 涉互联网金融活动在未经有关部门依法批准的情形下，公开宣传并向不特定公众吸收资金，承诺在一定期限内还本付息的，应当依法追究刑事责任。其中，应重点审查互联网金融活动相关主体是否存在归集资金、沉淀资金，致使投资人资金存在被挪用、侵占等重大风险等情形。

7. 互联网金融的本质是金融，判断其是否属于"未经有关部门依法批准"，即行为是否具有非法性的主要法律依据是《商业银行法》、《非法金融机构和非法金融业务活动取缔办法》（国务院令第 247 号）等现行有效的金融管理法律规定。

8. 对以下网络借贷领域的非法吸收公众资金的行为，应当以非法吸收公众存款罪分别追究相关行为主体的刑事责任：

（1）中介机构以提供信息中介服务为名，实际从事直接或间接归集资金、甚至自融或变相自融等行为，应当依法追究中介机构的刑事责任。特别要注意识别变相自融行为，如中介机构通过拆分融资项目期限、实行债权转让等方式为自己吸收资金的，应当认定为非法吸收公众存款。

（2）中介机构与借款人存在以下情形之一的，应当依法追究刑事责任：①中介机构与借款人合谋或者明知借款人存在违规情形，仍为其非法吸收公众存款提供服务的；中介机构与借款人合谋，采取向出借人提供信用担保、通过电子渠道以外的物理场所开展借贷业务等违规方式向社会公众吸收资金的；②双方合谋通过拆分融资项目期限、实行债权转让等方式为借款人吸收资金的。在对中介机构、借款人进行追诉时，应根据各自在非法集资中的地位、作用确定其刑事责任。中介机构虽然没有直接吸收资金，但是通过大肆组织借款人开展非法集资并从中收取费用数额巨大、情节严重的，可以认定为主犯。

（3）借款人故意隐瞒事实，违反规定，以自己名义或借用他人名义利用多个网络借贷平台发布借款信息，借款总额超过规定的最高限额，或将吸收资金用于明确禁止的投资股票、场外配资、期货合约等高风险行业，造成重大损失和社会影响的，应当依法追究借款人的刑事责任。对于借款人将借款主要用于正常的生产经营活动，能够及时清退所吸收资金，不作为犯罪处理。

······

11. 负责或从事吸收资金行为的犯罪嫌疑人非法吸收公众存款金额，根据其实际参与吸收的全部金额认定。但以下金额不应计入该犯罪嫌疑人的吸收金额：

（1）犯罪嫌疑人自身及其近亲属所投资的资金金额；

（2）记录在犯罪嫌疑人名下，但其未实际参与吸收且未从中收取任何形式好处的资金。

吸收金额经过司法会计鉴定的，可以将前述不计入部分直接扣除。但是，前述两项所涉金额仍应计入相对应的上一级负责人及所在单位的吸收金额。

……

13. 确定犯罪嫌疑人的吸收金额时，应当重点审查、运用以下证据：

（1）涉案主体自身的服务器或第三方服务器上存储的交易记录等电子数据；

（2）会计账簿和会计凭证；

（3）银行账户交易记录、POS 机支付记录；

（4）资金收付凭证、书面合同等书证。仅凭投资人报案数据不能认定吸收金额。

……

20. 涉互联网金融犯罪案件多以单位形式组织实施，所涉单位数量众多、层级复杂，其中还包括大量分支机构和关联单位，集团化特征明显。有的涉互联网金融犯罪案件中分支机构遍布全国，既有具备法人资格的，又有不具备法人资格的；既有受总公司直接领导的，又有受总公司的下属单位领导的。公安机关在立案时做法不一，有的对单位立案，有的不对单位立案，有的被立案的单位不具有独立法人资格，有的仅对最上层的单位立案而不对分支机构立案。对此，检察机关公诉部门在审查起诉时，应当从能够全面揭示犯罪行为基本特征、全面覆盖犯罪活动、准确界定区分各层级人员的地位作用、有利于有力指控犯罪、有利于追缴违法所得等方面依法具体把握，确定是否以单位犯罪追究。

21. 涉互联网金融犯罪所涉罪名中，刑法规定应当追究单位刑事责任的，对同时具备以下情形且具有独立法人资格的单位，可以以单位犯罪追究：

（1）犯罪活动经单位决策实施；

（2）单位的员工主要按照单位的决策实施具体犯罪活动；

（3）违法所得归单位所有，经单位决策使用，收益亦归单位所有。但是，单位设立后专门从事违法犯罪活动的，应当以自然人犯罪追究刑事责任。

22. 对参与涉互联网金融犯罪，但不具有独立法人资格的分支机构，是否追究其刑事责任，可以区分两种情形处理：

（1）全部或部分违法所得归分支机构所有并支配，分支机构作为单位犯罪主体追究刑事责任；

（2）违法所得完全归分支机构上级单位所有并支配的，不能对分支机构作为单位犯罪主体追究刑事责任，而是应当对分支机构的上级单位（符合单位犯罪主体资格）追究刑事责任。

23. 分支机构认定为单位犯罪主体的，该分支机构相关涉案人员应当作为该分支机构的"直接负责的主管人员"或者"其他直接责任人员"追究刑事责任。仅将分支机构的上级单位认定为单位犯罪主体的，该分支机构相关涉案人员可以作为该上级单位的"其他直接责任人员"追究刑事责任。

24. 对符合追诉条件的分支机构（包括具有独立法人资格的和不具有独立法人资格）及其所属单位，公安机关均没有作为犯罪嫌疑单位移送审查起诉，仅将其所属单位的上级单位作为犯罪嫌疑单位移送审查起诉的，对相关分支机构涉案人员可以区分以下情形处理：

（1）有证据证明被立案的上级单位（比如总公司）在业务、财务、人事等方面对下属单位及其分支机构进行实际控制，下属单位及其分支机构涉案人员可以作为被移送审查起诉的上级单位的"其他直接责任人员"追究刑事责任。在证明实际控制关系时，应当收集、运用公司决策、管理、考核等相关文件，OA 系统等电子数据，资金往来记录等证据。对不同地区同一单位的分支机构涉案人员起诉时，证明实际控制关系的证据体系、证明标准应基本一致。

（2）据现有证据无法证明被立案的上级单位与下属单位及其分支机构之间存在实际控制关系的，对符合单位犯罪构成要件的下属单位或分支机构应当补充起诉，下属单位及其分支机构已不具备补充起诉条件的，可以将下属单位及其分支机构的涉案犯罪嫌人直接起诉。

25. 在办理跨区域涉互联网金融犯罪案件时，在追诉标准、追诉范围以及量刑建议等方面应当注意统一平衡。对于同一单位在多个地区分别设立分支机构的，在同一省（自治区、直辖市）范围内应当保持基本一致。分支机构所涉犯罪嫌疑人与上级单位主要犯罪嫌疑人之间应当保持适度平衡，防止出现责任轻重"倒挂"的现象。

26. 单位犯罪中，直接负责的主管人员和其他直接责任人员在涉互联网金融犯罪案件中的地位、作用存在明显差别的，可以区分主犯和从犯。对起组织领导作用的总公司的直接负责的主管人员和发挥主要作用的其他直接责任人员，可以认定为全案的主犯，其他人员可以认定为从犯。

......

30. 电子数据在涉互联网金融犯罪案件的证据体系中地位重要，对于指控证实相关犯罪事实具有重要作用。随着互联网技术的不断发展，电子数据的形式、载体出现了许多新的变化，对电子数据的勘验、提取、审查等提出了更高要求，处理不当会对电子数据的真实性、合法性造成不可逆转的损害。检察机关公诉部门要严格执行《最高人民法院、最高人民检察院、公安部关于办理刑事案件收集提取和审查判断电子数据问题的若干规定》（法发〔2016〕22 号），加强对电子数据收集、提取程序和技术标准的审查，确保电子数据的真实性、合法性。对云存储电子数据等新类型电子数据进行提取、审查时，要高度重视程序合法性、数据完整性等问题，必要时主动征求相关领域专家意见，在提取前会同公安机关、云存储服务提供商制定科学合法的提取方案，确保万无一失。

31. 落实"三统两分"要求，健全证据交换共享机制，协调推进跨区域案件办理。对涉及主案犯罪嫌疑人的证据，一般由主案侦办地办案机构负责收集，其他地区提供协助。其他地区办案机构需要主案侦办地提供证据材料的，应当向主案侦办地办案机构提出证据需求，由主案侦办地办案机构收集并依法移送。无法移送证据原件的，应当在移送复制件的同时，按照相关规定作出说明。各地检察机关公诉部门之间要加强协作，加强与公安机关的协调，督促本地公安机关与其他地区公安机关做好证据交换共享相关工作。案件进入审查起诉阶段后，检察机关公诉部门可以根据案件需要，直接向其他地区检察机关调取证据，其他地区检察机关公诉部门应积极协助。此外，各地检察机关在办理案件过程中发现对其他地区案件办理有重要作用的证据，应当及时采取措施并通知相应检察机关，做好依法移送工作。

（北京市朝阳区人民检察院第二检察部　张美惠）

二

信用卡诈骗罪

共同犯罪中缺少直接证据情况下对于同案犯如何认定

——侯某某、于某某信用卡诈骗案

【关键词】

冒领他人信用卡　共同犯罪　盗窃罪与冒用型信用卡诈骗罪区分

【基本案情】

经审查认定：

被告人侯某某伙同于某某，于 2016 年 2 月至 10 月间，先后在北京市朝阳区北五环红星美凯龙、朝阳区十八里店乡十里河居然之家、丰台区大红门集美家居等地，冒领邓某某等人办理的银行信用卡，并在骗得信用卡申请人的身份信息后，冒充信用卡申请人骗取银行为其开通的信用卡，后持上述信用卡在北京苏宁云商销售有限公司、北京世纪商贸中心等地购买苹果手机等商品，价值共计人民币 52.6 万余元。销赃后所得赃款已被其挥霍。

被告人侯某某于 2016 年 11 月 22 日被抓获归案，同日协助公安机关将于某某抓获归案。

具体犯案经过如下：被告人侯某某、被告人于某某系同居男女朋友，因日常开支都是用信用卡骗取的钱款支付，被告人于某某欠银行大量钱款。被告人侯某某提议用信用卡诈骗的方式骗钱，因其有信用卡诈骗的前科，知道通过身份证号及预留手机号就可以骗得银行开通信用卡。二人于是开始在北京市朝阳区北五环红星美凯龙、朝阳区十八里店十里河居然之家、丰台区大红门集美家居等地通过在商城服务台骗领被害人挂号信来获知其手机号码，之后被告人于某某通过其朋友陈某甲、陈某乙、杨某某通过手机号码查询联通、电信用户的机主身份信息，被告人侯某某负责查询移动用户的机主身份信息。

通过此类非法途径查询被害人身份证号，在获知被害人身份证号码后，伪装成为客户联系被害人，在被害人店面内通过谎称手机无法使用需要借用被害人手机的方式，利用被害人手机将已查明的被害人身份信息和卡号信息编辑开卡短信发送给银行以激活信用卡。激活卡片后，被告人侯某某、于某某再用骗得的信用卡去购买手机等商品，之后再通过互联网查询收购手机的收购方将手机倒卖换得现金。

被告人侯某某称每次作案都会告知被告人于某某作案情况，包括刷了多少钱，买了几部手机，赚了多少钱，等等。有几次作案是于某某亲自开车将她带至作案地点，手机销赃给陈某甲和陈某乙的过程于某某也有参与。其作案所得赃款也基本用于二人日常开支及帮助被告人于某某偿还银行欠款及高利贷。在审查过程中，被告人于某某拒不认罪，辩称自己不知道侯某某进行信用卡诈骗，也没有参与过侯某某信用卡诈骗的过程。

【诉讼过程和结果】

2016年8月16日上午10时许，被害人刘某某到十八里店派出所报案称：2016年4月13日其名下的中信银行信用卡被消费18865元，北京市公安局朝阳分局于2016年11月2日决定对刘某某被诈骗案立案侦查。经过侦查，查明侯某某、于某某有重大嫌疑。2016年11月21日，北京市朝阳区刑侦支队南部队在北京市朝阳区某某街某某号将涉嫌信用卡诈骗的侯某某抓获。后在侯某某的积极配合下，民警在北京市朝阳区某某路某某公司将犯罪嫌疑人于某某抓获。北京市公安局朝阳分局于2017年2月27日将本案移送北京市朝阳区人民检察院审查起诉。

北京市朝阳区人民检察院于2017年8月28日以被告人侯某某、于某某构成信用卡诈骗罪向北京市朝阳区人民法院提起公诉。北京市朝阳区人民法院经审理认为 2016 年 2 月至 10 月间，被告人侯某某伙同于某某先后在北京市朝阳区北五环红星美凯龙、朝阳区十八里店十里河居然之家、丰台区大红门集美家居等地，冒领邓某某、王某某等 18 人申办的银行信用卡，通过非法渠道获得上述申办人的身份信息，冒充申办人骗得银行开通信用卡，持卡消费共计人民币 526220 元。朝阳法院于 2018 年 7 月 24 日判决认定被告人侯某某、于某某以非法占有为目的，冒用他人信用卡进行诈骗活动，数额巨大，构成信用卡诈骗罪，分别判处被告人侯某某有期徒刑 10 年，罚金 20 万元，被告人于某某有期徒刑 7 年，罚金人民币 15 万元。被告人侯某某、于某某不服，于 2018 年 7 月 26 日、8 月 2 日申请上诉。北京市第三中级人民法院于 2018 年 9 月 12 日判决维持北京市朝阳区人民法院（2017）京 0105 刑初 1801 号刑事判决的第一、二项，撤销北京市朝阳区人民法院（2017）京 0105 刑初 1801 号刑事判决的第三、四项，将在案扣押人民币、连同在案扣押的手机、摩托车之变价款按比例发还广发银行、中信银行、上海浦东发展银行股份有限公司、交通银行股份有限公司、华夏银行股份有限公司，不足部分责令侯某某、于某某退赔并发还上述银行，判决已生效。

【主要问题】

1. 冒用型信用卡诈骗犯罪与盗窃罪的区别？

2. 共同犯罪中缺乏直接证据情况下对于共犯如何认定？

【指导意义】

一、案件定性

（一）冒用型信用卡诈骗犯罪与盗窃罪的区别

本案被告人侯某某、于某某通过冒领邓某某等人办理银行信用卡，并骗得信用卡申请人的身份信息后，冒充信用卡申请人骗得银行开通信用卡，后持上述信用卡在北京某某公司等地购买苹果手机等商品并销赃的方式，共套取资金为人民币 52.6 万余元，给信用卡持有人、发卡银行造成了巨大损失。被告人侯某某、于某某有信用卡诈骗罪前科，主观上明知是他人信用卡而使用，销赃后赃款已挥霍，具有非法占有目的。

但对于其客观行为的定性，在审查过程中有两种意见：一种意见认为，被告人侯某某、于某某的行为系秘密窃取邓某某等人申办的信用卡开卡后再进行消费，邓某某等人主观上并不知道其信用卡已被他人盗取开卡，二被告人的行为应当认定为盗窃罪。另一种意见认为，被告人侯某某、于某某的客观行为符合刑法第 196 条第 1 款第（三）项"冒用他人信用卡"的规定，同时符合两高《关于办理妨害信用卡管理刑事案件具体应用法律若干问题的解释》第 5 条第 2 款第（三）项"窃取、收买、骗取或者以其他非法方式获取他人信用卡信息资料，并通过互联网、通讯终端等使用的"的规定，系冒用他人信用卡，构成信用卡诈骗罪。

我们同意第二种意见，理由如下：

第一，刑法第 196 条第 3 款规定"盗窃信用卡并使用的，依照本法第二百六十四条的规定定罪处罚"，即按照盗窃罪处罚，本规定属于立法拟制性规定。因为信用卡作为一种贷记卡，是在消费时先由银行与交易商户达成合意一方付款一方支付对价，被告人侯某某、于某某在作案商场服务台领取他人挂号信的行为并不等同于盗窃财物，要让信用卡的"额度"变为实际的钱财需要切实使用信用卡消费或取现才能算作真正占有他人财物。

第二，盗窃信用卡并使用的行为不构成牵连犯，也不构成盗窃罪的事后不可罚行为。如前所属，对于本案中所涉的信用卡，亦即贷记卡，单纯对其进行盗窃的行为一般并不构成犯罪，需要切实使用才构成犯罪，前后两个行为只有一个构成犯罪，不构成牵连犯，应属于两个有关联的独立犯罪。事后不可罚行为要求后行为与前行为侵犯的是同一法益，后行为因不会扩大侵犯法益的范围与程度而被前行为吸收。而冒用他人信用卡的行为与盗窃信用卡的行为（即使前盗窃信用卡的行为构成犯罪），所侵害的法益是不同的，盗窃侵害的是他人财产权，而冒用行为所侵害的不仅是他人财产权，还扰乱了金融管理秩序，后行为侵犯法益大于前行为侵犯的法益，不属于事后不可罚行为。

第三，冒用他人信用卡实际上是使付款方对消费方的身份审核发生错误的认识。对于贷记卡而言，身份信息在其使用中是重要的核心要素，如果持卡人与用卡人身份一致，则不会侵害任何法益（恶意透支型另论）。本案中被告人侯某某、于某某利用非法途径查知信用卡持卡人身份信息，并通过编辑短信的方式激活卡片，使被害银行对持卡人的身份认知产生错误，从而进一步错误处分了他人财产，属于典型的冒用行为，与盗窃信用卡行为有较大区别。

因此我们认为被告人侯某某、于某某的行为构成信用卡诈骗罪，而非盗窃罪。

（二）共同犯罪中无直接证据情况下对于共犯的认定

按照我国传统刑法理论，成立共同犯罪必须具备三个条件：第一，"共同犯罪的主体，必须是有两个以上达到刑事责任年龄、具有刑事责任能力的人或者单位"；第二，"构成共同犯罪必须二人以上具有共同的犯罪行为""各行为人所实施的行为，必须是犯罪行为，否则不可能构成共同犯罪"；第三，"构成共同犯罪必须二人以上具有共同的犯罪故意。"但是基于本案，由于被告人于某某拒不认罪，在缺乏言词证据的前提下对于共同犯罪中共犯的认定就值得考量。我们认为，法律是一门解释的学科，对于共犯的认定也可以有多种合理的解释。我们倾向于在审查中应当认识到共同犯罪是一种不法形态，不法就是从事法律禁止的行为。只有具备了以下两个条件，才能被认定为犯罪：其一，发生了违法事实（违法性）；其二，能够就违法事实进行非难（有责性）。在认定共同犯罪时，首先要判断参与人中谁的行为符合什么罪的构成要件，法益侵害结果由哪些人的行为造成。按照共犯从属性原理，应当以正犯为中心，先判断正犯，再判断其他参与人是否成立共犯。

同时，由于犯罪有既遂与未遂之分，因此在共同犯罪案件中，参与人是不是共犯人与参与人应否对法益侵害结果负责，是两个不同的问题。在判断共犯的同时要注意对于行为因果性进行进一步的判断。我国传统理论在论述共同犯罪的成立条件时，只要求二人以上具有共同的犯罪行为，既没有要求共犯行为与正犯结果之间具有因果性，也没有要求共犯行为与正犯行为之间具有因果性，基本上采取了这种抽象的危险说。然而这种抽象的危险说，没有区分可罚的帮助与不可罚的帮助，在实际案件审查过程中可能并不适用。对于本案涉及的帮助犯而言，要认定帮助犯应承担既遂的责任，就需要审查帮助行为与正犯结果之间是否存在因果性。

回到本案，被告人于某某虽然在案件审查过程中始终拒绝承认其犯罪行为，然而根据在案证据的审查，被告人侯某某、于某某基于自身生活需要，采取冒领他人信用卡消费并变卖消费所得商品换取资金的方式进行信用卡诈骗，其行为是不法的，被告人侯某某直接实施了冒领他人信用卡并利用非法手段查知的身份证号码从而激活他人信用卡的行为，符合我国刑法第196条第1款第三项的规定，构成信用卡诈骗罪。

被告人于某某拒不认罪，但是根据在案的被告人侯某某的口供，证人陈某甲、陈某乙的证言以及犯罪时租用车辆的行车轨迹记录等，能够判断其在本案中行为对于正犯结果的因果性，其行为为正犯的犯罪结果达成提供了便利，使正犯结果发生的危险性增大。针对于某某与侯某某的供述不一致的问题，应结合在案其他证据判断二人供述的真实性。

因此，关于本案中认定于某某犯罪的证据问题，虽然于某某拒绝承认实施犯罪。但有侯某某自始至终的供述均证实于某某参与犯罪，并提供部分证据，经核实与侯某某供述基本一致。侯某某供述于某某查询被害人的身份信息，是通过陈某甲、陈某乙查询，后二陈又介绍了杨某某。但于某某予以否认，不承认查询信息的事情。并称不认识杨某某。而陈某甲证实于某某找其查询个人信息，后将杨某某的电话给了于某某。杨某某是电信大楼发传单的，帮有需要的人办理业务。这与侯某某的供述是一致的（侯某某、陈某甲能够准确一致地说出"杨某某"）。侯某某供述作案后将手机卖给了陈某乙。于某某予以否认。陈某乙证言证实，于某某与一女子卖给其几部没有开封的苹果手机。虽然侯某某的供述与陈某乙的证言存在不一致的地方，但于某某销赃苹果手机的基本事实是一致的。侯某某供述作案后销赃时基本是于某某开车一起，因为怕被骗或被抢，其中几次是在朝阳某某场西侧。于某某予以否认。

但从调取的于某某租车的行车轨迹看，其中就有在朝阳某某场西侧的轨迹。与侯某某的供述一致。

在公安侦查到神州租车公司时，员工告诉了于某某。于某某与侯某某马上搬家，但于某某予以否认，称租房期限即将到期，所以搬走。上述事实有证人唐某某、司某某以证实。侯某某也证实了搬家的原因。

侯某某称每次作案得手后，打电话给于某某，有一小部分电话记录（大部分电话已被删除）显示侯某某作案得手后与于某某通过电话的时段，而且微信转账给于某某7万余元。

在最后一次作案中，于某某租车与侯某某共同作案。但于某某予以否认，这与客观事实、证据相悖，其辩解不符合情理。结合侯某某的供述与客观证据，能够证实最后这次于某某参与犯罪的事实。

综上，我们认定虽然于某某始终不承认犯罪，也没有直接证据予以证实。但侯某某的供述能够与其他证人证言、书证、鉴定意见等证据相互印证。这也充分证实了侯某某的供述是真实的。故，承办人认为侯某某、于某某的行为构成犯罪，于某某在共同犯罪中起着重要作用，系共同犯罪。

二、案件处理效果

本案定罪中存在罪与罪的辨析，可为案件正确定罪提供参考。在实际生活中在区分冒用他人信用卡和盗窃他人信用卡的行为时我们极易认为信用卡的持卡人为本罪的被害人，从而导致对两罪区分不清。实质上由于贷记卡使用的特殊性，本罪侵犯的其实是发卡行的财产权益，是基于犯罪嫌疑人的行为使银行对于持卡人身份产生错误认知而导致错误的财产处分行为，因此本案的情况认定为信用卡诈骗罪更为适宜。二审判决撤销一审判决部分事项，改将在案扣押赃款赃物变价退赔给被害单位的认定也证实了这一点。另外，在无二被告之一的言词证据的前提下，我们把握好共同犯罪认定的标准，从共同犯罪是一种不法形态的认识角度出发，明辨在共同犯罪中的不法与责任，明确以正犯为中心的审查思路同时兼顾参与人行为与正犯行为间的因果性辨析，认定被告人于某某构成犯罪，定罪起诉，最终得到了法院判决的认可，不枉不纵，维护了司法权威。

另，本案中杨某某等人存在涉嫌刑法第253条非法提供公民个人信息罪的可能，因其目前在逃，拟另案处理。

【相关法律规定】

一、中华人民共和国刑法（2017年修正）

第二十五条 【共同犯罪的概念】共同犯罪是指二人以上共同故意犯罪。

二人以上共同过失犯罪，不以共同犯罪论处；应当负刑事责任的，按照他们所犯的罪分别处罚。

第二十六条 【主犯】组织、领导犯罪集团进行犯罪活动的或者在共同犯罪中起主要作用的，是主犯。

……

第二十七条 【从犯】在共同犯罪中起次要或者辅助作用的，是从犯。

对于从犯，应当从轻、减轻处罚或者免除处罚。

第一百七十七条之一 【妨害信用卡管理罪】有下列情形之一，妨害信用卡管理的，处三年以下有期徒刑或者拘役，并处或者单处一万元以上十万元以下罚金；数量巨大或者有其他严重情节的，处三年以上十年以下有期徒刑，并处二万元以上二十万元以下罚金：

（一）……

（二）……

（三）使用虚假的身份证明骗领信用卡的；

（四）出售、购买、为他人提供伪造的信用卡或者以虚假的身份证明骗领的信用卡的。

第一百九十六条 【信用卡诈骗罪】有下列情形之一，进行信用卡诈骗活动，数额较大的，处五年以下有期徒刑或者拘役，并处二万元以上二十万元以下罚金；数额巨大或者有其他严重情节的，处五年以上十年以下有期徒刑，并处五万元以上五十万元以下罚金；数额特别巨大或者有其他特别严重情节的，处十年以上有期徒刑或者无期徒刑，并处五万元以上五十万元以下罚金或者没收财产：

（一）……

（二）……

（三）冒用他人信用卡的；

（四）……

盗窃信用卡并使用的，依照本法第二百六十四条的规定定罪处罚。

第二百六十四条 【盗窃罪】盗窃公私财物，数额较大的，或者多次盗窃、入户盗窃、携带凶器盗窃、扒窃的，处三年以下有期徒刑、拘役或者管制，并处或者单处罚金；数额巨大或者有其他严重情节的，处三年以上十年以下有期徒刑，并处罚金；数额特别巨大或者有其他特别严重情节的，处十年以上有期徒刑或者无期徒刑，并处罚金或者没收财产。

二、最高人民法院、最高人民检察院《关于办理妨害信用卡管理刑事案件具体应用法律若干问题的解释》（2018年12月1日起施行）

第三条 窃取、收买、非法提供他人信用卡信息资料，足以伪造可进行交易的信用卡，或者足以使他人以信用卡持卡人名义进行交易，涉及信用卡1张以上不满5张的，依照刑法第一百七十七条之一第二款的规定，以窃取、收买、非法提供信用卡信息罪定罪处罚；涉及信用卡5张以上的，应当认定为刑法第一百七十七条之一第一款规定的"数量巨大"。

第五条 使用伪造的信用卡、以虚假的身份证明骗领的信用卡、作废的信用卡或者冒用他人信用卡，进行信用卡诈骗活动，数额在五千元以上不满五万元的，应当认定为刑法第一百九十六条规定的"数额较大"；数额在五万元以上不满五十万元的，应当认定为刑法第一百九十六条规定的"数额巨大"；数额在五十万元以上的，应当认定为刑法第一百九十六条规定的"数额特别巨大"。

刑法第一百九十六条第一款第（三）项所称"冒用他人信用卡"，包括以下情形：

（一）……

（二）……

（三）窃取、收买、骗取或者以其他非法方式获取他人信用卡信息资料，并通过互联网、通讯终端等使用的；

（四）其他冒用他人信用卡的情形。

三、最高人民法院、最高人民检察院《关于办理侵犯公民个人信息刑事案件适用法律若干问题的解释》（自 2017 年 6 月 1 日起施行）

第一条　刑法第二百五十三条之一规定的"公民个人信息"，是指以电子或者其他方式记录的能够单独或者与其他信息结合识别特定自然人身份或者反映特定自然人活动情况的各种信息，包括姓名、身份证件号码、通信通讯联系方式、住址、账号密码、财产状况、行踪轨迹等。

第四条　违反国家有关规定，通过购买、收受、交换等方式获取公民个人信息，或者在履行职责、提供服务过程中收集公民个人信息的，属于刑法第二百五十三条之一第三款规定的"以其他方法非法获取公民个人信息"。

第九条　网络服务提供者拒不履行法律、行政法规规定的信息网络安全管理义务，经监管部门责令采取改正措施而拒不改正，致使用户的公民个人信息泄露，造成严重后果的，应当依照刑法第二百八十六条之一的规定，以拒不履行信息网络安全管理义务罪定罪处罚。

（北京市朝阳区人民检察院第二检察部　郭政宏）

非法获取他人信用卡信息在第三方支付平台使用的行为定性

——罗某某信用卡诈骗案

【关键词】

第三方支付平台　支付漏洞　冒用他人信用卡　侵犯公民个人信息

【基本案情】

经审查认定：

罗某某有长期在网上购买彩票的习惯，2013年8月至2014年7月，罗某某在通过"掌上汇通""帮付通"等第三方支付平台对自己的彩票网站账号进行充值时，发现部分彩票网站不用通过网银，而是直接输入信用卡卡号、密码后，再通过输入电话号码进行验证成功后即可对账号进行充值；且漏洞在于，不必输入信用卡在银行留下的对应电话号码而是其他电话号码就可以实现转账。罗某某通过长期充值发现了上述第三方支付平台存在的漏洞。信用卡钱款通过第三方支付平台如"掌上汇通"操作后，充值到彩票网站账号内，可以用于购买彩票，也可以不购买彩票而直接提现。罗某某掌握上述操作之后，便动了歪心思，企图通过他人银行卡来进行转账从而实现获利；后罗某某通过互联网以及QQ群组等，找到出售银行卡信息的人，利用这些信息通过"掌上汇通"等第三方平台进行充值，再提现到自己的银行账户以窃取别人的资金。

罗某某通过百度搜索"出售银行卡信息"，找到一名叫张某某（另案处理，因构成收买、非法提供信用卡信息罪被广东省湛江市检察院处理）的男子并与其开展合作，即让张某某提供信用卡信息（银行卡账号，银行卡支付密码，开卡人信息，开卡人身份证号），后在"360彩票网""乐和彩""彩票2元网""中彩汇"四家彩票网站（仅供述上述四家）注册账号，通过"掌上汇通"（机房所在地在北京市朝阳区酒仙北路某号某创新园）、"帮付通"第三方支付平台，使用张某某提供的信用卡信息对彩票账号进行充值，充值成功后在彩票网站进行消费并提现。

具体的充值取现过程如下：罗某某先使用电脑在"360彩票""乐和彩"等彩票网站上注册账号，再用手机下载上述网站的客户端（App），然后直接从客户端登录网站，点击充值选项，在充值界面输入张某某提供的银行卡卡主姓名、身份证号、银行卡号及密码等信息，之后界面会提示输入手机号，罗某某输入自己手机号码后收到网站发来的验证码（此时并不需要提供银行账户真正所有人在银行预留的手机号码），后将验证码输入就完成了使用他人银行卡内资金为其网站账户进行充值（流程中不需要网银操作）。其间，罗某某一般会充值三至四次，每次充值100元至3000元。罗某某采取了两种方式来避免被信用卡户主发现：一是在金额上，一次充值金额不大，仅为几百上千，从而来规避超过一定额度银行通知卡主导致卡主发现；二是在时间上，罗某某充值多选在凌晨夜深人静的时候，从而避免引起卡主的警觉。

罗某某采取上述手段冒用了共计19名卡主的信用卡进行充值，在彩票网站上消费了部分钱款后，将账户中剩余钱款提现至其事先在淘宝网购买的11张开户人为龙某、孙某某等人的银行卡中（这些卡是在网上购买，都是一些废弃不用但并没有注销的银行卡），后在ATM机上提取上述银行卡中的钱款，从而达到非法占为己有的目的。冒用及取现成功后，被告人罗某某将部分赃款8万余元作为好处费转账至张某某农行个人账户中，其余钱款用于个人消费。经司法会计鉴定，上述四个彩票网站罗某某共充值309915元。

北京掌上汇通科技发展有限公司等第三方支付公司先行垫付了在案受损失卡主的钱款，且及时修补了线上支付漏洞，提高了验证级别。

【诉讼过程和结果】

2014 年 3 月 24 日下午，北京掌上汇通科技发展有限公司到北京市公安局网安总队报案称，自 2013 年 5 月至今，多名用户银行卡被盗刷，后通过投诉要求赔付，该公司在此次网络案件中遭受重大经济损失，约合人民币 30 万元。北京市公安局于 2014 年 3 月 28 日立案侦查。

北京市朝阳区人民检察院于 2014 年 12 月 16 日以被告人罗某某构成信用卡诈骗罪提起公诉。北京市朝阳区人民法院于 2015 年 7 月 21 日判决认定被告人罗某某以非法占有为目的，冒用他人信用卡进行诈骗活动，数额巨大，构成信用卡诈骗罪，判处其有期徒刑 6 年，罚金 6 万元。被告人罗某某没有上诉，判决已生效。

【主要问题】

1. 非法获取他人信用卡信息在第三方支付平台使用的行为如何定性？
2. 冒用他人信用卡案件中上下游犯罪如何处理？

【指导意义】

一、案件定性

第一，被告人罗某某通过 QQ 的交友平台向犯罪嫌疑人张某某（另案处理）收买多个信用卡信息，并通过"掌上汇通""帮付通"的彩票网站第三方支付平台消费使用，为自己在"360 彩票""乐和彩""中彩汇""彩票 2 元网"的彩票网站的账号进行充值，在消费 30% 的额度之后，取现至在案扣押的被告人自述从淘宝网购买的用户为龙某、孙某某等人的 11 张银行卡中，后将赃款取出用于个人使用，给信用卡持有人造成损失。罗某某主观上明知是他人信用卡而使用，具有非法占有的目的，其客观行为符合刑法第 196 条第 1 款第（三）项"冒用他人信用卡"的规定，且符合两高《关于办理妨害信用卡管理刑事案件具体应用法律若干问题的解释》第 5 条第 2 款第（三）项"窃取、收买、骗取或者以其他非法方式获取他人信用卡信息资料，并通过互联网、通讯终端等使用的"的规定，数额巨大，构成信用卡诈骗罪。

第二，罗某某通过互联网获取到买卡的信息，以金钱购买的形式，一是向另案处理的犯罪嫌疑人张某某购买了大量信用卡信息，包括姓名、银行卡号、密码、身份证号码等十分完整的信息，并冒用这些信用卡从而利用第三方支付平台漏洞进行消费使用，在案证据显示卡主至少为19人之多；二是在成功将上述信用卡内钱款进行充值后，在取现之前，在互联网上购买到信用卡和该卡的持卡人姓名、取款密码等信息，将赃款取现至这些信用卡中，在案扣押的用于获取赃款的信用卡多达11张。罗某某收买信用卡信息，妨害信用卡管理秩序，符合我国刑法第177条之一第2款的规定，构成收买信用卡信息罪。

第三，根据2015年8月29日全国人大常委会《刑法修正案（九）》第17条对刑法第253条之一的修订，将该罪的特殊主体修改为一般主体，并在2017年6月1日正式施行的最高人民法院、最高人民检察院《关于办理侵犯公民个人信息刑事案件适用法律若干问题的解释》第4条中明确了"违反国家有关规定，通过购买等方式获取公民个人信息，属于刑法第253条之一第3款规定的'以其他方法非法获取公民个人信息'"。罗某某通过购买的方式非法获取了多名被害人的信用卡信息，符合该罪的构成要件，涉嫌侵犯公民个人信息罪。

二、三罪的关系

首先，收买信用卡信息罪与侵犯公民个人信息罪是特殊罪名与一般罪名的法条竞合关系，信用卡信息是公民个人信息非常重要的类型，根据刑法理论，法条竞合时特殊优于一般的原则，应认定罗某某构成收买信用卡信息罪。其次，收买信用卡信息罪与信用卡诈骗罪是手段与目的的牵连关系，被告人罗某某通过社交平台向他人购买信用卡信息，其手段行为符合收买信用卡信息罪的构成要件，后其利用该信息进行消费使用，其目的行为构成信用卡诈骗罪。手段与目的相互牵连，应择一重罪处罚，最终认定罗某某构成信用卡诈骗罪。

三、社会警示意义

本案中，罗某某的犯罪手段是网络时代电子银行风险防范的典型案例。一是体现了网上银行和第三方支付系统中存在的安全漏洞。罗某某之所以能够成功地冒用他人信用卡，就在于其发现了支付的"后门"，即只要输入银行卡信息，就可以获得验证码，验证码可以发给任何一个手机，而并不是该卡关联的在银行备案的特定手机，完成了验证之后，相当于第三方支付平台向银行发送了支付的指令，从而完成了信用卡的资金支出。从而体现第三方支付平台在安全验证方面存在监管不严的问题。二是体现了银行针对客户的资金保障体系存在不完善之处。罗某某在深夜作案是考虑这个时间段大部分人已经进入熟睡状态不会注意银行账户的钱款变化；其选择每次消费几百元、几千元的小数额则是考虑到银行或者被害人在开户之时，选择了账户资金小额免通知的功能。

本案定罪中存在法条竞合和想象竞合，可为案件正确定罪提供参考。罗某某为冒用他人信用卡而大量收买信用卡信息的手段，侵犯了公民个人信息、妨害了信用卡管理秩序，是一种具有可罚性的刑事犯罪；其最终冒用成功获得他人钱款，一方面是对被害人财产权益的损害，另一方面也破坏了正常的金融管理秩序。罗某某的行为环环相扣，所触犯的刑法保护的法益重重叠叠、相互交融。本案虽最终只认定一罪，但通过分析其构成的各罪之间的关系，更好地把握了此罪彼罪的区分、刑法竞合理论的正确适用和社会价值的最终选择。

近年来随着互联网金融的普及和"无现金支付"时代的到来，线上资金流转方式成为最主要的方式，一是互联网平台的安全验证和技术手段要不断提高，不断筑牢风险"防火墙"；二是司法机关要加大对"黑灰产业链"的打击和惩处，对于信用卡信息、公民个人信息等密切关系到每一个个人人身、财产安全的重要信息的保护，着重源头的防范、传播的阻断，采用多种监管手段净化互联网环境；三是社会普通民众要重视对自身信息和财产的保护，提高防范意识。本案在办理过程中，将案件中反映出来的社会问题以及检察官的提示撰写成《第三方支付平台漏洞应引起重视》一文，获得北京日报"检察官在线"专栏（2014年度）好新闻优秀奖；且通过北京广播电台等途径进行警示教育宣传，收到良好社会效果。

【相关法律规定】

一、中华人民共和国刑法（2017年修正）

第一百七十七条之一 【妨害信用卡管理罪】有下列情形之一，妨害信用卡管理的，处三年以下有期徒刑或者拘役，并处或者单处一万元以上十万元以下罚金；数量巨大或者有其他严重情节的，处三年以上十年以下有期徒刑，并处二万元以上二十万元以下罚金：

（一）明知是伪造的信用卡而持有、运输的，或者明知是伪造的空白信用卡而持有、运输，数量较大的；

（二）非法持有他人信用卡，数量较大的；

（三）使用虚假的身份证明骗领信用卡的；

（四）出售、购买、为他人提供伪造的信用卡或者以虚假的身份证明骗领的信用卡的。

【窃取、收买、非法提供信用卡信息罪】窃取、收买或者非法提供他人信用卡信息资料的，依照前款规定处罚。

银行或者其他金融机构的工作人员利用职务上的便利，犯第二款罪的，从重处罚。

第一百九十六条 【信用卡诈骗罪】有下列情形之一，进行信用卡诈骗活动，数额较大的，处五年以下有期徒刑或者拘役，并处二万元以上二十万元以下罚金；数额巨大或者有其他严重情节的，处五年以上十年以下有期徒刑，并处五万元以上五十万元以下罚金；数额特别巨大或者有其他特别严重情节的，处十年以上有期徒刑或者无期徒刑，并处五万元以上五十万元以下罚金或者没收财产：

（一）使用伪造的信用卡，或者使用以虚假的身份证明骗领的信用卡的；

（二）使用作废的信用卡的；

（三）冒用他人信用卡的；

（四）恶意透支的。

前款所称恶意透支，是指持卡人以非法占有为目的，超过规定限额或者规定期限透支，并且经发卡银行催收后仍不归还的行为。

【盗窃罪】盗窃信用卡并使用的，依照本法第二百六十四条的规定定罪处罚。

第二百五十三条之一 【侵犯公民个人信息罪】违反国家有关规定，向他人出售或者提供公民个人信息，情节严重的，处三年以下有期徒刑或者拘役，并处或者单处罚金；情节特别严重的，处三年以上七年以下有期徒刑，并处罚金。

违反国家有关规定，将在履行职责或者提供服务过程中获得的公民个人信息，出售或者提供给他人的，依照前款的规定从重处罚。

窃取或者以其他方法非法获取公民个人信息的，依照第一款的规定处罚。

单位犯前三款罪的，对单位判处罚金，并对其直接负责的主管人员和其他直接责任人员，依照各该款的规定处罚。

二、最高人民法院、最高人民检察院《关于办理妨害信用卡管理刑事案件具体应用法律若干问题的解释》（自 2009 年 12 月 16 日起施行）

第三条 窃取、收买、非法提供他人信用卡信息资料，足以伪造可进行交易的信用卡，或者足以使他人以信用卡持卡人名义进行交易，涉及信用卡一张以上不满五张的，依照刑法第一百七十七条之一第二款的规定，以窃取、收买、非法提供信用卡信息罪定罪处罚；涉及信用卡五张以上的，应当认定为刑法第一百七十七条之一第一款规定的"数量巨大"。

第五条 使用伪造的信用卡、以虚假的身份证明骗领的信用卡、作废的信用卡或者冒用他人信用卡，进行信用卡诈骗活动，数额在五千元以上不满五万元的，应当认定为刑法第一百九十六条规定的"数额较大"；数额在五万元以上不满五十万元的，应当认定为刑法第一百九十六条规定的"数额巨大"；数额在五十万元以上的，应当认定为刑法第一百九十六条规定的"数额特别巨大"。

刑法第一百九十六条第一款第（三）项所称"冒用他人信用卡"，包括以下情形：

（一）拾得他人信用卡并使用的；

（二）骗取他人信用卡并使用的；

（三）窃取、收买、骗取或者以其他非法方式获取他人信用卡信息资料，并通过互联网、通讯终端等使用的；

（四）其他冒用他人信用卡的情形。

三、最高人民法院、最高人民检察院《关于办理侵犯公民个人信息刑事案件适用法律若干问题的解释》（自 2017 年 6 月 1 日起施行）

第一条 刑法第二百五十三条之一规定的"公民个人信息"，是指以电子或者其他方式记录的能够单独或者与其他信息结合识别特定自然人身份或者反映特定自然人活动情况的各种信息，包括姓名、身份证件号码、通信通讯联系方式、住址、账号密码、财产状况、行踪轨迹等。

第四条 违反国家有关规定，通过购买、收受、交换等方式获取公民个人信息，或者在履行职责、提供服务过程中收集公民个人信息的，属于刑法第二百五十三条之一第三款规定的"以其他方法非法获取公民个人信息"。

第九条 网络服务提供者拒不履行法律、行政法规规定的信息网络安全管理义务，经监管部门责令采取改正措施而拒不改正，致使用户的公民个人信息泄露，造成严重后果的，应当依照刑法第二百八十六条之一的规定，以拒不履行信息网络安全管理义务罪定罪处罚。

（北京市朝阳区人民检察院第二检察部　林芝）

三

集资诈骗罪

集资诈骗案中非法占有目的如何认定

——张某某、刘某某集资诈骗案

【关键词】

非法占有目的认定　借新还旧行为认定　"消费创富"骗局

【基本案情】

经审查认定：

2015年10月至11月间，被告人张某某伙同被告人刘某某等人在北京市朝阳区某号某写字楼、某路某号某城等地，以非法占有为目的，以销售铭某某公司智能家居产品的名义，向社会不特定公众公开进行宣传，以投资入会可获得高额收益为由，诱使投资人缴纳会员费，骗取陆某某等40余名投资人的资金共计人民币200余万元。从涉案银行账户交易流水来看，集资款在张某某控制下的银行账户内，且最终转入张某某亲属名下的多个账户。

【诉讼过程和结果】

2015年11月25日，陆某某来北京市公安局朝阳分局朝阳经侦大队报案称，2015年10月，铭某某公司在朝阳区某某楼让投资人入单成为会员后并承诺返还产品和高额利息，在事主投资半个月后公司人去楼空，使投资人损失370800元人民币。2015年12月2日北京市公安局朝阳分局决定对铭某某公司涉嫌非法吸收公众存款立案侦查。

北京市公安局朝阳分局于 2017 年 3 月 30 日向朝阳区人民检察院移送审查起诉的犯罪被告人张某某、刘某某涉嫌非法吸收公众存款罪一案。朝阳区人民检察院审查后以被告人张某某、刘某某涉嫌集资诈骗罪，于 2017 年 9 月 25 日向北京市朝阳区人民法院提起公诉。2015 年 10 月至 11 月间，被告人张某某伙同他人在铭某某公司位于北京市朝阳区某号某楼、某路某号某城的办公场所内，借推介智能家居产品为名，向社会公众宣传所谓"消费创富模式"（又称会员奖励制度），以高额回报率鼓励他人通过加入公司会员的方式投资，即集资参与人投资钱款成为会员并按时间先后进入相应队列，当后加入会员满足一定人数则可收回本金并获取高额返利和智能家居产品。公司根据个人加入时间的先后顺序，通过"以新还旧"的方式向参与人支付投资回报，在较短时间内吸收钱款后逃匿。现有报案集资参与人 46 名，投资金额 300 万余元，给上述人员造成损失共计人民币 200 余万元。

在上述过程中，被告人刘某某，作为铭某某公司的讲师，通过公开向社会公众宣讲"消费创富模式"，参与吸收公众资金共计人民币 300 万余元。

北京市朝阳区人民法院经审理后认为：被告人张某某伙同他人，以非法占有为目的，不具有商品销售的真实内容，通过公开宣讲等方式招揽集资参与人，并承诺还本付息给予高额回报，向不特定社会公众集资后逃匿，数额特别巨大，其行为触犯了刑律，已构成集资诈骗罪。被告人刘某某违反国家金融管理法律规定，变相吸收公众存款，数额巨大，其行为已构成非法吸收公众存款罪。北京市朝阳区人民检察院指控被告人张某某犯集资诈骗罪的事实清楚、证据确实充分，指控罪名成立，但指控被告人刘某某犯集资诈骗罪证据不足，指控罪名有误，本院予以纠正。北京市朝阳区人民法院于 2017 年 12 月 28 日判决认定被告人张某某犯集资诈骗罪，判处有期徒刑 10 年 6 个月，剥夺政治权利 2 年，罚金人民币 20 万元；被告人刘某某犯非法吸收公众存款罪，判处有期徒刑 3 年，罚金人民币 10 万元。被告人张某某、刘某某不服，分别于 2018 年 1 月 5 日、2018 年 1 月 2 日提请上诉。北京市第三中级人民法院经审理后于 2018 年 2 月 9 日裁定维持原判。

【主要问题】

集资诈骗罪中非法占有目的在实务中究竟应如何认定？

【指导意义】

一、案件定性

在审理过程中，对于本案的定性有三种不同意见：

一是认定本案构成组织、领导传销活动罪[①]。是否构成本罪的焦点问题在于本案中的"二出一"模式是否符合司法解释中"其内部参与传销活动人员在 30 人以上且层级在 3 级以上的"规定。

二是认定本案构成集资诈骗罪[②]。认定是否构成本罪的焦点问题是犯罪嫌疑人是否具有非法占有的故意，并通过诈骗方法获取资金。

三是认定本案构成非法吸收公众存款罪。认定是否构成本罪的焦点问题是其运营模式是否属于司法解释中的"承诺在一定期限内以货币、实物、股权等方式还本付息或者给付回报"。

经过审查，我们认为该案中被告人向投资人宣传且实际使用的吸收资金的手段为——"缴纳会费成为会员既可以免费获得产品又可以返还本金并拿到高额收益"，具体模式为：缴纳一定会员费（1 万元、3 万元、5 万元）成为相应级别会员（普通会员、VIP 会员、至尊会员）后，便开始按入会先后顺序进行排队，一旦有两个新的会员入会后，排在第一位的会员则可以退出会员并获得相应的资金（1 万元获得 1.5 万元和 5000 元智能家居产品；3 万元获得 6.5 万元和 5000 元智能家居产品；5 万元获得 9 万元和 5000 元智能家居产品），之后的会员按照排位顺序依次类推。

---

① 组织、领导传销活动罪是以推销商品、提供服务等经营活动为名，要求参加者以缴纳费用或者购买商品、服务等方式获得加入资格，并按照一定顺序组成层级，并按照直接或者间接发展人员的数量作为计酬或者返利依据，引诱、胁迫参加者继续发展他人参加、骗取财物，扰乱经济社会秩序的传销活动。

② 根据刑法规定，以非法占有为目的，使用诈骗方法非法集资，数额较大的，处 5 年以下有期徒刑或者拘役，并处 2 万元以上 20 万元以下罚金。

分析可知，该种模式下投资的会员退出后所拿到的资金是其本金的 2 倍，即使扣除该 5000 元的智能家居产品，其收益率也高达 50%，远远高于市场上一般的借贷和普通项目投资的收益率，因此该收益资金必然是拿后入会的会员缴纳的资金抵扣，而不可能是通过将该资金实际投入项目取得的收益。并且，该模式也明确指出"进二出一"，实质上也指出了退出的会员所取得的资金的来源就是后入会会员缴纳的会费，只要不断有人加入会员，那么前面的会员就可以不断地退出并拿到相应的资金，被告人正是利用"我不会是最后一个"的心理，引诱投资人缴纳会费。

在本案中，投资人普遍称除了看到过智能家居产品的样品之外，从未见到过有实物的智能家居产品，拿到返利的投资人也称公司并未实际提供智能家居产品，因此被告人从中的获利实际上是将所承诺的退会可免费取得智能家居产品相对应的 5000 元钱。由此可知，整个案件中并不存在一个合法的投资项目，仅是投资人的资金在不断地进出，被告人则将承诺的产品价值 5000 元资金据为己有。另，根据投资人的表述，被告人将公司搬至大望路后的某日，公司员工将公司家具和智能家居产品的样品搬走后，就找不到该公司负责人了。综合上述证据，可以认定被告人张某某为该公司负责人，其以非法占有的故意，通过欺骗的手段诱使投资人缴纳会员费，从而骗取该些投资人的资金，应以集资诈骗罪定罪处罚。而刘某某作为该公司讲师，自己了解公司的销售模式并投资后，仍向社会公众宣传讲解该公司的投资模式，为该公司诈骗投资人钱款提供帮助，因此主观上也具有集资诈骗的故意，应以集资诈骗罪定罪处罚，但现有证据不能证明其账户中流入赃款，且其仅提供了帮助，应认定为从犯。综上，应以集资诈骗罪对犯罪被告人张某某和刘某某提起公诉。

然而朝阳区法院在审理过程中认为被告人张某某构成集资诈骗罪，被告人刘某某构成非法吸收公众存款罪。认为刘某某在以铭某某公司名义实施的非法集资过程中，负责投资模式的宣讲，其对于公司非法集资的模式具有明知，但在案缺乏证据证明刘某某知晓公司不会将智能家居产品交付集资参与人的事实，也不能证明其参与支配集资款项、知晓资金去向或其参与携款逃匿的过程，故无法认定其具有非法占有目的。刘某某通过介绍集资参与人、向集资参与人宣讲等行为参与了非法集资的过程，其行为符合非法吸收公众存款罪的构成要件。

经过评查，我们认为本案认定事实清楚，办案程序合法、规范，此案系检法对非法集资类案件中的从犯未参与支配集资款项的情形，能否认定其具有非法占有目的存在认识分歧，并因此导致案件定性分歧。承办人对于此案的定性问题有充分的论证，且提交检察官联席会讨论，理由如下：

1. 由本案的投资模式可知本案中无真实的投资项目

分析本案的投资模式，是以"后"补"前"，靠不断"接龙"维持的投资模式，因为资金是在资金池里滚动，投资人的本金和利息完全是靠后加入会员的投资来支付，而不是靠将该些资金交由被告人对外投资而产生的高额收益来支付，被告人也不是通过对外投资所得收益和支付投资人收益之间的利差而获取收入，而是明确告诉投资人直接从投资人收益中扣除"爱心基金"的方式获得收入。这种模式下，被告人获利不用通过对项目的投资或经营，只要通过不断吸纳新的资金进入即可。而在这个模式中，智能家居产品只是引诱投资人前来听取所谓"消费创富"投资模式的噱头，一旦投资人对这种模式感兴趣并投资，投资的动机便成为获取高额返利而并非为获取智能家居产品。综上，本案中根本不存在任何投资项目，被告人的非法所得就是从投资资金中扣除的"爱心基金"，而不是通过投资项目获利而得。

2. 由本案的投资模式可知被告人有诈骗的故意

从上述对投资模式的分析可知，只能是不断有新加入的投资人，先前的投资人才能够拿到高额返利从而退出，被告人才能获得相应的"爱心基金"和手续费，而投资人非常清楚自己投资后若想获利，只能是靠之后继续有会员加入并投资，而不是靠将资金投资到具体项目中进行盈利。而对于投资人，其自愿将该笔"爱心基金"交给公司是因为他们知道这笔钱是由后来的人的资金支付的，所以只要不断有资金进入，投资人就能不断获得高额回报，被告人就能不断获得"爱心基金"和手续费。因此，模式的创始人张某某和模式讲解员刘某某甚至整个投资活动的参与人都希望这个"击鼓传花"的游戏能够继续下去，而新加入的投资人不希望也不认为自己会成为最后的接盘人。所以从一开始，被告人就是以诈骗的故意去组织该投资活动，并利用投资人这种贪婪和侥幸的心理，骗取更多的投资人加入。直到他们获得巨额的"爱心基金"和手续费，造成巨大的资金亏空，致使投资活动难以为继。

3. 刘某某对投资模式进行推广可以反映出其诈骗的故意

由上述分析可知，整个投资模式的核心就是诈骗：让投资人相信自己不会成为最后一个，相信之后还会有更多的投资人进入，相信自己能够带着本金和两倍于本金的利息退出。了解该模式的运行本质就能够明白整个的投资活动就是一出骗局，而刘某某作为本案中专门从事投资模式培训和讲解的员工，不但向投资人讲解该模式，自己也进行了投资，因此刘某某非常清楚该投资模式的本质。而其向投资人进行讲解，则是将该投资模式进行推广，目的是让更多的投资人加入而维持这个骗局，让投资活动的组织者能够不断从中取得"爱心基金"和手续费，从而支付其高额工资；而其自己的投资行为也能反映出其希望之后有新的投资人加入从而使自己能够获得高额本息。因此，刘某某这种向投资人讲解投资模式的推广行为，对整个诈骗行为起到了重要的帮助作用，应该以诈骗罪的共犯来认定。

另，本案承办人在起诉前持此意见提交部门检察官联席会讨论，参会检察官一致认为本案应认定为集资诈骗罪，而刘某某作为模式讲解人，对犯罪行为起到了极大的帮助作用，应认定为集资诈骗罪的共犯。朝阳区人民检察院收到一审判决后，承办人认为法院认定事实有误，适用法律错误，量刑不准确，不同意法院判决，朝阳区人民检察院审判监督部亦认为被告人刘某某应知晓该公司所从事的是不可持续的经营行为，其从事讲师，诱使他人投资从而被骗的行为的定性存在争议，经向北京市人民检察院第三分院请示，鉴于刘某某所判刑期与其所得收入以及其在公司的位置，不建议抗诉。

综上所述，本案不能仅仅根据资金的实际去向来推断被告人是否有非法占有的故意，而应该深入分析被告人集资的手段和模式来分析被告人是否通过欺诈的行为获取被害人的财物。"非法占有目的"本就是行为人主观上的一种意图，只能通过客观的行为或事实进行推断，为了逃避法律的惩处，非法集资的模式和手段在不断翻新变化，此时如果仍循规蹈矩一味按照现有的司法解释中的"资金去向"等标准去判断被告人的非法占有目的，而非分析集资模式的本质去探究诈骗的故意，则无法体现出法律的价值所在，法律和司法解释中所设置的"兜底条款"也就失去原有的意义了。

二、集资诈骗罪中非法占有目的在实务中应如何认定？

本案中涉及的最关键的问题就是集资诈骗罪中非法占有目的在实务中应当如何认定，这也是非法吸收公众存款罪与集资诈骗罪区分的关键点。非法吸收公众存款罪，是指未经主管机关批准，面向社会公众吸收资金，出具凭证，承诺在一定期限内还本付息的行为。其是将出资人对金钱的所有权转移为真实的债权、股权，行为人承认这种债权、股权，并具有履行债务（还本付息）或给予回报的意思，且将所占有的资金用于可以实现或者打算实现出资人债权或股权的生产经营过程中，客观上表现为扰乱金融管理秩序。集资诈骗罪，是指使用诈骗方法非法集资，使社会公众基于对行为人的欺骗行为从而产生错误认识，将自己的钱款交付给行为人，并因此造成钱款损失后果的行为。其只是在表面形式上看似乎是将出资人对金钱的所有权转移为债权或股权，而实质上这些债权、股权均是虚构的。

在实践中，对于非法占有目的的认定一直是一个难点，我们在审查中也只能就实务案例的处理进行归纳和总结，提出一些自己的看法。我们认为，在对于非法占有目的的认定过程中，应当把握以下几个原则：

1. 主客观相结合。非法占有目的属于人的主观意识范畴，难以被人们直接感知和把握。但是，一个人的主观意识会通过其言行表现出来。因此，判断诈骗案件中的被告人有无非法占有目的，一是要看被告人供述，二是要看被告人实施的客观行为。但被告人供述具有易变性，供述是否可信，仍要看其供述与客观行为是否相符。因此，被告人有无非法占有目的，归根到底要根据其客观行为进行判断。

2. 多点一线，综合判断。所谓"点"就是看行为人在发起集资活动时所称的集资项目是否真实存在、在筹集资金的过程中向投资人承诺的投资回报是否符合一般商业规律的现实标准、查询资金去向，了解筹得资金是否用于融资者的生产经营活动，并关注用于生产经营活动的资金比例、关注到期后融资方是否有积极筹措资金返还债务的实际行为。所谓的"一线"是关注整个非法集资活动的综合表现，尤其要关注个案中具体的诈骗行为。

3. 关注个案集资行为的目的。在审查中，可以结合日常生活及商业常识，判断个案投资项目的可操作性，同时积极查找证据，判断行为人运营集资项目的实际成本及实际经营活动，并且关注集资人向投资人返还利息的来源，如果系无经营项目只是纯粹用新吸收的资金归还已到期的投资利息及本金，则可推定集资人具有非法占有目的。

三、案件处理效果

本案犯罪手段新颖，存在涉及多种罪名的可能性，在审查过程中，我们结合在案证据，积极调查讨论研究，并获得法院生效判决的认可，可以为今后类似案件的定性提供参考。现实生活中骗子们的作案手段日益高超，隐蔽性强，潜伏时间长，这就更需要广大司法工作者明辨案件性质，做到不枉不纵，同时也需要积极做好相关教育警示工作，向广大人民宣传普及非法集资类项目的危险性，从根本上预防此类案件的发生。

【相关法律规定】

一、中华人民共和国刑法（2017 年修正）

第一百七十六条 【非法吸收公众存款罪】非法吸收公众存款或者变相吸收公众存款，扰乱金融秩序的，处三年以下有期徒刑或者拘役，并处或者单处二万元以上二十万元以下罚金；数额巨大或者有其他严重情节的，处三年以上十年以下有期徒刑，并处五万元以上五十万元以下罚金。

单位犯前款罪的，对单位判处罚金，并对其直接负责的主管人员和其他直接责任人员，依照前款的规定处罚。

第一百九十二条 【集资诈骗罪】以非法占有为目的，使用诈骗方法非法集资，数额较大的，处五年以下有期徒刑或者拘役，并处二万元以上二十万元以下罚金；数额巨大或者有其他严重情节的，处五年以上十年以下有期徒刑，并处五万元以上五十万元以下罚金；数额特别巨大或者有其他特别严重情节的，处十年以上有期徒刑或者无期徒刑，并处五万元以上五十万元以下罚金或者没收财产。

二、最高人民法院《关于审理非法集资刑事案件具体应用法律若干问题的解释》（自 2011 年 1 月 4 日起施行）

第一条 违反国家金融管理法律规定，向社会公众（包括单位和个人）吸收资金的行为，同时具备下列四个条件的，除刑法另有规定的以外，应当认定为刑法第一百七十六条规定的"非法吸收公众存款或者变相吸收公众存款"：

（一）未经有关部门依法批准或者借用合法经营的形式吸收资金；

（二）通过媒体、推介会、传单、手机短信等途径向社会公开宣传；

（三）承诺在一定期限内以货币、实物、股权等方式还本付息或者给付回报；

（四）向社会公众即社会不特定对象吸收资金。

未向社会公开宣传，在亲友或者单位内部针对特定对象吸收资金的，不属于非法吸收或者变相吸收公众存款。

第二条 实施下列行为之一，符合本解释第一条第一款规定的条件的，应当依照刑法第一百七十六条的规定，以非法吸收公众存款罪定罪处罚：

（一）……

（二）……

（三）……

（四）不具有销售商品、提供服务的真实内容或者不以销售商品、提供服务为主要目的，以商品回购、寄存代售等方式非法吸收资金的；

（五）……

（六）……

（七）……

（八）……

（九）……

（十）……

（十一）其他非法吸收资金的行为。

第三条 非法吸收或者变相吸收公众存款，具有下列情形之一的，应当依法追究刑事责任：

（一）……

（二）……

（三）个人非法吸收或者变相吸收公众存款，给存款人造成直接经济损失数额在 10 万元以上的，单位非法吸收或者变相吸收公众存款，给存款人造成直接经济损失数额在 50 万元以上的；

（四）造成恶劣社会影响或者其他严重后果的。

具有下列情形之一的，属于刑法第一百七十六条规定的"数额巨大或者有其他严重情节"：

（一）个人非法吸收或者变相吸收公众存款，数额在 100 万元以上的，单位非法吸收或者变相吸收公众存款，数额在 500 万元以上的；

（二）……

（三）……

（四）造成特别恶劣社会影响或者其他特别严重后果的。

……

第四条 以非法占有为目的，使用诈骗方法实施本解释第二条规定所列行为的，应当依照刑法第一百九十二条的规定，以集资诈骗罪定罪处罚。

使用诈骗方法非法集资，具有下列情形之一的，可以认定为"以非法占有为目的"：

（一）集资后不用于生产经营活动或者用于生产经营活动与筹集资金规模明显不成比例，致使集资款不能返还的；

（二）肆意挥霍集资款，致使集资款不能返还的；

（三）携带集资款逃匿的；

（四）将集资款用于违法犯罪活动的；

（五）抽逃、转移资金、隐匿财产，逃避返还资金的；

（六）隐匿、销毁账目，或者搞假破产、假倒闭，逃避返还资金的；

（七）拒不交代资金去向，逃避返还资金的；

（八）其他可以认定非法占有目的的情形。

集资诈骗罪中的非法占有目的，应当区分情形进行具体认定。行为人部分非法集资行为具有非法占有目的的，对该部分非法集资行为所涉集资款以集资诈骗罪定罪处罚；非法集资共同犯罪中部分行为人具有非法占有目的，其他行为人没有非法占有集资款的共同故意和行为的，对具有非法占有目的的行为人以集资诈骗罪定罪处罚。

第五条 个人进行集资诈骗，数额在 10 万元以上的，应当认定为"数额较大"；数额在 30 万元以上的，应当认定为"数额巨大"；数额在 100 万元以上的，应当认定为"数额特别巨大"。

集资诈骗的数额以行为人实际骗取的数额计算，案发前已归还的数额应予扣除。行为人为实施集资诈骗活动而支付的广告费、中介费、手续费、回扣，或者用于行贿、赠与等费用，不予扣除。行为人为实施集资诈骗活动而支付的利息，除本金未归还可予折抵本金以外，应当计入诈骗数额。

三、最高人民法院、最高人民检察院、公安部《关于办理非法集资刑事案件适用法律若干问题的意见》（2014 年 3 月 25 日公布）

二、关于"向社会公开宣传"的认定问题

《最高人民法院关于审理非法集资刑事案件具体应用法律若干问题的解释》第一条第一款第二项中的"向社会公开宣传"，包括以各种途径向社会公众传播吸收资金的信息，以及明知吸收资金的信息向社会公众扩散而予以放任等情形。

三、关于"社会公众"的认定问题

下列情形不属于《最高人民法院关于审理非法集资刑事案件具体应用法律若干问题的解释》第一条第二款规定的"针对特定对象吸收资金"的行为，

应当认定为向社会公众吸收资金：

（一）在向亲友或者单位内部人员吸收资金的过程中，明知亲友或者单位内部人员向不特定对象吸收资金而予以放任的；

（二）以吸收资金为目的，将社会人员吸收为单位内部人员，并向其吸收资金的。

四、关于共同犯罪的处理问题

为他人向社会公众非法吸收资金提供帮助，从中收取代理费、好处费、返点费、佣金、提成等费用，构成非法集资共同犯罪的，应当依法追究刑事责任。能够及时退缴上述费用的，可依法从轻处罚；其中情节轻微的，可以免除处罚；情节显著轻微、危害不大的，不作为犯罪处理。

四、最高人民法院《全国法院审理金融犯罪案件工作座谈会纪要》（2001年1月21日颁布）

（三）关于金融诈骗罪

1. 金融诈骗罪中非法占有目的的认定

金融诈骗犯罪都是以非法占有为目的的犯罪。在司法实践中，认定是否具有非法占有为目的，应当坚持主客观相一致的原则，既要避免单纯根据损失结果客观归罪，也不能仅凭被告人自己的供述，而应当根据案件具体情况具体分析。根据司法实践，对于行为人通过诈骗的方法非法获取资金，造成数额较大资金不能归还，并具有下列情形之一的，可以认定为具有非法占有的目的：

（1）明知没有归还能力而大量骗取资金的；

（2）非法获取资金后逃跑的；

（3）肆意挥霍骗取资金的；

（4）使用骗取的资金进行违法犯罪活动的；

（5）抽逃、转移资金、隐匿财产，以逃避返还资金的；

（6）隐匿、销毁账目，或者搞假破产、假倒闭，以逃避返还资金的；

（7）其他非法占有资金、拒不返还的行为。但是，在处理具体案件的时候，对于有证据证明行为人不具有非法占有目的的，不能单纯以财产不能归还就按金融诈骗罪处罚。

3．集资诈骗罪的认定和处理：集资诈骗罪和欺诈发行股票、债券罪、非法吸收公众存款罪在客观上均表现为向社会公众非法募集资金。区别的关键在于行为人是否具有非法占有的目的。对于以非法占有为目的而非法集资，或者在非法集资过程中产生了非法占有他人资金的故意，均构成集资诈骗罪。但是，在处理具体案件时要注意以下两点：一是不能仅凭较大数额的非法集资款不能返还的结果，推定行为人具有非法占有的目的；二是行为人将大部分资金用于投资或生产经营活动，而将少量资金用于个人消费或挥霍的，不应仅以此便认定具有非法占有的目的。

（北京市朝阳区人民检察院第二检察部　郭政宏）

集资诈骗罪中关于非法占有目的的认定问题

——焦某某集资诈骗案

【关键词】

集资诈骗罪　非法吸收公众存款罪　非法占有目的　生产经营活动

【基本案情】

经审查认定：

被告人焦某某，男，1980 年 7 月 21 日出生，北京融大卓越财富投资管理有限公司董事长，因涉嫌非法吸收公众存款罪，于 2016 年 1 月 22 日被北京市公安局朝阳分局刑事拘留，于同年 2 月 24 日经北京市朝阳区人民检察院批准，于次日被北京市公安局朝阳分局逮捕。

被告人焦某某于 2013 年至 2016 年 1 月间，任北京融大卓越财富投资管理有限公司法定代表人、董事长，且为公司实际负责人。其以北京融大卓越财富投资管理有限公司的名义，未经有关部门依法批准，通过电话、传单、推介会等方式向社会公开宣传匹配债权理财项目，向投资人承诺返本并高额付息，与投资人高某某等人签订《出借咨询与服务协议》，非法吸收公众存款共计人民币两千余万元。

【诉讼过程和结果】

本案由北京市公安局朝阳分局侦查终结，以被告人焦某某涉嫌非法吸收公众存款罪，向北京市朝阳区人民检察院移送审查起诉。北京市朝阳区人民检察院于 2016 年 9 月 21 日依法以非法吸收公众存款罪提起公诉。公诉机关就上述指控移送的证据如下：1. 书证：北京融大卓越财富投资管理有限公司工商登记资料、焦某某银行账户记录、信用卡消费记录等；2. 证人孙某某等人证言；3. 投资人高某某等人陈述；4. 被告人焦某某的供述；5. 其他证明材料：到案经过等。对于公诉机关的指控，被告人焦某某辩解其行为不构成集资诈骗罪，系自首。辩护人的辩护意见为焦某某不具有非法占有的目的，吸收的资金用于公司经营，不构成集资诈骗罪。

经一审法院审理查明：被告人焦某某以举办讲座会、发放宣传单等方式对外公开宣传 P2P（债权匹配）理财产品，虚构借款人姓名、身份证号、借款金额、借款抵押、借款用途等债权信息并将虚假债权出售给高某某、吕某某等被害人，承诺年收益率 9% 至 24%，在此期间，融大卓越公司无真实经营活动且无收益来源。其以虚构的债权信息，吸收大量的公众资金，集资款又未用于其宣传的投资项目，致使集资款无法返还，数额特别巨大，其行为触犯了《中华人民共和国刑法》第 192 条的规定，构成集资诈骗罪。一审法院认定上述事实的证据有：被告人焦某某的供述、被害人的陈述、证人赵某某、郭某某、孙某某、张某某的证言、实物债权转让及受让协议、出借咨询与服务协议、资金成功对接确认书、对账单、POS 机签购单、债权回购协议、违约赔偿证明、"融大在线"平台交易记录、充值记录、借款协议、工商材料、网页资料查询、到案经过、勘验检查笔录、扣押决定书、扣押清单、常住人口基本信息等证据。

一审法院认为，被告人焦某某以虚构的债权信息，吸收大量的公众资金，集资款又未用于其宣传的投资项目，致使集资款无法返还，数额特别巨大，其行为已构成集资诈骗罪，依法应予惩处。2016 年 11 月 24 日北京市朝阳区人民法院依法判处被告人焦某某有期徒刑十四年，罚金四十万元。宣判后，原审被告人焦某某不服，提出上诉。上诉人焦某某的上诉理由是：其不构成集资诈骗罪，应以非法吸收公众存款罪定罪处罚。焦某某的辩护人的辩护意见是：焦某某非法吸收公众的资金主要用于公司经营，没有充分证据证明焦某某将资金非法占有归个人使用，一审认定焦某某构成集资诈骗罪系错误的，对焦某某应以非法吸收公众存款罪定罪处罚。

二审法院经审理查明：在二审法院审理期间，上诉人焦某某及其辩护人均未提出新的证据。原判认定的事实清楚，证据确实、充分。上诉人焦某某以虚构的债权信息，吸收大量的公众资金，集资款又未用于其宣传的投资项目，致使集资款无法返还，数额特别巨大，其行为已构成集资诈骗罪，依法应予惩处。对于焦某某及其辩护人的上诉理由，经查，根据被告人焦某某的供述、被害人的陈述、证人赵某某、郭某某、孙某某、张某某的证言及相关书证，足以证实焦某某以虚构的债权信息，以高额返利为诱饵，向社会不特定公众非法吸收资金，且集资款未主要用于生产经营活动，致使集资款无法返还的事实，其行为符合集资诈骗罪的构成要件，一审法院定性准确，故焦某某所提上诉理由及其辩护人的辩护意见不能成立，二审法院不予采纳，于2017年1月11日裁定驳回焦某某的上诉，维持原判。判决已生效。

【主要问题】

犯罪嫌疑人焦某某以虚构的P2P项目吸收公众资金，之后将资金用于偿还在前投资人的本息以及公司的员工工资、房租等方面，是否构成集资诈骗？

【指导意义】

一、案件定性

1.第一种意见认为，被告人焦某某的行为构成非法吸收公众存款罪。

根据最高人民法院《关于审理非法集资刑事案件具体应用法律若干问题的解释》第4条第2款第一项的规定："集资后不用于生产经营活动或者用于生产经营活动与筹集资金规模明显不成比例，致使集资款不能返还的"可以认定为"以非法占有为目的"。本案中被告人焦某某虽然通过虚构的P2P债权匹配来向不特定公众公开宣传，并吸收资金，但是其吸收资金主要用于偿还投资人的本金和利息，以及该公司的房租、员工工资等支出，这属于正常的经营行为，不能就此认定其主观上具有非法占有的故意。

2. 第二种意见认为，被告人焦某某的行为构成集资诈骗罪。

被告人焦某某以虚构的 P2P 项目来吸引社会公众资金后，并未有任何实质具有盈利预期的经营活动或者项目，投资人对收益的预期不是基于焦某某所经营的 P2P 公司的运营效果，而是基于焦某某向投资人承诺的 P2P 的项目方对项目运营的效果。因此焦某某将钱款用于自己非法吸存公司的运营属于犯罪成本的一部分，不应当认定为法律中所规定的"生产经营活动"。

二、评析意见

我们同意第二种意见，认为犯罪嫌疑人焦某某的行为构成集资诈骗罪。理由如下：

1. 非法吸收公众存款，是指非法吸收公众存款或者非法变相吸收公众存款，扰乱金融秩序的行为。在客观上表现为未经主管机关批准，面向社会公众吸收资金，出具凭证，承诺在一定期限内还本付息的活动，其扰乱的是金融管理秩序，钱款的去向应该是货币、资本的经营。

集资诈骗罪，是指以非法占有为目的，使用诈骗方法非法集资，数额较大的行为。即使用诈骗方法非法集资，行为人实施欺骗行为，使社会公众不特定人基于对行为人的欺骗行为产生的错误认识，实施了将自己的钱款交付给行为人的处分财产行为，从而造成钱款损失的后果。至于行为人是就事实进行欺骗，还是就价值进行欺骗，均不影响欺骗行为的性质，因此，对集资诈骗罪的"诈骗方法"只能进行实质的限定，而不可能穷尽其具体表现，不能人为地将集资诈骗罪的欺骗行为局限为集中特定的手段。[1]

非法吸收公众存款罪，是将出资人对金钱的所有权转移为真实的债权、股权，行为人承认这种债权、股权，并具有履行债务（还本付息）或给予回报的意思，且将所占有的资金用于可以实现或者打算实现出资人债权或股权

---

① 张明楷：《刑法学》，法律出版社 2016 年版，第 796 页。

的生产经营过程中，而集资诈骗则相反，只是在表面形式上有将出资人对金钱的所有权转移为债权或股权，而实质上这些债权、股权均是虚构的。[①]

2. 在本案中，如果认定犯罪嫌疑人焦某某构成非法吸收公众存款罪而不是集资诈骗罪，那么犯罪嫌疑人焦某某向投资人承诺的匹配债权，应当是真实的债权，而不是虚构的债权，更不应该是公司的房租、人员工资发放等事项。虽然最高人民法院 2010 年 12 月 13 日《关于审理非法集资刑事案件具体应用法律若干问题的解释》中第 3 条第 4 款规定"非法吸收或者变相吸收公众存款，主要用于正常的生产经营活动，能够及时清退所吸收资金，可以免予刑事处罚；情节显著轻微的，不作为犯罪处理"，但是，承办人认为本案中焦某某将吸收钱款用于公司房租、员工工资发放、偿还前期投资人本金及利息的行为并不属于该条规定的正常生产经营活动，理由如下：

（1）该条法律保护的是正常的民间借贷行为，而焦某某的行为已经构成了刑事犯罪。在我国，民营企业尤其是中小企业，想顺利通过银行这个单一途径，为自己的生产经营活动融资确实存在着种种现实中的困难，但是作为社会主义市场经济的重要组成部分，且是活跃的、能够为社会主义市场经济及建设作出贡献的，就会经常需要通过各种形式的民间借贷来搞活自己的企业，如果是真实的、合法的生产经营企业，是有资格利用自己的社会关系，在自己的关系网中进行正常的借贷行为，比如周围亲朋好友或者关系企业。而出借方往往也是基于该企业本身有实际的生产经营内容、产品、服务等可以在市场上出售的有形或者无形的商品，基于对借款方的信任及企业自身"商品"的回报期许，自愿承担出借资金风险，而将资金出借给对方。这是正常的民事行为，如果出现纠纷，即使有一定程度的欺诈行为，也仅为民事欺诈等纠纷，除非欺诈的程度已经属于刑事法律所调控的范围，构成了刑事犯罪。该司法解释也规定，如果超出了一定范围内的借贷，换句话说已经构成"向社会不特定人公开宣称、募集"等行为，则构成可能面临刑事处罚的非法吸收公众存款的行为，如果其危害性较小或极小，就应当免予或者不

[①] 张明楷：《刑法学》，法律出版社 2016 年版，第 798 页。

构成犯罪。

（2）本案中的投资人将金钱所有权交付给焦某某及其公司是基于其诈骗行为实施的。投资人并不是基于焦某某已经明确向投资人说明自己需要开立公司，公司本身的经营内容、模式、项目及收益预期促使投资人将钱款投于该公司的设立、经营，而是基于焦某某利用这个公司作为幌子，告诉投资人公司平台可以为投资人匹配有抵押、担保的无风险债权，其公司仅作为中介，将投资人的钱款作为贷款发放给需要使用资金的债务人，使投资人可以收到高于银行贷款利息的回报，投资人认为通过银行这个"中介"将自己的钱款借贷给他人，银行给的回报率比焦某某这个"中介"给的低，才将自己的钱款通过焦某某这个"中介""平台"发放出去，是基于焦某某为其匹配的"优质债权"的预期收益，而不是基于焦某某这个公司本身的运营内容、模式带来的预期收益投资的，试想如果焦某某及其公司向社会公众宣传称投资款是用于其自己公司的日常开销，那么还能有几个投资人愿意将钱款交付给焦某某及其公司？因此，焦某某将吸收来的钱款用于自己这个没有任何实质经营内容的公司日常开销，不但违背了投资人的意愿，且虚构事实进行了隐瞒和欺诈，已经构成集资诈骗而不仅仅是非法吸收公众存款。

（3）焦某某用新债还旧债的行为应当认定为集资诈骗罪中的欺诈行为。本案中焦某某向投资人宣传的理财产品均没有证据证明其真实存在且在合法经营，而是以高额返息的宣传方法，吸取投资人钱款，用来经营公司，开设分店，发放员工工资，并不是其公司宣传的中介平台仅收取中介佣金，也不是靠赚取佣金来维持公司经营，其设立及运营等成本均不是焦某某个人投资，而是来自投资人的钱款，且在前的投资人即使收到了本金及返息也是焦某某用在后的投资人的钱款去偿还的，而不是依靠正常经营收入偿还的。这种利用新投资人的钱来向老投资者支付利息和短期回报，以制造赚钱的假象进而骗取更多投资者的"拆东墙补西墙"的手段是典型的庞氏骗局。焦某某的公司一无营利模式，二无实体资产，仅仅采用"空手套白狼"的欺诈手段，是不可能存活长久的。投资者暂时得到的短期返利并不能长久维持，而一旦资金链断裂，投资者就会面临着血本无归的困境。这违背了投资者的意愿。涉案公司在对投资者宣传时虚构项目，采取欺骗的手段，使得投资人陷入了对项目和公司能够持久盈利或者有盈利可能性的错误认识，进而处分财产，进行投资，应当认定为使用诈骗的方法非法集资。

（4）焦某某将吸收钱款用于公司房租、员工工资发放的行为不应认定为"用于生产经营活动"。最高人民法院《关于审理非法集资刑事案件具体应用法律若干问题的解释》第3条第4款规定，"非法吸收或者变相吸收公众存款，主要用于正常的生产经营活动，能够及时清退所吸收资金，可以免予刑事处罚；情节显著轻微的，不作为犯罪处理"，这个规定是基于企业的正常生产经营活动能够创造价值，所以对于将所吸款项用在经营活动过程中的企业可以进行宽大处理和必要保护，因此，这里所指的"正常经营活动"应当理解为围绕着可以实现或者打算实现出资人债权的，涉及产品的物质创造及其销售、转移给买方和售后服务的企业生产经营基本活动。而本案中缴纳房租以及向销售人员发放工资的支出不应被归纳为企业生产经营基本活动的支出。一般来说，一个企业的生产经营活动应当是能够产生利润的，或者从长远来看，应当具备产生利润的可能性。然而在本案中，被告人焦某某的北京融大卓越财富投资管理有限公司以P2P金融业务来吸引投资者，无论是否具备相关资质，作为一家投资管理有限公司，其绝大部分的正常经营活动支出应当是用于P2P平台的运营管理和所宣传债权的匹配，而并非用于公司房租和高管及销售人员的工资。缴纳房租和发放工资对于公司利润的产生和价值的实现来说只是辅助活动，不应舍本逐末地认为此项支出是公司生产经营和盈利的基础。由此看来，依据最高人民法院《关于审理非法集资刑事案件具体应用法律若干问题的解释》第4条第2款的规定，使用诈骗方法非法集资，集资后不用于生产经营活动或者用于生产经营活动与筹集资金规模明显不成比例，致使集资款不能返还的，可以认定为"以非法占有为目的"。

综上，被告人焦某某以虚构的债权信息，吸收大量的公众资金，集资款又未用于其宣传的投资项目，致使集资款无法返还，构成集资诈骗罪。

【相关法律规定】

一、中华人民共和国刑法（2017 年修正）

第二十六条 【主犯】组织、领导犯罪集团进行犯罪活动的或者在共同犯罪中起主要作用的，是主犯。

三人以上为共同实施犯罪而组成的较为固定的犯罪组织，是犯罪集团。

对组织、领导犯罪集团的首要分子，按照集团所犯的全部罪行处罚。

对于第三款规定以外的主犯，应当按照其所参与的或者组织、指挥的全部犯罪处罚。

第一百七十六条 【非法吸收公众存款罪】非法吸收公众存款或者变相吸收公众存款，扰乱金融秩序的，处三年以下有期徒刑或者拘役，并处或者单处二万元以上二十万元以下罚金；数额巨大或者有其他严重情节的，处三年以上十年以下有期徒刑，并处五万元以上五十万元以下罚金。

单位犯前款罪的，对单位判处罚金，并对其直接负责的主管人员和其他直接责任人员，依照前款的规定处罚。

第一百九十二条 【集资诈骗罪】以非法占有为目的，使用诈骗方法非法集资，数额较大的，处五年以下有期徒刑或者拘役，并处二万元以上二十万元以下罚金；数额巨大或者有其他严重情节的，处五年以上十年以下有期徒刑，并处五万元以上五十万元以下罚金；数额特别巨大或者有其他特别严重情节的，处十年以上有期徒刑或者无期徒刑，并处五万元以上五十万元以下罚金或者没收财产。

二、最高人民法院《关于审理非法集资刑事案件具体应用法律若干问题的解释》（自 2011 年 1 月 4 日起施行）

第三条 ……非法吸收或者变相吸收公众存款，主要用于正常的生产经营活动，能够及时清退所吸收资金，可以免予刑事处罚；情节显著轻微的，不作为犯罪处理。

第四条 以非法占有为目的，使用诈骗方法实施本解释第二条规定所列行为的，应当依照刑法第一百九十二条的规定，以集资诈骗罪定罪处罚。

使用诈骗方法非法集资，具有下列情形之一的，可以认定为"以非法占有为目的"：

（一）集资后不用于生产经营活动或者用于生产经营活动与筹集资金规模明显不成比例，致使集资款不能返还的；

（二）肆意挥霍集资款，致使集资款不能返还的；

（三）携带集资款逃匿的；

（四）将集资款用于违法犯罪活动的；

（五）抽逃、转移资金、隐匿财产，逃避返还资金的；

（六）隐匿、销毁账目，或者搞假破产、假倒闭，逃避返还资金的；

（七）拒不交代资金去向，逃避返还资金的；

（八）其他可以认定非法占有目的的情形。

集资诈骗罪中的非法占有目的，应当区分情形进行具体认定。行为人部分非法集资行为具有非法占有目的的，对该部分非法集资行为所涉集资款以集资诈骗罪定罪处罚；非法集资共同犯罪中部分行为人具有非法占有目的，其他行为人没有非法占有集资款的共同故意和行为的，对具有非法占有目的的行为人以集资诈骗罪定罪处罚。

第五条 个人进行集资诈骗，数额在 10 万元以上的，应当认定为"数额较大"；数额在 30 万元以上的，应当认定为"数额巨大"；数额在 100 万元以上的，应当认定为"数额特别巨大"。

单位进行集资诈骗，数额在 50 万元以上的，应当认定为"数额较大"；数额在 150 万元以上的，应当认定为"数额巨大"；数额在 500 万元以上的，应当认定为"数额特别巨大"。

集资诈骗的数额以行为人实际骗取的数额计算，案发前已归还的数额应予扣除。行为人为实施集资诈骗活动而支付的广告费、中介费、手续费、回扣，或者用于行贿、赠与等费用，不予扣除。行为人为实施集资诈骗活动而支付的利息，除本金未归还可予折抵本金以外，应当计入诈骗数额。

（北京市朝阳区人民检察院第二检察部 刘叶青 王琳）

如何认定非法集资案件中的非法占有目的

——赵某某、解某某、刘某某集资诈骗案

【关键词】

非法占有目的　非法集资　非法吸收公众存款　集资诈骗

【基本案情】

2014年5月4日，被告人赵某某出资成立北京鼎鑫祥瑞资产管理有限公司，注册资本1000万元，公司性质有限责任公司（自然人独资），住所：北京市朝阳区某中路某号某幢某室。营业范围：投资管理，资产管理等。董某某（不在案）为法定代表人，执行董事。赵某某为监事。后经变更，赵某某任执行董事兼经理，刘某某任监事。2014年11月14日法定代表人变更为赵某某。公司未取得私募基金登记备案。

公司对外虚构贵金属（如黄金）现货、期货及股票交易等业务，以委托投资理财名义，承诺高额回报收益（刘某某称平均年化率80%，书证显示部分年化率达100%），通过吸收新老客户（含公司成立前嫌疑人任职其他公司客户）、中间人介绍客户并不定期推送理财产品信息等方式，与投资人签订《投资管理委托协议书》《委托投资管理协议书》，并以后续投资款用于前期投资人利息方式，持续收取不特定多数投资人投资款。

被告人赵某某为公司实际控制人，负责公司全面运作管理。被告人刘某某负责公司业务及财务等管理工作，包括发展和维护（公司成立前后）新老

客户、会计管理、投资返利等。被告人解某某虽非公司正式员工，但其以居间介绍的方式，为公司吸收大量客户（刘某某称公司95%以上的客户来源于该人），并收取公司一定比例提成（或提高本人10%投资回报率）及投资人给予的好处费（投资人称按利润的5%）。

该公司以上述名义骗取100余名投资人投资款5亿余元，其中，案发时未归还80余名被害人投资款共计人民币1.8亿元。刘某某投案前，其账户中有数千万元资金流出，到案后对集资钱款不能说明去向，以致巨额资金去向不明，且未退赔。

【诉讼过程和结果】

2016年3月28日，北京鼎鑫祥瑞资产管理有限公司业务经理刘某某向北京市公安局朝阳分局经侦大队投案，称朝阳区东三环某大厦2708室北京鼎鑫祥瑞资产管理有限公司以投资黄金现货、期货为名高额返利，销售总金额在一亿元左右，涉嫌非法集资。当日17时许，民警在朝阳区东三环某大厦2708室内，将涉嫌非法吸收公众存款罪的嫌疑人赵某某抓获。当日20时许，民警电话联系投资人解某某到大屯派出所制作笔录。在询问过程中，发现解某某在投资的同时，也帮助北京鼎新祥瑞公司发展客户，并从中获取提成。2016年3月28日，朝阳分局决定对鼎鑫祥瑞资产管理有限公司非法吸收公众存款案立案侦查。

北京市朝阳区人民检察院于2016年10月27日以被告人赵某某、刘某某等人涉嫌集资诈骗罪，移送北京市人民检察院第三分院审查起诉。北京市人民检察院第三分院于2017年3月20日以被告人赵某某、刘某某犯集资诈骗罪，解某某犯非法吸收公众存款罪起诉至北京市第三中级人民法院。法院认为，赵某某伙同刘某某成立鼎鑫祥瑞资产管理有限公司，二人明知该公司未经国家有关主管部门批准，无向不特定公众募集资金的资质，无真实对外投资项目的情况下，仍以非法占有为目的，虚构贵金属现货、期货及股票交易等业务，以投资可获得高额返利为诱饵，骗取众多被害人巨额钱款，并将各自分得的赃款用于个人消费等支出，最终造成被害人巨额经济损失无法偿还。

被告人刘某某、赵某某以非法占有为目的，采用诈骗方法非法集资，数额特别巨大，二人行为均已构成集资诈骗罪；被告人解某某违反国家金融管理法律规定，非法吸收公众存款，扰乱金融秩序，数额巨大，其行为已构成非法吸收公众存款罪。于 2017 年 11 月 2 日判决认定被告人赵某某、刘某某犯集资诈骗罪，判处无期徒刑，剥夺政治权利终身，并处没收个人全部财产。被告人解某某构成非法吸收公众存款罪，判处有期徒刑 6 年，并处罚金人民币10 万元。被告人刘某某、赵某某上诉后，北京市高级人民法院认为，根据赵某某在集资诈骗共同犯罪中的具体地位和作用，以及非法获利情况，综合衡量罪责，应与刘某某略作区分。故于 2017 年 12 月 28 日裁定维持对刘某某、解某某的判决，撤销原判决中对赵某某的量刑部分，改判赵某某犯集资诈骗罪，判处有期徒刑 14 年，剥夺政治权利 3 年，并处罚金 30 万元。

【主要问题】

如何认定非法集资案件中的非法占有目的？

【指导意义】

一、案件定性

本案由侦查机关以非法吸收公众存款罪移送审查起诉，经审查在案证据，北京市朝阳区人民检察院认为该案涉嫌集资诈骗罪，移送上级检察院审查起诉，并最终获判。主要基于以下几点理由：

1. 虚构理财项目，无实业支撑，无生产经营活动。北京鼎鑫祥瑞资产管理有限公司以黄金投资、期货交易等名义对外宣传并与投资人签订各类委托协议。现有证据显示，公司实际经营人赵某某供称案发时公司未取得私募基金许可，且无登记备案，公司成立以来无任何业务和具体项目。公司主管对外销售及财务的刘某某也称公司没有人做真实的黄金期货交易，公司也没有网站，就是签合同投资高额返利，收新投资人的款返还客户的款。解某某在供述中也称，赵某某曾亲口告诉其黄金理财项目是假的，公司后面收的钱没有用来做盘，而是用于填补前面的利息了。负责公司行政及数据分析的工作人员也证实公司自成立以来，只做过数据分析，没有做过黄金现货、期货交易。公司什么金融产品也没做。负责公司前台及部分行政业务的工作人员证实没有人来公司咨询或购买黄金、期货产品。且经比对公司对公账户，未发现有大额经营业务往来资金流。此外，众多投资人的证言及起获的投资委托协议书等在案证据，亦能够佐证公司虚构投资项目，且未将吸收的巨额投资款用于任何实体经营或项目。符合最高人民法院《关于审理非法集资刑事案件具体应用法律若干问题的解释》第4条第一项中，集资后不用于生产经营活动或者用于生产经营活动与筹集资金规模明显不成比例，致使集资款不能返还的情形。

2. 以明显不能兑付的巨额收益承诺吸收资金。本案中，刘某某负责公司的财务，包括资金收取、返利等，其到案后，供称虽然从公司实际控制人赵某某处知晓公司无任何实际投资项目及投资款以外的资金来源，仍坚持以高达年化50%至100%的高收益率持续收取投资人投资款，且不断以后续投资人投资款以平均80%的回报率向前期投资人返款，该部分事实与部分投资人证言及起获的投资委托协议书记载内容一致。赵某某虽不承认与投资人有直接资金往来，但称从刘某某处以"技术分析费"名义取得的二次分配利润高达50%。解某某虽不属公司在职员工，但其作为客户直接或间接投资人，从公司收取的回报率为50%，同时作为公司最大的业务介绍人（刘某某称公司95%以上客户来自该人），公司将其回报率提升至60%以上。嫌疑人通过上述夸大承诺、虚构项目的手段，吸收的大量投资人款项无法兑现，造成投资人巨额本金实际损失。符合《关于办理涉互联网金融犯罪案件有关问题座谈会纪要》第14条中，资金使用成本过高，生产经营活动的盈利能力不具有支付全部本息的现实可能性的情形，应当认定为集资诈骗罪。

3. 非法占有巨额投资款，拒不交代资金去向，逃避返还资金。经统计投资人合同、交易凭证等书证，并参照投资人证言，公司收取165名投资人57195.21万元投资款。刘某某则辩称，公司仅收取投资人款项约1亿元本金，且已用于返息及成本支出、中间商佣金等。称其本人及解某某从公司各自获利（提成）约 1000 万元。解某某根据客户投资额、投资期制定的返利表等相关书证或电子数据已获得巨额提成，但拒不交代资金实际去向。公司实际控制人赵某某供称其仅以"技术服务费"名义收取 700 余万元，且均已损失，拒不承认公司收取投资人钱款的事实，不交代资金去向。另据刘某某交代及部分投资人提交材料，刘某某投案前，有多笔高达四五千万元的资金出账，用于向解某某在内的少数"投资人"返本付息，并以夫妻财产分割（投案前离婚）或"欠款"名义向其前夫"还款"，涉嫌隐匿及转移巨额资金。符合最高人民法院《关于审理非法集资刑事案件具体应用法律若干问题的解释》第 4 条第五项中，抽逃、转移资金、隐匿财产，逃避返还资金的规定，应当以集资诈骗罪定罪处罚。

二、审理集资诈骗罪应注意的问题

是否具有非法占有目的，是正确区分非法吸收公众存款罪和集资诈骗罪的关键。对非法占有目的的认定，应当围绕融资项目真实性、资金去向、归还能力等事实、证据进行综合判断。行为人所吸收的资金大部分未用于生产经营活动，盈利能力与返利承诺明显不成比例，归还本息主要通过借新还旧来实现，在投案前转移财产，归案后拒不交代资金去向，造成数额巨大的募集资金无法归还的，可以认定具有非法占有的目的。

集资诈骗罪是近年来检察机关重点打击的金融犯罪之一。对该类犯罪，检察机关应着重从以下几个方面开展工作：一是强化证据审查。非法集资类案件由于参与人数多、涉及面广，受主客观因素影响，取证工作易出现瑕疵和问题。检察机关对重大复杂案件要及时介入侦查、引导取证。在审查案件中要强化对证据的审查，需要退回补充侦查或者自行补充侦查的，要及时退查或补查，建立起完整、牢固的证据锁链，夯实认定案件事实的证据基础。二是在法庭审理中要突出指控和证明犯罪的重点。要紧紧围绕集资诈骗罪构成要件，特别是行为人主观上具有非法占有目的、客观上以欺骗手段非法集资的事实梳理组合证据，运用完整的证据体系对认定犯罪的关键事实予以清晰证明。三是要将办理案件与追赃挽损相结合。检察机关办理相关案件，要积极配合公安机关、人民法院依法开展追赃挽损、资产处置等工作，最大限度减少人民群众的实际损失。四是要结合办案开展以案释法，增强社会公众的法治观念和风险防范意识，有效预防相关犯罪的发生。

【相关法律规定】

一、中华人民共和国刑法（2017 年修正）

第一百七十六条　【非法吸收公众存款罪】非法吸收公众存款或者变相吸收公众存款，扰乱金融秩序的，处三年以下有期徒刑或者拘役，并处或者单处二万元以上二十万元以下罚金；数额巨大或者有其他严重情节的，处三年以上十年以下有期徒刑，并处五万元以上五十万元以下罚金。

单位犯前款罪的，对单位判处罚金，并对其直接负责的主管人员和其他直接责任人员，依照前款的规定处罚。

第一百九十二条　【集资诈骗罪】以非法占有为目的，使用诈骗方法非法集资，数额较大的，处五年以下有期徒刑或者拘役，并处二万元以上二十万元以下罚金；数额巨大或者有其他严重情节的，处五年以上十年以下有期徒刑，并处五万元以上五十万元以下罚金；数额特别巨大或者有其他特别严重情节的，处十年以上有期徒刑或者无期徒刑，并处五万元以上五十万元以下罚金或者没收财产。

二、最高人民法院《关于审理非法集资刑事案件具体应用法律若干问题的解释》（2010 年 11 月 22 日公布）

第四条　以非法占有为目的，使用诈骗方法实施本解释第二条规定所列行为的，应当依照刑法第一百九十二条的规定，以集资诈骗罪定罪处罚。

使用诈骗方法非法集资，具有下列情形之一的，可以认定为"以非法占有为目的"：

（一）集资后不用于生产经营活动或者用于生产经营活动与筹集资金规模明显不成比例，致使集资款不能返还的；

（二）肆意挥霍集资款，致使集资款不能返还的；

（三）携带集资款逃匿的；

（四）将集资款用于违法犯罪活动的；

（五）抽逃、转移资金、隐匿财产，逃避返还资金的；

（六）隐匿、销毁账目，或者搞假破产、假倒闭，逃避返还资金的；

（七）拒不交代资金去向，逃避返还资金的；

（八）其他可以认定非法占有目的的情形。

集资诈骗罪中的非法占有目的，应当区分情形进行具体认定。行为人部分非法集资行为具有非法占有目的的，对该部分非法集资行为所涉集资款以集资诈骗罪定罪处罚；非法集资共同犯罪中部分行为人具有非法占有目的，其他行为人没有非法占有集资款的共同故意和行为的，对具有非法占有目的的行为人以集资诈骗罪定罪处罚。

第五条 个人进行集资诈骗，数额在 10 万元以上的，应当认定为"数额较大"；数额在 30 万元以上的，应当认定为"数额巨大"；数额在 100 万元以上的，应当认定为"数额特别巨大"。

单位进行集资诈骗，数额在 50 万元以上的，应当认定为"数额较大"；数额在 150 万元以上的，应当认定为"数额巨大"；数额在 500 万元以上的，应当认定为"数额特别巨大"。

集资诈骗的数额以行为人实际骗取的数额计算，案发前已归还的数额应予扣除。行为人为实施集资诈骗活动而支付的广告费、中介费、手续费、回扣，或者用于行贿、赠与等费用，不予扣除。行为人为实施集资诈骗活动而支付的利息，除本金未归还可予折抵本金以外，应当计入诈骗数额。

三、《关于办理涉互联网金融犯罪案件有关问题座谈会纪要》（2017 年 6 月 1 日发布）

（二）集资诈骗行为的认定

14. 以非法占有为目的，使用诈骗方法非法集资，是集资诈骗罪的本质特征。是否具有非法占有目的，是区分非法吸收公众存款罪和集资诈骗罪的关键要件，对此要重点围绕融资项目真实性、资金去向、归还能力等事实进行综合判断。犯罪嫌疑人存在以下情形之一的，原则上可以认定具有非法占有目的：

（1）大部分资金未用于生产经营活动，或名义上投入生产经营但又通过各种方式抽逃转移资金的；

（2）资金使用成本过高，生产经营活动的盈利能力不具有支付全部本息的现实可能性的；

（3）对资金使用的决策极度不负责任或肆意挥霍造成资金缺口较大的；

（4）归还本息主要通过借新还旧来实现的；

（5）其他依照有关司法解释可以认定为非法占有目的的情形。

15. 对于共同犯罪或单位犯罪案件中，不同层级的犯罪嫌疑人之间存在犯罪目的发生转化或者犯罪目的明显不同的，应当根据犯罪嫌疑人的犯罪目的分别认定。

（1）注意区分犯罪目的发生转变的时间节点。犯罪嫌疑人在初始阶段仅具有非法吸收公众存款的故意，不具有非法占有目的，但在发生经营失败、资金链断裂等问题后，明知没有归还能力仍然继续吸收公众存款的，这一时间节点之后的行为应当认定为集资诈骗罪，此前的行为应当认定为非法吸收公众存款罪。

（2）注意区分犯罪嫌疑人的犯罪目的的差异。在共同犯罪或单位犯罪中，犯罪嫌疑人由于层级、职责分工、获取收益方式、对全部犯罪事实的知情程度等不同，其犯罪目的也存在不同。在非法集资犯罪中，有的犯罪嫌疑人具有非法占有的目的，有的则不具有非法占有目的，对此，应当分别认定为集资诈骗罪和非法吸收公众存款罪。

16. 证明主观上是否具有非法占有目的，可以重点收集、运用以下客观证据：

（1）与实施集资诈骗整体行为模式相关的证据：投资合同、宣传资料、培训内容等；

（2）与资金使用相关的证据：资金往来记录、会计账簿和会计凭证、资金使用成本（包括利息和佣金等）、资金决策使用过程、资金主要用途、财产转移情况等；

（3）与归还能力相关的证据：吸收资金所投资项目内容、投资实际经营情况、盈利能力、归还本息资金的主要来源、负债情况、是否存在虚构业绩等虚假宣传行为等；

（4）其他涉及欺诈等方面的证据：虚构融资项目进行宣传、隐瞒资金实际用途、隐匿销毁账簿；等等。司法会计鉴定机构对相关数据进行鉴定时，办案部门可以根据查证犯罪事实的需要提出重点鉴定的项目，保证司法会计鉴定意见与待证的构成要件事实之间的关联性。

17.集资诈骗的数额，应当以犯罪嫌疑人实际骗取的金额计算。犯罪嫌疑人为吸收公众资金制造还本付息的假象，在诈骗的同时对部分投资人还本付息的，集资诈骗的金额以案发时实际未兑付的金额计算。案发后，犯罪嫌疑人主动退还集资款项的，不能从集资诈骗的金额中扣除，但可以作为量刑情节考虑。

（北京市朝阳区人民检察院第二检察部　张美惠）

四

非法经营罪

以替投资人从事买卖期货活动为名募集资金构成非法吸收公众存款罪还是非法经营罪

——金某某非法经营案

【关键词】

非法买卖期货　非法经营罪　非法吸收公众存款罪　犯罪竞合

【基本案情】

经审查认定：

2001年7月至2006年7月金某某在某甲银行展览路支行担任个人客户经理，2006年7月至2011年7月在某乙银行北京分行财富管理中心工作。后其个人成立北京金煜铭秋投资顾问有限公司。但根据中国证券监督管理委员会北京监管局向北京市公安局朝阳分局出具的《关于金某某从事代客境外操作期货行为认定意见的函》，中国证监会及该局未核准个人期货资产管理业务资格，金某某未取得期货从业人员资格，因此金某某个人无经营期货等金融业务的资格，其实际经营的北京金煜铭秋投资顾问有限公司也无经营金融业务的资格。金某某在银行一开始是做外汇业务，后来和一些客户双方达成合意，金某某帮客户以个人名义操作外汇，就是客户把钱给金某某，由其来操盘，获得收益双方分成，而不是客户把钱交给银行。这种私下给客户买卖投资的行为银行不允许，钱都投资外汇期货和国内A股市场。客户一开始投资的金额较少，盈利都很好，而且金某某初期许诺的回报都如期兑现了，于是客户就逐渐加大投资金额。

回报方面，有的承诺月回报率 3%，3 个月 15%—27% 不等，1 年 40%，如果金某某操盘后的收益高于这些比例的部分就算金某某个人所得。协议有两种，一种签的是投资协议，另一种是借款协议。这两种形式是根据客户的要求来定，如果是投资协议就对于内容回报写得比较明确，如果是借款协议就写上期限，借款金额写成到期应给付的本息金额。

具体操作上，对于国际市场的外汇期货交易，金某某是通过网络填报在英国福汇（FSCM）外汇交易商处开户，关联了其在我国香港地区的银行账户，下载交易商的交易软件，在电脑上进行实时交易。客户将钱打入金某某国内的账户内，然后金某某再换成美金，在交易时以美金结算；炒股票方面，钱还是在客户证券公司的账户里，金某某和客户签完借款或理财协议后，客户把账号密码告诉金某某，金某某把密码修改以后进行操作，修改后的内容不告知客户，只是到期后连本付息给客户结算。

2007 年至今，金某某在北京市朝阳区冠城大厦 1709 号内，通过许诺高息返利，以个人名义与他人签订《理财协议》《个人借款协议》等形式，先后收取郗某某、王某某等 20 余人投资款获取投资后代为经营股票或将资金用于投资期货等领域，非法经营额共计人民币约 4.79 亿元、港元 2960.1 万元、美元 1030 万元、欧元 220 万元。但经营后期，金某某便主要以后期客户所投本金弥补前期客户到期的本金及收益，最终导致资金链断裂，不能按照约定还本付息。

金某某于 2012 年 12 月 5 日向公安机关投案自首。

【诉讼过程和结果】

金某某于 2012 年 12 月 5 日 18 时许到北京市公安局朝阳分局太阳宫派出所主动投案。2013 年 6 月 7 日北京市公安局朝阳分局以金某某构成非法吸收公众存款罪向北京市朝阳区人民检察院移送审查起诉，北京市朝阳区人民检察院于 2013 年 11 月 25 日以被告人金某某构成非法经营罪向北京市朝阳区人民法院提起公诉。北京市朝阳区人民法院于 2015 年 2 月 2 日判决认定被告人金某某构成非法经营罪，判处其有期徒刑 12 年，罚金 120 万元。

【主要问题】

1. 以委托理财的方式吸收资金并非法用于从事证券、期货业务的行为如何认定？

2. 非法吸收公众存款罪与非法经营罪之间的区分？

3. 签订借款协议的部分是否应属于民间借贷纠纷？

4. 单位犯罪如何认定？

【指导意义】

一、案件定性

（一）分歧意见

第一种意见认为，应当认定为非法吸收公众存款罪。金某某实际上就是以投资理财为名向他人非法吸收资金，金某某通过朋友介绍、口口相传等方式向不特定人进行宣传，同时还成立了公司方便向他人宣传以及自己进行投资理财活动，向金某某投资的人员的投资款亦是通过向他人募集而来，在案两种协议均约定了固定的收益并承诺保本，金某某初期将部分钱款用于炒外汇、期货，但后期基本上就是用后加入的投资人的钱还前面急需兑付的投资人的利息，故符合非法吸收公众存款罪所具备的非法性、公开性、利诱性和社会性的要求，构成非法吸收公众存款罪。

第二种意见认为，构成集资诈骗罪。金某某将大量投资人的投资款用于炒期货、外汇、股票等高风险投资，承诺的高额本息难有保障，后期更是直接"借新还旧"，属于典型的"庞氏骗局"，并且最终也造成了投资人的巨大损失，使用了诈骗手段，具有非法占有目的，应当认定为集资诈骗罪。

第三种意见认为，应当认定为非法经营罪。金某某无从事期货业务资格，所在北京金煜铭秋投资有限公司也无期货业务经营资质，但其仍违反《证券法》的相关规定，通过朋友介绍与投资人签订巨额的理财协议和借款协议，替投资人从事买卖期货等证券业务，构成非法经营罪。

（二）评析意见

我们同意第三种意见。

第一，客观上，被告人金某某无从事期货业务资格，所在北京金煜铭秋投资有限公司也无期货业务经营资质，但其仍通过朋友介绍与投资人签订巨额的理财协议和借款协议，替投资人从事买卖期货等证券业务，并约定给予投资人固定的高额回报（不计盈亏）。违反了《证券法》第169条、第170条、第171条第（一）、（二）项之规定"投资咨询机构及其从业人员从事证券服务业务不得有下列行为：（一）代理委托人从事证券投资；（二）与委托人约定分享证券投资收益或者分担证券投资损失……"。属于违反法律规定，从事证券经营业务。

第二，主观上，金某某明知自己没有从事相关业务的资质，仍大量从事该业务并致使大额资金亏空，具有直接故意。

第三，公开性方面，公开性是指通过媒体、推荐会、传单、手机短信、微信等途径向社会公开宣传与传播，旨在使社会公众知晓。其中包括主动公开对外散布，也包括被动公开，甚至包括口口相传的集资形式等。最高人民法院《关于审理非法集资刑事案件具体应用法律若干问题的解释》（以下简称《解释》）将是否进行公开宣传作为判断非法集资的重要依据。本案中，金某某并未通过推介会、手机、广告等形式向社会公众进行推广宣传，现有证据能够证明被告人金某某主要是通过自己以前在银行工作积累的客户以及同事关系吸引资金，至案发时也只有20余人，对象基本是限定的。对于这些客户从其他人处筹集的资金，因金某某并未直接参与，也未有证据显示其主观明知并予以放任，故不符合非法吸收公众存款罪中公开性的特征。

第四，金某某与投资人之间实质上约定投资的是国家规定专营的证券业务，不能仅从借款协议等进行表面认定。

第五，即使同时构成非法吸收公众存款罪与非法经营罪，根据想象竞合择一重处的原则，也应当认定为非法经营罪。

第六，从在案的书证可以看出，金某某投入证券及期货交易的资金规模与其同期所吸收到位的资金规模基本相符，其供述的资金的用途与去向同金融机构出具的相关书证也基本能够相互印证；从在案的银行转账资料也可以看出其对投资人有持续性的、频繁的返款，并且一直持续到其投案的前几日均对投资人有高额的返款。根据行为与责任同在的原则，对于非法占有目的的判断应当坚持主客观相一致的判断标准，故在现有证据下不宜单纯根据最终形成的损失结果就推定被告人金某某在从事吸收资金行为之时就具有诈骗的非法占有目的，故不构成集资诈骗罪。

综上，被告人金某某未经国家有关主管部门批准，非法从事证券、期货业务，情节特别严重，其行为已构成非法经营罪。

二、其他相关问题

（一）委托理财与非法集资的界限

从学术专业性的角度来说，委托理财不是一个法律方面的学术概念，而是一个经济活动领域中的习惯称谓。正规的委托理财一般是指投资人委托证券公司或者投资公司对其投入的资产进行有效管理与市场运作，从而实现客户资产最大化的保值增长。从投资人（即客户）的角度看，这是一种间接投资行为；从证券公司或投资公司的角度来看，这是其日常开展的一项基本业务活动，也就是人们俗称的"证券投资"。此时，投资人与证券公司（或投资公司）之间是民法上的委托关系，是基于委托合同建立起来的民事法律关系。当然，这些证券公司（或投资公司）必须具备能够开展委托理财业务的相关资质，不仅要主体合法，其实际业务活动具体实施也要符合《证券法》《信托法》等法律法规的相关规定。

证券公司（或投资公司）开展委托理财有着严格的法律要求与操作规程。一般根据法律法规及与投资人约定，只能对客户资产在证券市场进行股票、债券等金融产品的组合投资。特别要着重强调的是，在委托理财活动中，投资风险是由投资人（即客户）自行承担的。这也进一步表明了，委托理财本来就是一种经济生活中的民事行为，正规合法的委托理财行为理应依靠民事法律规范的调整。委托理财实质上是一种民法中的代理行为，代理行为的结果（收益及风险）归属于被代理人。证券公司（或投资公司）是以投资人的名义开展理财业务活动的，委托行为自始至终都体现的是客户（即投资人）的意志。

据此，受托方抑或称代理人证券公司（或投资公司）开展委托理财行为所产生的收益及风险当然归属于委托人抑或称被代理人投资人。而这恰好与民法中委托代理法律关系相契合。当然，根据委托合同中双方权利义务的分配来看，受托方证券公司（或投资公司）可以收取佣金。

可是司法实践中，一些证券公司（或投资公司）为解决其自身资金短缺的困难，而对客户承诺保底付息、利用集中起来的客户资金用于自身其他用途，从而进行资本运作。这种情形虽然行为人主体合法，但其行为是可能构成非法吸收公众存款罪的。这种对客户承诺保底付息的行为实质上是将投资风险转移到证券公司（或投资公司）身上，从而对客户形成巨大的诱惑与吸引，诱使大量投资人将资金投向证券公司（或投资公司）。对此，我国《证券法》有着明确的规定，"证券公司不得以任何方式对客户证券买卖的收益或者赔偿证券买卖的损失作出承诺"。当然，从《证券法》立法的角度考虑，此法条是为保护证券市场的良好秩序，防止出现证券公司之间的恶性竞争，创造一个合法、健康、公平的竞争环境。但可以肯定的是，证券公司对客户作出保底付息承诺的行为首先是一种违反法律的不正当竞争行为，而是否构成刑事犯罪（非法吸收公众存款罪）尚存争议，还需结合具体犯罪构成要件以及相关司法解释来认定。事实上，证券市场环境往往瞬息万变，投资风险很大，证券公司是没有能力去保证投资一定会获益的，一旦投资失败，其标榜的承诺也是很难兑现的。证券公司承诺保底付息的违规开展业务行为常常游走在一般行政违法与非法集资刑事犯罪的边缘。

（二）非法经营罪与非法吸收公众存款罪的界分

非法经营罪与非法吸收公众存款罪一样，也是比较"著名"的"口袋罪"。非法经营罪虽与非法吸收公众存款罪同属刑法破坏社会主义市场经济秩序罪一章，但非法经营罪属于本章罪名第九节扰乱市场秩序罪一节，而非法吸收公众存款罪则属于第五节破坏金融管理秩序罪一节。据此也能看出两罪的法益有着较为明显的区别，前者法益范围（市场秩序）囊括较大，而后者主要侧重金融领域。非法经营罪也是比较典型的法定犯，以违反国家规定为前提（要件）。"没有违反国家规定的，即使在某种意义上属于非法经营，也不得认定为本罪。"有关非法经营罪的司法适用，则主要是通过近些年来的单行立法与司法解释来具体认定的。非法经营罪所罗列规定的四类行为中，也只有"未经国家有关主管部门批准非法经营证券、期货、保险业务的，或者非法从事资金支付结算业务"这一行为类别与非法吸收公众存款罪有着更为密切的关联。诚然，非法吸收公众存款的行为本身也属于违反国家规定非法经营的行为。但按照特别法优于普通法的一般适用规则，对此行为还是应按照非法吸收公众存款罪定罪处罚。但事实上，并非在非法吸收公众存款行为案件中就排除了非法经营罪适用的可能。诚如上述所言，对非法吸存等非法从事资金支付结算业务行为应按特别法优于普通法的原则适用非法吸收公众存款罪，但实践中存在着部分此种类型的个案，单纯适用非法吸收公众存款罪难以对案件整体行为进行全部评价。除了本案中的情况外（但本案关于公开性、社会性的认定方面存在较大争议，是否同时构成非法吸收公众存款罪存在疑问），再如，实践中行为人前期非法吸收公众存款之后又向不特定社会公众放贷，收取高额利息，从而赚取利息差价非法牟利。倘若此时行为人的后续放贷行为情节恶劣并达到一定严重程度（已经突破了单纯的民事借贷法律行为），而被相关行政部门认定为类如"非法从事资金支付结算业务"的行为，那么此时行为人的放贷行为就已经触犯非法经营罪。需要注意的是，此处行为人后续的放贷行为不是一般的放贷行为，而是向社会上不特定公众放贷，并且已经达到了一定严重程度，此处的行为人一般也多是单位，行为人的放贷已趋于公司化、业务化、专业化、规模化、集团化，而非单纯意义上的民间借贷行为。若此时仍按照一般的非法吸存案件单纯认定为非法吸收公众存款罪俨然是不适宜的，因为这样就没有对后续的非法经营行为进行评价而有悖罪责刑相一致原则。对此种类型案件的定性仍存争议。笔者不赞成认定非法吸收公众存款罪与非法经营罪数罪并罚的观点。因为运用"事后不可罚"的原理，行为人前期非法吸存违法行为所造成的危害结果已经固定，对行为人之后对吸收资金的处置已不可罚。对此原因分析，仍值得商榷。此行为人后续放贷行为（达到一定严重程度）已经侵犯了新的法益，从刑法意义上考虑，已不得不评价。因此，既然数罪并罚不合理，笔者认同对行为人全部行为认定非法经营罪一罪定罪处罚。非法经营罪本身法定刑要高于非法吸收公众存款罪，认定非法经营罪一罪既能对行为人前后行为进行整体评价，又能做到罪责刑相一致，做到量刑适当，因此此种类型的案件应予以认定非法经营罪一罪，这样的定性更为适宜。

（三）本案中签订借款协议的部分与签订理财协议的部分是否区别认定

笔者认为，关于个人借款协议部分不是民间借贷关系，也非民事合同关系，而是与《理财协议》一样的刑事犯罪。虽然名为借款协议，但鉴于金某某融资的目的就是用于理财投资的违法活动，且借款人明知，这从部分投资人两种形式的协议中能够得到印证，且金某某供述也承认这两者无区别，只是投资人认为哪种协议对自己更有利从而自行选择。故该协议系以合法形式掩盖非法目的，其性质与《理财投资协议》并无实质区别，依据《合同法》的规定，该协议无效。

（四）是否构成单位犯罪

本案非单位犯罪。被告人金某某虽成立并实际控制北京金煜铭秋投资有限公司，但该公司成立后并未开展其他业务，一直从事的涉案代理财业务；且所有协议都是金某某个人名义签订的，并未以单位名义开展业务。依据最高人民法院《关于审理单位犯罪案件具体应用法律有关问题的解释》第2条规定，个人为进行违法犯罪活动而设立的公司、企业、事业单位实施犯罪的，或者公司、企业、事业单位设立后，以实施犯罪为主要活动的，不以单位犯罪论处。

【相关法律规定】

一、中华人民共和国刑法（2017年修正）

第一百七十六条 【非法吸收公众存款罪】非法吸收公众存款或者变相吸

收公众存款，扰乱金融秩序的，处三年以下有期徒刑或者拘役，并处或者单处二万元以上二十万元以下罚金；数额巨大或者有其他严重情节的，处三年以上十年以下有期徒刑，并处五万元以上五十万元以下罚金。

单位犯前款罪的，对单位判处罚金，并对其直接负责的主管人员和其他直接责任人依照前款的规定处罚。

第一百九十二条 【集资诈骗罪】以非法占有为目的，使用诈骗方法非法集资，数额较大的，处五年以下有期徒刑或者拘役，并处二万元以上二十万元以下罚金；数额巨大或者有其他严重情节的，处五年以上十年以下有期徒刑，并处五万元以上五十万元以下罚金；数额特别巨大或者有其他特别严重情节的，处十年以上有期徒刑或者无期徒刑，并处五万元以上五十万元以下罚金或者没收财产。

第二百二十五条 【非法经营罪】违反国家规定，有下列非法经营行为之一，扰乱市场秩序，情节严重的，处五年以下有期徒刑或者拘役，并处或者单处违法所得一倍以上五倍以下罚金；情节特别严重的，处五年以上有期徒刑，并处违法所得一倍以上五倍以下罚金或者没收财产：

（一）未经许可经营法律、行政法规规定的专营、专卖物品或者其他限制买卖的物品的；

（二）买卖进出口许可证、进出口原产地证明以及其他法律、行政法规规定的经营许可证或者批准文件的；

（三）未经国家有关主管部门批准非法经营证券、期货、保险业务的，或者非法从事资金支付结算业务的；

（四）其他严重扰乱市场秩序的非法经营行为。

二、全国人民代表大会常务委员会《关于惩治骗购外汇、逃汇和非法买卖外汇犯罪的决定》（自 1998 年 12 月 29 日施行）

四、在国家规定的交易场所以外非法买卖外汇，扰乱市场秩序，情节严重的，依照刑法第二百二十五条的规定定罪处罚。

单位犯前款罪的，依照刑法第二百三十一条的规定处罚。

三、最高人民法院《关于审理骗购外汇、非法买卖外汇刑事案件具体应用法律若干问题的解释》（1998 年 8 月 28 日发布）

第三条　在外汇指定银行和中国外汇交易中心及其分中心以外买卖外汇，扰乱金融市场秩序，具有下列情形之一的，按照刑法第二百二十五条第（三）项的规定定罪处罚：

（一）非法买卖外汇二十万美元以上的；

（二）违法所得五万元人民币以上的。

第四条　公司、企业或者其他单位，违反有关外贸代理业务的规定，采用非法手段、或者明知是伪造、变造的凭证、商业单据，为他人向外汇指定银行骗购外汇，数额在五百万美元以上或者违法所得五十万元人民币以上的，按照刑法第二百二十五条第（三）项的规定定罪处罚。

居间介绍骗购外汇一百万美元以上或者违法所得十万元人民币以上的，按照刑法第二百二十五条第（三）项的规定定罪处罚。

四、最高人民法院、最高人民检察院、公安部《关于办理骗汇、逃汇犯罪案件联席会议纪要》（1999 年 6 月 7 日发布）

二、全国人大常委会《关于惩治骗购外汇、逃汇和非法买卖外汇犯罪的决定》（以下简称《决定》）公布施行后发生的犯罪行为，应当依照《决定》办理；对于《决定》公布施行前发生的公布后尚未处理或者正在处理的行为，依照修订后的刑法第十二条第一款规定的原则办理。

最高人民法院 1998 年 8 月 28 日发布的《关于审理骗购外汇、非法买卖外汇刑事案件具体应用法律若干问题的解释》（以下简称《解释》），是对具体应用修订后的刑法有关问题的司法解释，适用于依照修订后的刑法判处的案件。各执法部门对于《解释》应当准确理解，严格执行。

《解释》第四条规定："公司、企业或者其他单位，违反有关外贸代理业务的规定，采用非法手段、或者明知是伪造、变造的凭证、商业单据，为他人向外汇指定银行骗购外汇，数额在五百万美元以上或者违法所得五十万元人民币以上的，按照刑法第二百二十五条第（三）项的规定定罪处罚；居间介绍骗购外汇一百万美元以上或者违法所得十万元人民币以上的，按照刑法第二百二十五条第（三）项的规定定罪处罚。"上述所称"采用非法手段"，是指有国家批准的进出口经营权的外贸代理企业在经营代理进口业务时，不按国家经济主管部门有关规定履行职责，放任被代理方自带客户、自带货源、自带汇票、自行报关，在不见进口产品、不见供货货主、不见外商的情况下代理进口业务，或者采取法律、行政法规和部门规章禁止的其他手段代理进口业务。

认定《解释》第四条所称的"明知"，要结合案件的具体情节予以综合考虑，不能仅仅因为行为人不供述就不予认定。报关行为先于签订外贸代理协议的，或者委托方提供的购汇凭证明显与真实凭证、商业单据不符的，应当认定为明知。

《解释》第四条所称"居间介绍骗购外汇"，是指收取他人人民币、以虚假购汇凭证委托外贸公司、企业骗购外汇，获取非法收益的行为。

三、公安机关侦查骗汇、逃汇犯罪案件中涉及人民检察院管辖的贪污贿赂、渎职犯罪案件的，应当将贪污贿赂、渎职犯罪案件材料移送有管辖权的人民检察院审查。对管辖交叉的案件，可以分别立案，共同工作。如果涉嫌主罪属于公安机关管辖，由公安机关为主侦查，人民检察院予以配合；如果涉嫌主罪属于人民检察院管辖，由人民检察院为主侦查，公安机关予以配合。双方意见有较大分歧的，要协商解决，并及时向当地党委、政法委和上级主管机关请示。

四、公安机关侦查骗汇、逃汇犯罪案件，要及时全面收集和固定犯罪证据，抓紧缉捕犯罪分子。人民检察院和人民法院对正在办理的骗汇、逃汇犯罪案件，只要基本犯罪事实清楚，基本证据确实充分，应当及时依法起诉、审判。主犯在逃或者骗购外汇所需人民币资金的来源无法彻底查清，但证明在案的其他犯罪嫌疑人实施犯罪的基本证据确实充分的，为在法定时限内结案，可以对在案的其他犯罪嫌疑人先行处理。对于已收集到外汇指定银行汇出凭证和境外收汇银行收款凭证等证据，能够证明所骗购外汇确已汇至港澳台地区或国外的，应视为骗购外汇既遂。

五、坚持"惩办与宽大相结合"的政策。对骗购外汇共同犯罪的主犯，或者参与伪造、变造购汇凭证的骗汇人员，以及与骗购外汇的犯罪分子相勾结的国家工作人员，要从严惩处。对具有自首、立功或者其他法定从轻、减轻情节的，依法从轻、减轻处理。

（北京市朝阳区人民检察院第二检察部　黄成）

设立贵金属交易平台进行期货交易的行为认定

——李某某非法经营案

【关键词】

贵金属交易　期货交易　非法经营　行政认定

【基本案情】

经审查认定：

被告人李某某是大唐善德（北京）贵金属经营有限公司（以下简称大唐善德公司）的法定代表人和主要负责人，该公司主要经营黄金、白银的销售、回购以及投资交易业务，目前查证的业务主要通过网上交易平台开展，即在公司网站上下载"大唐善德订货与回购系统"的软件，投资者先得在农业银行开通网银账户，然后登录该软件进行金银制品的交割买卖和投资交易，投资人通过入金（即投资钱款）至大唐善德公司投资账户，进行金银的网上交易，同时若放弃交易，可将账户内资金出金至与系统挂钩的个人农业银行账户。大唐善德公司通过收取投资交易手续费盈利。手续费按照每笔投资标的的万分之三至万分之五收取，不设收费下限。网上交易平台由上海藏金宝软件公司负责运行、维护。根据被告人供述称，交易平台内黄金、白银的交易价格是上海藏金宝软件公司通过境外的公司购买的国际交易市场的黄金、白银数据，依据国际价格和市场情况，得出大唐善德系统的金、银交易价格。该系统从 2011 年至 2013 年年底，已有多人登录进行网上黄金白银交易。

根据在案投资人证言，多数投资人主要通过 QQ 了解大唐善德公司，并在网络上与自称为大唐善德公司分公司销售员工的网友（主要是渠道）进行接洽，所谓的"操盘手"指导投资人进行开户、入金和交易，且从大唐善德公司收取高额手续费。报案投资人反映，投资初期也能赚钱，到后来基本是赔钱的状态。2014 年年初，"大唐善德订货与回购系统"显示投资人账户内有余额，却不能正常出金。投资人纷纷向北京大唐善德公司反映，该公司称由于公司前工作人员通过技术手段进入交易系统，冒充投资人身份侵入网络交易平台，盗取了 6000 多万元资金，导致公司账户内资金匮乏，无法满足投资人的出金。大唐善德公司已向公安机关报案，涉嫌窃取大唐善德公司账户内钱款的一名犯罪嫌疑人被抓获，承认了其以虚拟客户身份在大唐善德系统内转出资金的事实，另一名犯罪嫌疑人仍在逃。

经向农业银行取证，其提供的材料反映出大唐善德公司在农业银行总共有两个账户，一个为电商市场交易账户（尾号为 35 的账户），即投资人出金、入金的账户，另一个为公司自有资金结算账户（尾号为 27 的账户），用于收入贵金属交易手续费和公司日常经营结算。银行表示，电商市场交易账户是一般存款账户，仅用于交易市场业务使用，现金、支票等支取途径均受限制，只可以用于网上交易操作，但并非大唐善德公司对外宣称的该平台将投资资金交由银行托管账户，银行并不负责账户的资金管理。而自有结算账户也是一般账户，其使用与个人账户无异，使用均不受限制。大唐善德公司在银行的账户情况不符合期货交易中关于对结算资金设立专用账户进行资金托管的规定。

经过对大唐善德公司在中国农业银行的上述两个账户及在案投资人报案材料（起止日期为 2011 年 11 月至 2014 年 12 月）的审计，得出以下鉴定结论：尾号为 35 的账户入金金额合计 3831128649.57 元，出金金额合计 3827849684.8 元，该账户于 2012 年 3 月 21 日至 2014 年 3 月 21 日，专用于收取和支付投资者投资款，其中，有 17129 名人员入金共计 37 亿余元，其中，15480 名投资人出金金额共计 31 亿余元，其余约 6.7 亿元出金至尾号为 27 的自有结算账户，27 账户中共有 10 亿余元的收支，目前余额仅为 1865.99

元。27账户的资金主要去向为多个个人账户或无法查询到姓名的账户，根据报案材料显示，多数个人账户为全国各地的代理商，其余去向不明。目前审计情况无法看出有大额资金流入李某某本人及其亲属的个人账户，相反，李某某等人的个人账户有大额资金打入了27账户。

经调取核实大唐善德公司在福建、山东、浙江等地的金银实体店，调取相关的金银制品销售明细、银行账户流水等证据材料，可以显示，大唐善德公司约1000万元的流向与金银制品的销售和制作业务相关。大唐善德公司的经营范围包括销售珠宝首饰、工艺品，收购黄金制品，投资管理，资产管理，网上经营黄金制品、白银制品。

投资人报案情况：目前在案共有427名投资人报案，根据证言及提供的银行交易截图等书证，共有实际损失6000余万元；其中219名报案人提供了交易系统截图，系统为出金金额合计约1800万元。

根据审计报告，可以看出，在大唐善德公司交易平台的可疑交易有：共有37名客户仅有出金、没有入金，出金金额共计4800余万元。这一部分为大唐善德公司前工作人员涉嫌冒充投资人侵入平台窃取的投资人的款项。

中国人民银行营业管理部出具书面认定："大唐善德非上海黄金交易所或上海期货交易所会员，也非中国证监会或北京证监局批准设立和负责监管的期货经营机构，不具备经营期货业务资格。大唐善德在'预售购'交易方式中，利用'大唐善德回购系统'，采用集中交易方式，组织投资人进行标准化黄金合约交易，且实行了保证金制度，上述黄金交易行为属于非法组织黄金期货交易活动。"

【诉讼过程和结果】

北京市朝阳区人民检察院于2015年4月20日以李某某构成非法经营罪向北京市朝阳区人民法院提起公诉，法院经审理认为，李某某以大唐善德公司的名义，非法设立贵金属交易平台，接收大量投资人入金37亿余元，李某某未经国家有关主管部门批准非法经营期货业务，构成刑法第225条第（三）项规定的非法经营罪，判处李某某有期徒刑13年，罚金人民币300万元。二审裁定维持一审判决，该判决已生效。

【主要问题】

1. 监管部门的行政认定在非法经营期货业务犯罪定性中是否为必须的前置程序？

2. 非法经营期货类交易平台的刑事犯罪认定难点。

【指导意义】

一、案件定性

（一）我国关于期货交易的监管规定

近年来，违法犯罪分子以"炒黄金""炒贵金属"进行国际大盘指数操作等为名，搭建各种交易平台或发展"操盘手"进行非法集资，甚至进行大规模的诈骗活动。这些行为利用了社会公众对于现货、期货交易知识的缺乏，对于设立交易所行为规范的不了解，从而将期货交易蒙上了"面纱"，掩盖了非法期货交易行为的非法性。

根据 2011 年《中国人民银行等部门关于加强黄金交易所或从事黄金交易平台管理的通知》，上海黄金交易所和上海期货交易所是经国务院批准或同意的开展黄金交易的交易所，两家交易所已能满足国内投资者的黄金现货或期货投资需求。任何地方、机构或个人均不得设立黄金交易所（交易中心），也不得在其他交易场所（交易中心）内设立黄金交易平台。

2007 年 3 月发布实施、2012 年 10 月修改的《期货交易管理条例》对期货交易的定性、期货交易所的设立等有十分明确的规定，即设立期货交易所应由国务院期货监督管理机构审批，未经批准，任何单位或个人不得设立期货交易场所或以任何形式组织期货交易及其相关活动；且期货交易应当在经依法批准的交易场所进行，禁止在经依法批准成立的交易场所之外进行期货交易。该条例同时对成立期货公司的条件、法律责任的承担等进行了规定。该条例系国务院制定并发布，属于部门规章的法律性质。

（二）李某某非法经营案的性质认定

1. 难以认定构成诈骗罪

本案的投资人及其代理人通过电话、信件等方式表明其要求认定李某某为集资诈骗罪的诉求。在定性上，是非法经营罪还是诈骗类犯罪，关键在于李某某是否运行了诈骗的手段，且具有非法占有的目的。承办人认为，目前证据难以认定李某某构成诈骗罪，应认定其构成非法经营罪，理由如下：

第一，通过审计结果看来，大唐善德公司网上炒贵金属的系统依托于35账户和27账户两个账户。这两个账户仅是银行一般账户，而非银行托管账户，与投资人的认识存在差距，投资人均认为农业银行与该公司之间是资金监管的关系，因此才委以信任。且27账户借以投资人出金的方式在35账户中转出6亿余元，用于大唐善德公司使用。这些账户之间管理不规范的问题出现的原因既有农业银行未尽到注意义务，也有投资人未正确理解大唐善德公司一般账户中电商账户的性质，更有大唐善德公司的财务管理不规范等，将35账户中的资金自由"出金"为支付公司运营成本，却不是李某某自己供述称的"手续费"的方式。

但是，从35账户的大额款项支出中也看不出李某某有非法占有的痕迹，没有证据显示有钱款流向了李某某及其亲属的个人账户。虽存在将大唐善德公司名下的钱款与李某某其他公司之间进行倒账的问题，但是从李某某别的公司转入大唐善德公司的账户的钱款居多，因此，一定意义上来说，是别的公司在"接济"大唐善德公司，李某某的个人账户也有"倒贴"公司的情况。绝大部分的27账户资金都用于支付给代理商的佣金，其他的个人账户的性质及去向现有证据无法证明。因此，基本可以认定，大唐善德公司从投资人"资金池"中转出的资金，绝大部分都被用作了公司的经营成本，没有证据证明李某某个人有占有的目的和行为。

第二，从大唐善德公司的整体运营情况来看，该公司投资人入金共计38亿余元，投资人出金31亿余元，公司的绝大部分资金都用于投资人的出金。

第三，通过向大唐善德线上系统的开发公司取证，该系统的国际黄金交易数据由技术公司提供，通过国际交易商购买取得。大唐善德公司无法更改平台中的数据，包括贵金属的交易价格数据，客户的交易数据等。因此，证明其没有后台篡改交易数据，从而控制交易资金的诈骗行为。

第四，在案的一些证据还能证明该公司在福建、浙江、山东、北京等地具有实体的金银制品店，且在案的金银制品销售明细以及与山东招金金银精炼公司的合作和钱款往来均能够证明大唐善德公司有一定的实体销售行为。

第五，嫌疑人李某某报案称公司前股东运用技术手段虚构投资人身份盗窃 35 账户中钱款的行为已经被立案侦查，且目前初步证实盗窃行为确实存在，通过审计发现，上述被盗款项为 4800 万元左右。正是由于账户内资金不足导致系统上无法出金，由此案发。从审计结果来看，目前在案报案人的全部实际损失也就在 6000 万元左右，系统内未出金的数额为二三千万元（投资人证据提交得不全面）。由此可以证明，李某某并非以骗取投资人金额为目的运营该公司，其目的还是想要将公司良好运营。从 2011 年年底至 2013 年年底，两年间公司也在较好地运营，因此，可以排除其具有非法占有投资人钱款而"跑路"的主观故意。

2. 应构成非法经营罪

本案被告人李某某辩解自己从事的是现货交易，且提供了贵金属买卖的实体店铺经营证据，但其实体经营黄金制品仅为表面宣传，其实体经营的数额不过几百万元。其利用网上"大唐善德订货回购系统"的行为被中国人民银行营业管理书面认定："大唐善德非上海黄金交易所或上海期货交易所会员，也非中国证监会或北京证监局批准设立和负责监管的期货经营机构，不具备经营期货业务资格。大唐善德在'预售购'交易方式中，利用'大唐善德回购系统'，采用集中交易方式，组织投资人进行标准化黄金合约交易，且实行了保证金制度，上述黄金交易行为属于非法组织黄金期货交易活动。"

中国人民银行的答复从期货行为特点和期货交易平台应经依法批准必须具备业务资格的角度，十分完备地认定了涉案公司的非法经营的行为性质，从而为本案定性提供了十分有力的行政认定支持。

李某某未经国家证监部门及央行等金融机构的批准，非法经营期货业务，其行为触犯了我国刑法第 225 条第（三）项"未经国家有关主管部门批准非法经营期货业务"的规定，构成非法经营罪；犯罪数额为该平台共计完成的交易数额，即 37 亿余元。

（三）案件办理效果

本案中大唐善德公司后期发生了钱款亏损，为了弥补资金漏洞，李某某将其实际控制的"玖华恒泰公司"的钱款用于维持大唐善德公司的运营。其中，玖华恒泰公司采用帮投资人"操盘"从而承诺返本付息的方式非法募集资金，涉嫌非法吸收公众存款罪。检察官在李某某构成非法经营罪判决生效后，对其涉嫌非法吸收公众存款的犯罪事实进行了追诉，该案于 2018 年 6 月 21 日已经起诉至北京市朝阳区人民法院。

该案同时还有犯罪嫌疑人张某某负责大唐善德公司、玖华恒泰公司的运营工作，检察官对该人在案件中发挥的作用进行了充分论证，同时追诉同案犯张某某到案，以其构成非法经营罪、非法吸收公众存款罪于 2018 年 9 月 13 日向法院提起公诉。

二、非法从事期货类交易平台的犯罪认定问题

近年来，非法运营贵金属、原油、农产品等交易平台从而非法募集资金或者骗取钱款的案件频频发生，多数犯罪嫌疑人均辩称进行的是现货交易而非期货交易；由于案件复杂多样，相关行政主管部门并不能对每一起案件进行行政认定，从而需要司法机关自行判断。本案李某某非法从事期货业务的性质十分明显，且有中国人民银行的明确认定，其定性上不存在难点，其难点在于审查涉案金额和大量的追捕追诉工作。但基于对该案的理解和思考，检察官对非法经营期货类交易平台的相关犯罪进行了类案总结和分析。

（一）案件特点

1. 存在非法经营罪、非法吸收公众存款罪等多种罪名竞合情形

非法从事期货交易行为，根据我国刑法第 225 条的规定，未经国家有关主管部门批准非法经营期货业务，扰乱市场秩序，情节严重的，构成非法经营罪。但非法期货交易行为往往呈现出不同的手段，有的交易平台系虚构，交易指数可人为操控，主要犯罪分子对非法募集的资金用于自融或个人使用

等，涉嫌集资诈骗罪或诈骗罪。然而在具体办案实践中，此类案件涉及的资金体量往往巨大，而平台资金管理并不规范，导致资金去向大部分难以查清，由于证据等问题难以认定非法占有目的，退而求其次将其认定为非法吸收公众存款罪。

许多非法金融交易平台在具体运营过程中，为了规避法律风险，自行设计运作模式，由此导致许多犯罪手段兼具夸大宣传力度、非法募集资金和层层发展从而具备了传销性质等特点，犯罪形态的竞合致使罪名认定存在难点，也为侦查带来难度。

2.通过全国范围招收代理商的方式进行发展，资金募集规模与速度急剧增长

非法期货交易平台多采用了区域代理、"操盘手"的灰色手段，通过发放巨额佣金激励代理寻找投资人，且通过QQ、微信等互联网通信群组进行点对点联系，以指导为名，诱惑投资人参与非法期货交易。通过大量发展代理商，从而使得投资规模成几何倍数增长。大部分非法期货交易平台资金超过亿元，十亿百亿的体量也不在少数。如北京市朝阳区人民检察院自2012年以来，先后受理"中天黄金"代理商涉嫌非法经营的案件8件10人次。2009年4月以来，以郭某某（中国香港籍）为首的家族式犯罪团伙，未经国务院期货监督管理机构批准，以香港金银业贸易成员单位中天黄金交易中心有限公司（即"中天黄金"）的名义，通过电话营销、网络营销等方式招揽客户通过MT4软件炒黄金期货，向全国各地发展公司代理和个人代理6000多个，在全国31个省市区和我国香港地区发展客户达4万余人，累计收取保证金达15亿余元，非法期货交易涉案金额达8000余亿元。本案中大唐善德公司也是采取在全国各地发展代理商的模式迅速扩大规模，且代理商收取高额的佣金，从银行流水记录中可见大唐善德公司将大量的钱款支付给了全国各地的个人账户，可以判断为给付佣金。在审查李某某非法经营案的同时，发现了北京乾冲投资担保公司系不具有期货经纪资质的公司，仍为大唐善德公司代理期货业务，涉嫌非法经营罪。检察官将此线索移送公安机关，追捕犯罪嫌疑人张某某、矫某某到案，二人非法从事期货经纪业务，获利2000余万元，检察机关以二

人构成非法经营罪向北京市朝阳区人民法院提起公诉，诉判一致。

3. 非法设立平台进行交易与合法平台违规操作相互交织

非法设立期货交易平台开展经营是司法机关打击重点，随着金融法律知识的普及，社会公众对此类违法犯罪有了一定的警惕性；但对于一些合法平台开展的违规操作最易失去辨别能力。如上海黄金交易所和上海期货交易所的网站上，也能查到某些会员单位进行"炒伦敦金"业务，涉嫌非法经营等犯罪。由于平台的合法性，刑事手段难以介入，此类披着合法外衣行违法之实的平台具有更强的危害性，为此，监管部门的行政打击和处罚成为市场清理的重要手段。

4. 以地方交易所为名开展的非法期货交易层出不穷

2011 年、2012 年国务院就出台了《关于清理整顿各类交易场所的实施意见》《关于清理整顿各类交易场所切实防范金融风险的决定》，对地方交易所业务开展进行了规范，在此基础上，截至 2017 年 1 月，地方交易所已经历了三次大规模的清理整顿，但交易所的数量却有不降反增之势，且问题集中在部分贵金属、原油类商品交易场所。

近年来，新闻媒体曝光出许多非法期货交易行为，如部分白银交易平台存在夸大宣传欺骗投资者、高额回扣发展代理网络等行为，吸引投资者投入大量金钱进行现货交易。又如泛亚有色金属交易所号称"创新模式打造稀有金属国际话语权"，违规销售理财产品，因涉嫌非法吸收公众存款被刑事追究。

（二）存在的刑法规制难点及认定

1. 行政认定对案件定性的影响

李某某非法经营案由于中国人民银行的行政认定为一件疑难复杂案件明晰了定性难题，但往往多数案件中，相关行政监管部门基于种种原因不予出具此类行政认定。对于此类较为专业的金融犯罪案件，缺少行政认定对于整体的刑事定性有多少影响？

我国刑法中第三章破坏社会主义市场经济制度罪中多数的罪名认定前提是"经有关主管部门批准"，或"违反国家规定"，因此行政机关出具的相关证明、性质认定、数额认定等均是关键性证据，如生产、销售伪劣商品罪，侵犯知识产权罪等。对于是否经过行政部门审批需要进行行政查询或答复，但是对于行为本身是否必须经过行政部门认定？如对假药的认定，对某种商品的认定，以及对某种金融行为的认定等。对此，司法解释中并没有统一的认定，司法实践中也存在不同观点。但在2014年3月两高一部《关于办理非法集资刑事案件适用法律若干问题的意见》中提出，行政部门对于非法集资的性质认定，不是非法集资刑事案件进入刑事诉讼程序的必经程序。行政部门未对非法集资作出性质认定的，不影响非法集资刑事案件的侦查、起诉和审判。公安机关、人民检察院、人民法院应当依法认定案件事实的性质，对于案情复杂、性质认定疑难的案件，可参考有关部门的认定意见，根据案件事实和法律规定作出性质认定。虽然此司法解释仅是针对非法集资刑事案件，但也从中反映出对行政认定地位的态度，即有则辅助，无则根据案件具体事实由司法机关进行独立判断。

因此，笔者认为，非法期货交易平台虽然大多最终认定为非法经营这一罪名，但其仍具有向社会不特定公众非法募集资金的行为特点，可以将其归类为涉众型经济犯罪。因此，此类案件也可参照《关于办理非法集资刑事案件适用法律若干问题的意见》的规定，行政认定不能成为刑事案件认定的必经程序、前置程序。对于是否为金融活动，是否定义为期货，这是对客观事实的理解和评价。因此，在缺少行政认定的情况下，需要司法工作人员根据犯罪行为特点自行作出判断，如因专业性过强造成认定困难，则可采用专家咨询、案例借鉴等多种手段来强化内心确信；在具备行政认定的情况，也不能完全轻信结论，而应依据案件事实审查，作出独立判断。如王某某非法经营案中（以北京中夏融通国际教育咨询有限公司为平台，未经批准经营外汇、黄金业务），对于所在公司的业务性质这一问题，侦查机关和检察机关花费大量精力后未能取得行政机关的性质认定，在缺乏这一证据的情况下，对于此种行为能否判定为期货，检察机关和审判机关均经过了深入地研讨，以非法经营罪提起公诉，最终获得了法院的判决支持。

2. 非法期货交易平台代理商的打击难点及影响

第一，刑事定性和证据认定存在难点。上述特点中提到非法期货交易平台代理商通过网上通信群组等多种手段大量宣传和发展投资人，成为非法期货交易平台资金体量特别巨大的重要原因。代理商行为恶劣，严重扰乱市场秩序，其行为具有可罚性。但此类行为认定为非法经营罪或其他刑事犯罪存在定性和证据方面的难点。定性上，对于依托于某公司开展的代理，由于公司本身未经国家有关主管部门批准而从事期货代理业务，具有非法性可以认定非法经营罪。如上述案例中，大唐善德公司委托北京乾冲投资担保有限公司代理黄金期货交易，该公司收取了巨额的佣金，后将公司负责人张某某、矫某某追诉到案，并以非法经营罪判处刑罚。但是对于不依托于某个单位的自然人，个人代理客户进行操作，可能在交易平台和客户两端均收取一定的"手续费"，此类行为与客户之间形成了代理关系，难以认定从事某种业务，因此，大量的个人代理难以被刑事认定。证据上，个人代理多通过网络通信工具发展客户，往往不使用真名，难以查找到本人；通过网络支付获利，难以查找到银行账目从而认定数额。

第二，难以打击造成追赃挽损难、涉众型信访风险高。基于上述定性和证据上的难题，许多代理商未被刑事处罚，甚至也没有进行行政处罚，但这部分佣金却是案件资金重要去向。如大唐善德公司非法经营案件中，经审计，除投资人的出金外，流向不明个人账户的资金达 6 亿元之多，占到整个资金总额的六分之一，而这部分正是赃款的主要去向，也是投资人的亏损所在。但由于这些个人账户分散在全国各地，也无法对应到某个人，甚至代理商使用的并非本人的账户，导致侦查线索石沉大海，难以进行追赃挽损，从而不能弥补投资人损失，成为引发此类案件信访率高发的重要原因。

3. 打击非法金融交易平台犯罪的"行刑衔接"

目前我国整个行政处罚和刑事司法衔接机制运行所依据的法律规范文件缺乏体系性、普遍效力和约束力，无法发挥统领整个行政处罚和刑事司法衔接机制运行的作用。对于互联网金融案件的相关行刑衔接问题，更是缺少相应的专门规范，法律依据较为混乱。因而，在立法层面上，首先，应协调行政法与刑法条款的冲突，既要避免出现行政法条款与刑法条款矛盾的情况，同时也要有利于两法的衔接；其次，应当及时针对行刑衔接制度出台较高位阶的法律规范，统一衔接标准，规范案件衔接程序及证据衔接规则，明晰相应权责，完善法律监督。对于互联网金融犯罪行刑衔接制度在实践层面上的其他问题，则有必要在完善现有相关机制的同时，针对互联网金融犯罪的主要特点，结合新金融监管策略及大数据等新技术的应用，探索新的衔接辅助机制从而有效解决此类问题。

【相关法律规定】

一、中华人民共和国刑法（2017 年修正）

第二百二十五条 【非法经营罪】违反国家规定，有下列非法经营行为之一，扰乱市场秩序，情节严重的，处五年以下有期徒刑或者拘役，并处或者单处违法所得一倍以上五倍以下罚金；情节特别严重的，处五年以上有期徒刑，并处违法所得一倍以上五倍以下罚金或者没收财产：

（一）……

（二）……

（三）未经国家有关主管部门批准非法经营证券、期货、保险业务的，或者非法从事资金支付结算业务的；

（四）其他严重扰乱市场秩序的非法经营行为。

二、最高人民法院、最高人民检察院、公安部《关于办理非法集资刑事案件适用法律若干问题的意见》（2014 年 3 月 25 日公布）

一、关于行政认定的问题

行政部门对于非法集资的性质认定，不是非法集资刑事案件进入刑事诉讼程序的必经程序。行政部门未对非法集资作出性质认定的，不影响非法集资刑事案件的侦查、起诉和审判。

（北京市朝阳区人民检察院第二检察部　林芝）

以交易伦敦金为名非法经营黄金
期货行为的认定

——鲍某某、张某某、苏某某非法经营案

【关键词】

伦敦金交易　　期货交易　　贵金属交易　　非法经营

【基本案情】

经审查认定：

2010年1月，被告人鲍某某、张某某、苏某某共同出资成立了北京金脉投资管理有限公司（以下简称"金脉公司"），鲍某某任法定代表人，张某某任总经理，苏某某任行政总监。公司成立后，张某某通过我国香港金银业贸易场网站发现了香港中天黄金交易中心有限公司（以下简称"中天黄金公司"），该公司经营黄金期货交易。张某某、鲍某某、苏某某三人商议后决定加盟该公司代理商。张某某遂与中天黄金公司电话联系，对方向张某某索要了一份金脉公司企业营业执照扫描件后便给北京金脉投资管理有限公司发来授权合作协议，认可金脉公司的代理商身份。随后鲍某某、张某某、苏某某便开始以香港中天黄金交易中心有限公司的名义对外招揽客户，中天黄金公司根据客户投资数额返还佣金，并将佣金打入苏某某以及苏某某的妻子盛某某名下个人账户。

【诉讼过程和结果】

2012 年 3 月 8 日，北京市公安局朝阳分局接交办案件称：2009 年 4 月以来，我国香港中天黄金交易中心有限公司向全国各地发展公司代理和个人代理，非法进行黄金期货交易，鲍某某、苏某某、张某某等人代理该公司业务，涉嫌非法经营。2012 年 3 月 8 日北京公安局朝阳分局立案侦查。2012 年 3 月 8 日，鲍某某、张某某、苏某某被抓获，3 月 9 日该案告破。2012 年 6 月 5 日，北京市朝阳区公安局以鲍某某、苏某某、张某某涉嫌非法经营罪移送朝阳区人民检察院审查起诉。

朝阳区人民检察院经审查认定，被告人鲍某某伙同张某某、苏某某，于 2010 年 2 月至 2012 年 2 月间，在北京市朝阳区某大厦 18D 北京金脉投资管理有限公司内，非法经营香港中天黄金交易中心有限公司的黄金期货业务，非法获利人民币 738 万元。2012 年 7 月 18 日，朝阳区人民检察院以被告人鲍某某、张某某、苏某某构成非法经营罪向北京市朝阳法院提起公诉。2013 年 6 月 19 日，朝阳区人民法院判决认定，2010 年 1 月被告人鲍某某、张某某、苏某某共同出资成立北京金脉投资管理有限公司（以下简称金脉公司）并招募多名业务人员，自 2010 年 2 月至 2012 年 2 月间，在朝阳区金脉公司内，非法代理香港中天黄金交易中心有限公司（以下简称中天黄金公司）的黄金期货业务，共获佣金人民币 738 万余元，被告人鲍某某个人违法所得人民币 40 余万元，被告人张某某、苏某某个人违法所得人民币各 30 余万元。被告人鲍某某、张某某、苏某某未经国家有关主管部门批准，非法经营期货业务，扰乱市场秩序，情节严重，三被告人的行为触犯了刑律，均已构成非法经营罪，应予惩处，判处被告人张某某有期徒刑 3 年，罚金人民币 50 万元；被告人鲍某某有期徒刑 2 年 6 个月，罚金人民币 50 万元；被告人苏某某犯非法经营罪，判处有期徒刑 2 年 6 个月，罚金人民币 45 万元。

【主要问题】

第一种意见认为，鲍某某、张某某、苏某某的行为不构成犯罪。本案中，被告人经营的是伦敦金交易，伦敦金交易在国际上被称为黄金现货保证金交易，虽然本案在交易过程中呈现了一些期货交易的特点，但是仍不能改变本案涉及的交易业务为国际黄金现货交易，不符合我国刑法第 225 条第三项规定的非法经营期货交易构成非法经营罪的构成要件。

第二种意见认为，鲍某某、张某某、苏某某的行为构成非法经营罪。首先，本案中，客户在中天黄金公司的 MT4 交易平台交易，交易地点较为集中。其次，本案中的黄金合约符合标准化合约的特征，且采取保证金制度及当日无负债结算制度，同时保证金的收取比例远低于 20%，故鲍某某、张某某、苏某某所经营的黄金交易符合期货的特征。行为人未经国家有关部门批准，代理境外公司介绍国内客户进行黄金期货投资并收取佣金的行为属于《中华人民共和国刑法》第 225 条规定的非法经营行为。

【指导意义】

笔者同意第二种意见。

根据《期货交易管理条例》，期货交易，是指采用公开的集中交易方式或者国务院期货监督管理机构批准的其他方式进行的以期货合约或者期权合约为交易标的的交易活动。期货合约，则是指期货交易场所统一制定的、规定在将来某一特定的时间和地点交割一定数量标的物的标准化合约。期货交易的特点主要有以下几点：一是合约标准化。期货合约除价格随市场行市波动外，其余所有条款都是事先规定好的。二是交易集中化。期货交易必须在期货交易所内集中进行。交易所实行会员制，只有会员才能进场交易。处于场外的广大投资者只能委托经纪公司参与期货交易。三是双向交易和对冲机制。与证券交易不同，期货交易不仅可以先买卖，还可以让交易者先卖掉再买。四是保证金制度。进行期货交易只需缴纳少量保证金就能完成整个交易。

黄金期货交易和伦敦金交易存在着很大不同。一是交易方式的不同。黄金期货交易一般是在交易所里进行集中撮合交易，而交易所必须是会员才能交易，一般客户必须通过会员代理才能做交易。伦敦金又叫国际现货黄金，因最早起源于伦敦而得名，而伦敦金交易市场并不存在撮合交易的交易所。二是交割时间不同。黄金期货是有交割时间期限限制的标准化合约，而伦敦金交易没有交割时间的期限限制。三是价格形成机制不同。黄金期货价格形成机制是在交易所里所有交易者集中竞价形成的价格，伦敦金交易的价格是由黄金做市商爆出买卖价格，依据做市商的报价，客户决定是否与做市商交易。中国人民银行、公安部、国家工商总局、银监会、证监会《关于加强黄金交易所或从事黄金交易平台管理的通知》规定，上海黄金交易所和上海期货交易所是经国务院批准或同意的开展黄金交易的交易所，两家交易所已能满足国内投资者的黄金现货或期货投资需求，所以在国内进行黄金交易必须在上海黄金交易所和上海期货交易所内进行。而伦敦金等国际黄金现货属于境外黄金交易，目前在中国大陆是不允许进行境外黄金交易的。根据《期货交易管理条例》规定，境内单位或者个人违反规定从事境外期货交易的，责令改正，给予警告，没收违法所得，并处违法所得 1 倍以上 5 倍以下的罚款；没有违法所得或者违法所得不满 20 万元的，并处 20 万元以上 100 万元以下的罚款；情节严重的，暂停其境外期货交易。对单位直接负责的主管人员和其他直接责任人员给予警告，并处 1 万元以上 10 万元以下的罚款。构成犯罪的，要依法追究刑事责任。国务院办公厅 2001 年发布的《关于严厉打击以证券期货投资为名进行违法犯罪活动的通知》规定，对超出核准的经营范围，非法从事或变相非法从事证券期货交易活动，非法经营境外期货、外汇期货业务的，以涉嫌非法经营罪立案查处。

本案中，鲍某某、张某某、苏某某虽然是以经营伦敦金为名，但是其实质是经营境外的黄金期货，构成非法经营罪。

第一，本案中，客户在中天黄金公司的 MT4 交易平台上自行选择场所上网交易，从表面上看，本案的交易地点较为分散。但这里的集中交易不能机械地理解为场所的集中，也可以理解为交易平台等的集中。本案中的黄金合约均在 MT4 平台上集中交易，符合集中交易的特征。

第二，中天黄金公司的黄金合约（而非黄金实物）由境外黄金市场预先拟定并提供给交易者，由交易者反复买卖。这些合约中的黄金品质、合约总值及基本保证金（1000美元）、交易单位：每一手100盎司等要素确定（买卖就是数量乘以价格，其唯一的变量是价格，只有价格一项是通过市场的竞价交易形成的自由价格。只要规定交易单位就行了，交易一笔不需再重签一次合同，这就是标准化合约），客户只能选择相应的合约类型进行交易，并不参与合约条款的协商与拟定，亦不能对合约内容作出修改。合约是预先制定的，可以重复使用，在实际使用时未与对方协商。因此，本案中的黄金合约符合标准化合约的特征。（贸易场职能：设计交易合约及交易细则，保证交易合约的履行）

第三，根据证人证言，中天黄金公司采取了保证金制度，要求客户须在缴纳保证金后才能开展交易，保证金用于保证客户的履约能力并结算盈亏。

第四，根据我国香港金银业贸易场网站，每市完毕，本场会对所有交易作中介结算，然后把结算结果交予结算银行。这表明交易采用当日无负债结算制度（根据证人许某某证言，保证金低于一定比例，必须追加，否则强制平仓）。

第五，根据证人徐某某等人证言，客户可以将其缴纳的保证金放大100倍用于黄金合约买卖，故本案中保证金的收取比例仅为合约标的额的1%，远低于《条例》所规定的20%。此外，被告人所从事的黄金买卖还采用了做多、做空的交易方法及对冲机制等其他期货交易机制，即客户既可以先买入黄金合约后再沽出，也可以先沽出后再买入，用两份数量相同但买卖方向相反的合约对冲平仓。期货交易与现货买卖的本质区别在于，期货交易中参与者的主要目的不是转移商品所有权，而是套期保值或者从期货价格变动中获取投机利益。根据我国的黄金管理及进出口政策，中天黄金公司在未经批准的情况下无法将境外黄金交割入境，本案中的客户实际上也未取得黄金实物，均通过对冲平仓或者强制平仓的方式终止了交易。综上所述，被告人的行为构成期货交易（香港金银业贸易场是一个将现货及期货结合为一的市场，既有现货交收，但又可通过支付仓费，延期交收，因而产生期货的功能）。

关于犯罪故意，首先三被告作为金脉公司的负责人，特别是张某某曾有黄金期货业务从业经历，其对中天黄金公司采用集中交易方式进行标准化合约交易、在交易中采用了保证金制度、每日无负债结算制度和双向交易、对冲交易等交易机制，且保证金收取比例低于合约标的额的 20%，符合期货的特征应是明知的。对于单位犯罪，根据 1999 年最高人民法院《关于审理单位犯罪案件具体应用法律有关问题的解释》第 2 条 "个人为进行违法犯罪活动而设立的公司、企业、事业单位实施犯罪的，或者公司、企业、事业单位设立后，以实施犯罪为主要活动的，不以单位犯罪论处"。鲍某某供述称自己所分得的 60 万元是公司所有业务利润分的钱，包括代理天津贵金属交易所白银交易的钱，大概比例是代理中天黄金公司所得到的佣金占 6 成。这说明金脉公司设立后，是以实施犯罪为主要活动的。另外鲍某某称，"是张某某提出的做代理中天黄金公司的黄金期货业务，因为张某某以前在别的公司做过这种业务，觉得这种业务挣钱，就对我的外甥苏某某讲了，要一起成立公司做这种业务，但他们没有成立公司的资金，所以苏某某就找到我，让我投资"。可见这也是个人为进行违法犯罪活动而设立公司。故根据现有证据单位犯罪不成立。

综上，鲍某某、张某某、苏某某未经国家有关部门批准，非法经营境外黄金期货，构成非法经营罪。

【相关法律法规】

一、中华人民共和国刑法（2017 年修正）

第三十条【单位负刑事责任的范围】公司、企业、事业单位、机关、团体实施的危害社会的行为，法律规定为单位犯罪的，应当负刑事责任。

第三十一条【单位犯罪的处罚原则】单位犯罪的，对单位判处罚金，并对其直接负责的主管人员和其他直接责任人员判处刑罚。本法分则和其他法律另有规定的，依照规定。

第二百二十五条【非法经营罪】违反国家规定，有下列非法经营行为之一，扰乱市场秩序，情节严重的，处五年以下有期徒刑或者拘役，并处或者单处违法所得一倍以上五倍以下罚金；情节特别严重的，处五年以上有期徒刑，并处违法所得一倍以上五倍以下罚金或者没收财产：

（一）未经许可经营法律、行政法规规定的专营、专卖物品或者其他限制买卖的物品的；

（二）买卖进出口许可证、进出口原产地证明以及其他法律、行政法规规定的经营许可证或者批准文件的；

（三）未经国家有关主管部门批准非法经营证券、期货、保险业务的，或者非法从事资金支付结算业务的；

（四）其他严重扰乱市场秩序的非法经营行为。

二、《期货交易管理条例》（2017 年 3 月 1 日发布）

第二条 任何单位和个人从事期货交易及其相关活动，应当遵守本条例。

本条例所称期货交易，是指采用公开的集中交易方式或者国务院期货监督管理机构批准的其他方式进行的以期货合约或者期权合约为交易标的的交易活动。

本条例所称期货合约，是指期货交易场所统一制定的、规定在将来某一特定的时间和地点交割一定数量标的物的标准化合约。期货合约包括商品期货合约和金融期货合约及其他期货合约。

本条例所称期权合约，是指期货交易场所统一制定的、规定买方有权在将来某一时间以特定价格买入或者卖出约定标的物（包括期货合约）的标准化合约。

第七十三条 境内单位或者个人违反规定从事境外期货交易的，责令改正，给予警告，没收违法所得，并处违法所得 1 倍以上 5 倍以下的罚款；没有违法所得或者违法所得不满 20 万元的，并处 20 万元以上 100 万元以下的罚款；情节严重的，暂停其境外期货交易。对单位直接负责的主管人员和其他直接责任人员给予警告，并处 1 万元以上 10 万元以下的罚款。

第七十九条 违反本条例规定，构成犯罪的，依法追究刑事责任。

三、中国人民银行、公安部、工商总局等《关于加强黄金交易所或从事黄金交易平台管理的通知》（2011年12月20日公布）

一、上海黄金交易所和上海期货交易所是经国务院批准或同意的开展黄金交易的交易所，两家交易所已能满足国内投资者的黄金现货或期货投资需求。任何地方、机构或个人均不得设立黄金交易所（交易中心），也不得在其他交易场所（交易中心）内设立黄金交易平台。

二、除上海黄金交易所和上海期货交易所外，对于有关地方（机构、个人）正在筹建黄金交易所（交易中心）或准备在其他交易场所（交易中心）内设立黄金交易平台应一律终止相关设立活动；对已经开业或开展业务的，要立即停止开办新的业务，并在当地人民政府统一领导下，由人民银行牵头，妥善做好其黄金业务的善后清理工作。当地工商部门根据人民银行或地方人民政府的决定，对被责令关闭或撤销的黄金交易所（交易中心），责令限期办理变更登记、注销登记，或者依法吊销营业执照；银行业金融机构停止为其黄金业务提供开户、托管、资金划汇、代理买卖、投资咨询等中介服务；对于涉嫌犯罪需要作出行政认定的，人民银行及其当地分支机构依照相关规定出具行政认定意见后，移送当地公安机关依法查处。

四、国务院办公厅《关于严厉打击以证券期货投资为名进行违法犯罪活动的通知》（2001年8月31日发布）

三、正确适用法律，把握政策界限

（一）对超出核准的经营范围，非法从事或变相非法从事证券期货交易活动，非法经营境外期货、外汇期货业务的，以涉嫌非法经营罪立案查处。

……

五、最高人民法院《关于审理单位犯罪案件具体应用法律有关问题的解释》（1999年6月25日发布）

第一条 刑法第三十条规定的公司、企业、事业单位，既包括国有、集体所有的公司、企业、事业单位，也包括依法设立的合资经营、合作经营企业和具有法人资格的独资、私营等公司、企业、事业单位。

第二条 个人为进行违法犯罪活动而设立的公司、企业、事业单位实施犯罪的，或者公司、企业、事业单位设立后，以实施犯罪为主要活动的，不以单位犯罪论处。

（北京市朝阳区人民检察院第二检察部 张文潇）

五

合同诈骗罪

使用伪造支票部分履行合同的行为如何认定

——田某某合同诈骗案

【关键词】

合同诈骗　票据诈骗　非法占有目的　犯罪竞合

【基本案情】

经审查认定：

自 2010 年始，被告人田某某从被害人朱某某处购买禽蛋，并能够按时支付货款。后由于田某某儿子患病，需要大量医药费，为了尽快弄到钱，田某某于 2011 年 12 月至 2012 年 1 月间，分多次从朱某某处购买了价值共计 17 万余元的禽蛋产品，再将这些禽蛋拉往河北老家早市低价出手，共卖得 7 万—8 万元。在最后一次拉货时，田某某交给被害人朱某某现金 3 万元和一张票面金额为 5.6 万元的中国工商银行转账支票，田某某同时告知朱某某现在这张支票不能马上兑现，何时兑现需等田某某通知，被害人称之后便逐渐与被告人失去联系。2013 年 4 月 9 日，朱某某将支票拿到中国工商银行后得知该支票系假支票，遂报案。田某某后被公安机关查获归案。

田某某供称该支票系 2011 年 9 月内蒙古锡林浩特一个姓王的男子给他的，当时支票上就没有填日期等信息，后来对方一直拖着，直到 2012 年 3 月份与该王姓人员失去联系时自己才确定此支票肯定无法入账。并称期间（2012 年 2 月），曾有自己老家派出所的韩姓民警找过自己，让其给被害人还钱，其凑了 3 万元让该民警联系被害人还钱，姓韩的民警讲对方嫌少不要。田某某称事情发生后自己和被害人联系过，在电话中承认了错误，并表示以后有钱了会还。后期供述中，田某某承认自己于 2012 年夏天开始就不敢接被害人的电话，因为没钱还，但自己没换过手机号码。并且自己取保后给被害人的父亲打过电话称还钱，对方挂了自己的电话。被害人也称其父亲曾接到过被告人的电话，但未谈还钱的事情。

2014 年 2 月 14 日退赔人民币 1.5 万元，2014 年 5 月 20 日退赔人民币 1 万元，共计退赔人民币 2.5 万元。

【诉讼过程和结果】

2013 年 4 月 18 日，被害人朱某某报案称：2012 年 1 月 18 日，田某某在朝阳区十八里店大洋路市场南区某市场禽蛋厅 56 号、57 号以面额 5.6 万元的假支票骗取事主价值 5.6 万元的禽蛋。2013 年 5 月 6 日，公安机关对本案立案侦查。2013 年 8 月 7 日，民警在丰台区太平桥路某酒店 607 房间将田某某抓获。

北京市朝阳区人民检察院于 2014 年 2 月 19 日收到犯罪嫌疑人田某某涉嫌票据诈骗罪一案，同年 5 月 27 日以被告人田某某犯合同诈骗罪提起公诉，2014 年 12 月 23 日法院判决认可公诉机关指控，判决被告人田某某构成合同诈骗罪，判处有期徒刑 3 年缓刑 3 年。被告人田某某没有上诉，判决已生效。

【主要问题】

1. 合同诈骗罪中的合同如何理解？是否限于书面合同？
2. 使用伪造支票部分履行合同的行为如何认定？是构成合同诈骗罪还是票据诈骗罪？
3. 合同诈骗罪中的非法占有目的如何认定？
4. 合同诈骗罪与诈骗罪、侵占罪及民事欺诈的区分。

【指导意义】

一、案件定性

（一）案件分歧意见

实践中，对于本案主要有以下五种观点：

第一种观点认为，田某某构成诈骗罪。田某某与被害人之间仅具有口头上的约定，并没有签订书面合同，因此不符合刑法第224条中"签订"的要求。同时，合同诈骗罪的认定，需要有证明被告人利用合同实施诈骗的证据，但口头合同很难取证，因此不应纳入合同诈骗罪的"合同"范畴。

第二种观点认为，田某某成立合同诈骗罪。刑法第224条并没有对合同形式作出明确限定，《合同法》规定的合同形式也包括了口头合同，田某某收受对方当事人给付的货物后逃匿，符合刑法第224条第四项的规定。

第三种观点认为，田某某构成票据诈骗罪。田某某明知票据存在问题，肯定不能兑付，仍然交给被害人，用于支付部分合同价款，构成刑法第194条票据诈骗罪。

第四种观点认为，田某某构成侵占罪。本案中，田某某基于口头协议合法收受相对人给付的财物后，不履行合同义务，拒不支付货款也不退还货物，具有非法占有目的，数额巨大，成立侵占罪。

第五种观点认为，本案属民事欺诈，应承担民事责任，不构成犯罪。本案中田某某长期从被害人处进货，虽然后期对自己的订货能力进行了一定的夸大，但其目的是与被害人达成最终交易，应承担一定的缔约过失责任。再者，田某某已经取得了货物所有权，其不履行相对义务的行为仅应承担违约责任，不构成犯罪。

综合以上各观点可以看出，本案的焦点问题不仅包括了合同诈骗罪中"合同"的范畴问题、非法占有目的产生时间认定问题、合同诈骗罪与票据诈骗罪、诈骗罪的区分问题，还涉及了合同诈骗罪与合同纠纷乃至侵占罪之间的区分问题。

1. 合同诈骗罪之"合同"

笔者认为,对于合同诈骗罪的"合同"应作实质理解,而不应拘泥于形式,形式可以是多样的,以书面合同为主,但并不排除其他形式合同的存在。

第一,从 1997 年刑法的立法背景看,当时的《经济合同法》《涉外经济合同法》《技术合同法》都明确规定合同要书面形式,刑法条文中也用了"签订"一词。也正因为此,有学者主张应从文理解释角度,将合同限定于书面。但是,1999 年 3 月 15 日新合同法颁布后,合同的形式已不再限于书面,因而对"签订"一词也应当从论理解释的角度作适当扩张解释。

第二,无论通过何种合同形式实施合同诈骗行为,其实质上都是侵害了共同的法益,即他人的财产权和社会主义市场经济秩序,因此,应从法益保护的角度,对合同诈骗罪中的"合同"作实质理解。合同的内容应限于体现一定市场经济秩序的经济合同——"即合同的文字内容是通过市场行为获得利润,这是由本罪性质决定的"。这也就排除了通常意义上的借款合同、赠与合同、身份合同、劳动合同以及行政合同等非经济合同的适用。由此可推知,至少合同的一方当事人应当是从事生产、经营活动的市场主体,因此,只要口头合同在实质上符合经济合同这一要求,就可以成为合同诈骗罪之"合同"。对此,司法实践中也予以了确认。①

第三,讨论合同诈骗罪之"合同"应从实体法的角度进行,不能仅仅因为对口头合同取证困难,就将实践中大量存在的"口头合同"从合同诈骗犯罪中予以排除,这样,便混淆了实体与程序的范畴,也不当缩小了刑法处罚范围,不利于其法益保护目的和打击犯罪目的的实现。

第四,将口头合同排除在合同诈骗罪"合同"之外,还可能会导致刑罚适用上的不均衡。例如,在司法实践中可能会发生这样的情形,甲为了骗取

---

① 司法实践中曾因王贺军合同诈骗案对这一问题进行集中探讨,该案的判决认为,利用书面合同实施诈骗虽是合同诈骗罪的主要形式,但不能将利用口头合同进行诈骗排除在合同诈骗犯罪的形式之外,因此承认口头合同也属该罪所规定之"合同"范畴。——参见最高人民法院:《王贺军合同诈骗案——以签订虚假的工程施工合同为诱饵骗取钱财的行为是诈骗罪还是合同诈骗罪》,载《刑事审判参考》(总第 51 集),法律出版社 2006 年版。

财物，与受害人乙签订了两份合同，一份是书面合同，另一份仅为口头合同，并利用这两份合同分别骗取了乙数额较大（均刚刚达到合同诈骗罪的起刑点）的两笔财物，如何处理？是否要对甲以合同诈骗罪和诈骗罪数罪并罚？若是这样，笔者认为，有违罪责刑相适应原则和刑法谦抑性原则。

2. 非法占有目的产生之时间

合同诈骗罪要求行为人具有非法占有的目的，非法占有目的产生时间的不同，直接关系着行为性质的认定。比如，行为人在签订合同之前便具有非法占有的目的，这是合同诈骗罪的一般表现；若行为人在签订合同后，才产生了非法占有的目的，如何认定则存在着争议。

对此，有学者将非法占有目的产生的时间分为"行为前""行为时"和"行为后"①。这样，根据"行为后"之说，前述的后一情形便可能成立合同诈骗罪。但笔者认为，如此认定非法占有目的，其合理性存在疑问。"罪过和目的都应当以行为时的标准来判断，所有的故意严格来说都是'事前'故意"②，不能因非法目的产生于某"行为"之后就称之为"行为后"或"事后"的目的，这违背了行为与责任同时存在原则。

具体到合同诈骗罪非法占有目的产生时间的认定方面，笔者认为，应当以被害人因陷入认识错误而为处分行为后，行为人取得财物时为参照点，从客观事实判断该时点之前行为人是否具有非法占有目的，若具有则构成本罪，若不具有则可能构成其他罪或不构成犯罪。

3. 与诈骗罪区分之关键

合同诈骗罪与普通诈骗罪是一种特别关系，二者具有着相同的基本构造：欺骗行为——产生或维持错误认识——基于错误认识处分财产——行为人或第三者取得财产——被害人遭受财产损害，只不过合同诈骗罪是要求行为人是在签订、履行合同过程中实施了欺诈行为。因此，"如何理解和认定合同就成为是否认定合同诈骗罪的关键"。根据前文的观点，合同诈骗罪中的合同是

---

① 赵秉志、许成磊：《金融诈骗罪司法认定中若干疑难问题研讨》，载姜伟主编：《刑事司法指南》2000年第4期，第9页。

② 刘远：《金融诈骗罪研究》，中国检察出版社2002年版，第271页。

经济合同，合同的内容应当是通过市场行为获得利润，且至少一方当事人应当是从事生产、经营活动的市场主体。另外，刑法还规定了在"履行"合同过程中实施的情形，因此，签订合同时不具有非法占有目的，而在履行过程中产生非法占有目的，实施了诈骗行为，骗取相对人财物的，应认定为合同诈骗罪。

但是，这并不是说出现了经济合同就一定是合同诈骗，诈骗罪同样可能存在着经济合同，关键看行为人获得财物是利用合同来进行诈骗的结果，还是因为虚构其他事实或者隐瞒其他真相而产生的结果。若是后者，即使在犯罪过程中存在经济合同，也应当认定为诈骗罪。此外，由于两罪是竞合关系，利用合同骗取他人财物，尚未达到合同诈骗罪追诉标准但已达到诈骗罪追诉标准的，应认定为诈骗罪。

4. 与票据诈骗罪的区分

和与诈骗罪的区分一样，票据诈骗与合同诈骗相对于诈骗罪都属于特别法条，但票据诈骗罪与合同诈骗罪之间则均属于特别法条，二者之间可能存在着想象竞合或者牵连犯的关系。二者区分的关键还是看行为的构造，是否存在金融票据诈骗的行为，以及非法占有目的，由于二者均要求非法占有目的，因此是否存在金融票据诈骗的行为便成为关键。而在认定具有票据诈骗行为的情况下，是否就一定将全案定性为票据诈骗罪，则要看是否与合同诈骗罪等罪名同时构成想象竞合或者牵连犯，若构成，则需要再根据相应的理论进行认定。

5. 与侵占罪的区分

合同诈骗罪与侵占罪有许多相似性，比如，都具有非法占有的目的；都可能包括在形式上合法持有他人财物后拒不退还；拒不退还或私自处分他人财物都可能采用欺诈的方式；都要求数额较大等。而职务侵占罪中，更是包括了利用职务便利，采用"骗取"手段，非法占有本单位财物的情形。一般情况下，它们的区分并不存在问题：合同诈骗罪强调虚构事实、隐瞒真相，利用合同实施欺诈；侵占罪只强调拒不退还，一般不采用欺诈方法。但特殊情况时，比如合同履行过程中，持有他人财物后，通过虚构事实、隐瞒真相拒不返还财物或者擅自处分财物的情形等。

在这些特殊情况下，笔者认为，首先，侵占犯罪既可能发生于一般民事活动中，如寄存、借用、无因管理、暂时照看等，也可能发生在合同履行过程中，如保管、合伙、租赁、质押、寄托等，但并不包括前述的经济合同。因此，若发生在经济合同领域，则不可能构成侵占罪。其次，区分合同诈骗罪与侵占型犯罪，还要看行为人对财物的取得，是否是由于合同相对人因（行为人实施欺诈行为）陷入认识错误而实施的自愿处分行为。侵占型犯罪中，行为人对财物的取得是基于合法占有，被害人并未因认识错误而为处分行为，财物的所有权也均未发生转移。因此，若是行为人在收受对方给付的货物、货款、预付款、担保财产后才产生非法占有目的，但仅仅进行逃匿，而没有采用虚构事实、隐瞒真相的手段使对方陷入认识错误而免除其债务的，同样不能认定为合同诈骗罪。

6. 与民事欺诈区分之关键

二者具有一定的相似性，但在欺诈的程度及侵害的利益方面还是有较大区别的。合同欺诈是一种民事违法行为，侵犯了合同相对人的民事权益；合同诈骗罪主要是利用合同进行欺诈，从而实现非法占有他人财物的目的，侵害的是他人的财产权和社会主义市场经济秩序。但是，二者相区分的关键，更在于有无非法占有目的。非法占有目的是一种抽象的心理状态，是行为人的主观意图，行为人在实施诈骗行为时往往采用多种方式掩盖犯罪意图，案发后常极力狡辩，要把握该类犯罪人的主观心理十分困难，也就更增加了正确区分民事欺诈与合同诈骗行为的难度。

对此，笔者认为，应本着"主观见之于客观"的原则，通过行为人的客观行为来判断其是否具有非法占有的目的。具体如：在签订合同时，行为人是否具有实际履约能力；在签订合同后，行为人是否为履行合同积极准备；合同义务未能履行的具体原因；行为人在违约后的表现；等等。

（二）评析意见

我们同意构成合同诈骗罪的意见，理由如下：

第一，合同双方均是商事法律主体（代表），虽然仅约定了口头买卖合同，但双方关于该合同的真实存在和相关内容并无异议，因此，该口头合同完全可以成为合同诈骗罪中的"合同"。

第二，被告人取得财物的时间点是被害人向其交付货物之时，但是否应以该时间点作为认定非法占有目的产生时间的参照点，还应看被告人对财物的取得是否是由于被害人因陷入认识错误而实施了处分行为。本案中，从现有证据来看，尚无法证明田某某明知该支票系伪造，仅能证明其交付该支票时能确认该支票尚无法使用，交付一段时间后其才确认此支票确实已无法使用。在交付该支票后，田某某还曾向被害人询问该支票的票号，然后去银行查询了一下该票的真伪，银行告知必须入账时才能确认，故其未查询成功。

但田某某与被害人之间存在口头合同，田某某为了能够从被害人处尽快拿到货物变现后给孩子治病，隐瞒自己没有实际履约能力的事实，掩盖购买禽蛋产品的真实意图，并且通过部分履行合同的方法，诱骗被害人继续履行合同，被害人基于认识错误，预先支付了货物。因此，可以认定，田某某取得财物时点之前便具有非法占有目的。

至于事发后，田某某称曾与被害人联系过，承认了错误并表示有钱了会及时还。并且在2012年下半年其老家一韩姓民警还曾找过他，其于2013年上半年凑了约3万元钱让该民警联系被害人还钱，后因被害人嫌少而没有还成。被害方则称田某某自2012年夏天后便开始不接电话，自己也未曾通过田某某老家派出所的民警找过他。现韩姓民警已向侦查机关出具了该部分事实的相关证明一份，证实田某某前述事实（证明中显示当时田欲先还3.5万元）。现有证据与被害人的陈述相矛盾，但从证明力上看，田某某的供述与韩姓民警提供的证明能够相互印证，证明力更高。但以上情节也仅是其行为后悔罪态度的一种表现，可作为量刑情节考虑。

第三，田某某收到货物之后便立即变现，将货款用于家人的医疗费用，并无任何履约积极准备，编造各种虚假理由搪塞被害人提出的履约或还款要求。这些客观事实均进一步体现了行为人的非法占有目的，更加排除了成立一般民事欺诈（合同纠纷）的可能。

第四，本案中的口头合同是买卖合同，因此，也就排除了成立侵占罪的可能。被害人基于合同支付了全部货物，由于货物并非脱离占有物，相对人实施了交付行为（在无特殊约定情况下）便意味着其所有权已经发生转移，行为人已经取得了货物的所有权，因此，更无侵占之可能。

第五，仅构成合同诈骗罪，不构成票据诈骗罪。首先，无法认定"明知"。涉案支票确系伪造，但票据来源不清，田某某是否明知该支票系伪造存疑，而当其知道该支票肯定无法兑付时，已经完成了对支票的使用，因此无法认定嫌疑人在行为时系"明知是伪造的支票而使用"。其次，票面金额为5.6万元，仅为部分对价，尚不足以支付全部合同价款（17万余元），若认定为票据诈骗，则犯罪数额难以体现被害人实际损失。最后，即使能够认定田某某构成票据诈骗罪，本案也属于合同诈骗和票据诈骗的牵连犯，合同诈骗是目的行为，使用票据是手段行为，根据牵连犯的理论，同样仅认定构成合同诈骗罪。

综上，被告人田某某，以非法占有为目的，虚构需要大量订购禽蛋产品的事实，隐瞒无实际履行能力的真相，并采取使用无法兑付的支票部分履行合同等手段，使被害人陷入认识错误，与其订立口头买卖合同，并基于该认识错误支付了全部货物，田某某收受货物之后立即变现用于家人治病，致使被害人遭受金额巨大财产损失，破坏了社会主义市场经济秩序，应成立合同诈骗罪。

二、案件处理效果

本案中，检察机关未对被告人批准逮捕，在审查起诉阶段也一直对被告人继续适用取保候审强制措施，审判阶段检察机关也向法院提出了缓刑的量刑建议，最终法院也采纳了公诉人的意见。虽然从犯罪数额来看，被告人已经可能判处3年至10年有期徒刑，但从被告人行为的动机看，其主要是为了给重病的儿子治病，急需用钱。同时，经核实，案发后，被告人的父母又均查出罹患癌症，家庭生活十分困难。为了使其患病家人能有人照料，同时也为了使被害人的损失早日得到赔偿，检察机关决定暂不对其采取逮捕强制措施，使其继续务工以保证稳定收入，并专门听取了被害人的意见，征得被害人同意，同时也在检察机关的督促下，案发后被告人又竭尽所能先后退赔了1.5万元和1万元，取得了较好的法律效果和社会效果。

【相关法律规定】

中华人民共和国刑法（2017 年修正）

第二百二十四条 【合同诈骗罪】有下列情形之一，以非法占有为目的，在签订、履行合同过程中，骗取对方当事人财物，数额较大的，处三年以下有期徒刑或者拘役，并处或者单处罚金；数额巨大或者有其他严重情节的，处三年以上十年以下有期徒刑，并处罚金；数额特别巨大或者有其他特别严重情节的，处十年以上有期徒刑或者无期徒刑，并处罚金或者没收财产：

（一）以虚构的单位或者冒用他人名义签订合同的；

（二）以伪造、变造、作废的票据或者其他虚假的产权证明作担保的；

（三）没有实际履行能力，以先履行小额合同或者部分履行合同的方法，诱骗对方当事人继续签订和履行合同的；

（四）收受对方当事人给付的货物、货款、预付款或者担保财产后逃匿的；

（五）以其他方法骗取对方当事人财物的。

第二百六十六条 【诈骗罪】诈骗公私财物，数额较大的，处三年以下有期徒刑、拘役或者管制，并处或者单处罚金；数额巨大或者有其他严重情节的，处三年以上十年以下有期徒刑，并处罚金；数额特别巨大或者有其他特别严重情节的，处十年以上有期徒刑或者无期徒刑，并处罚金或者没收财产。本法另有规定的，依照规定。

第二百七十条 【侵占罪】将代为保管的他人财物非法占为己有，数额较大，拒不退还的，处二年以下有期徒刑、拘役或者罚金；数额巨大或者有其他严重情节的，处二年以上五年以下有期徒刑，并处罚金。

将他人的遗忘物或者埋藏物非法占为己有，数额较大，拒不交出的，依照前款的规定处罚。

本条罪，告诉的才处理。

（北京市朝阳区人民检察院第二检察部　黄成）

六

骗购外汇罪

"以其他方式骗购外汇"中的"其他方式"如何认定

——姚某某骗购外汇案

【关键词】

骗购外汇　拆分兑换外币　其他方式　外汇管理秩序

【基本案情】

被告人姚某某，男，1966年4月14日出生，汉族，初中文化，无业，户籍地为北京市某区某楼某号。曾因贩卖伪造的国家货币罪于1994年被南京市鼓楼区人民法院判处有期徒刑4年；因犯诈骗罪于1997年12月26日被北京市海淀区人民法院判处有期徒刑9年，剥夺政治权利1年，罚金人民币2万元。因涉嫌非法经营罪于2014年9月18日被北京市公安局朝阳分局刑事拘留，同年10月24日经北京市朝阳区人民检察院批准被北京市公安局朝阳分局逮捕。

经依法审查查明：2013年3月到8月间，被告人姚某某在北京市朝阳区等地多家银行内通过以下方式多次申领外汇，有多名外国人、中国人多次向被告人姚某某本人账户汇入大额人民币，姚某某将大额人民币拆分成等额5万美元的人民币数额（约31万元人民币），存入其掌握的不同个人的银行账户中（我国规定：每个公民每年换汇额度为5万美元），再将该笔钱兑换成5万美元，后在银行柜台，将其兑换成数笔5万美元后通过不同银行账户汇往境外账户，经过核实其采用上述手段先后共计汇出超过500万美元，自述违法所得约人民币 3.5 万元，其中部分行为系被告人姚某某指使其朋友温某某（另案处理）所为。

【诉讼过程和结果】

北京市朝阳区人民检察院指控被告人姚某某的行为触犯了《关于惩治骗购外汇、逃汇和非法买卖外汇犯罪的决定》（单行刑法）第 1 条之规定，应以骗购外汇罪追究其刑事责任。

北京市朝阳区人民法院经审理认为，国家对于境内个人购汇实行年度总额管理，每人每年等值 5 万美元，在年度总额内凭个人有效身份证件在银行办理，同时规定不得以分拆等方式逃避限额监管，被告人姚某某利用自己所掌握的多人身份证件开设的账户，在同日、隔日或者连续多日内分别购汇后汇往境外，造成国家外汇资金流失，符合骗购外汇罪的构成要件，被告人姚某某骗购外汇的行为侵犯了国家外汇管理秩序，其行为已构成骗购外汇罪，且数额巨大，依法应予惩处，判处有期徒刑 6 年，罚金人民币 180 万元。被告人未上诉，该判决已发生效力。

【主要问题】

本案中姚某某实施的将大额人民币等额拆分后汇入其掌握的他人账户内，兑换成等额美元汇往境外的行为是否属于"以其他方式骗购外汇"，从而构成骗购外汇罪？

【指导意义】

骗购外汇罪司法解释中对于"以其他方式骗购外汇"该如何把握，需要实际案例予以指导明确；而对于本案被告人姚某某隐瞒购汇真实目的、采用多次"拆分"人民币汇入其掌握的账户并换汇成等额美元后汇往境外的行为，在外汇交易活动中大量存在，严重扰乱了外汇管理秩序，具有刑法惩罚的必要性。此案经过了检察机关和审判机关的严肃论证，具有一定的参考价值和指导意义。

一、分歧意见

第一种观点认为，被告人姚某某的行为构成非法经营罪。其行为实质是其个人以营利为目的，将大量人民币换汇成美元并汇至境外账户，每天多次违反国家外汇规定（每人每年兑换限额为 5 万美元）进行换汇、付汇操作，涉及金额高达 500 多万美元，外汇金额已形成一定规模，是一种非法"炒汇"的行为，扰乱了金融管理秩序，符合最高人民法院《关于审理骗购外汇、非法买卖外汇刑事案件具体应用法律若干问题的解释》第 3 条的规定："在外汇指定银行和中国外汇交易中心及其分中心以外买卖外汇，扰乱金融秩序，具有下列情形之一的，按照刑法第二百二十五条第（四）项的规定定罪处罚：（一）非法买卖外汇二十万美元以上的；（二）违法所得五万元人民币以上的。"本案涉案金额为 500 余万美元，构成非法经营罪。

第二种观点认为，被告人姚某某的行为构成骗购外汇罪。本案中，姚某某及其同案是在银行柜台办理转账、转汇的业务，是在外汇指定银行进行的换汇和付汇操作，不符合最高人民法院《关于审理骗购外汇、非法买卖外汇刑事案件具体应用法律若干问题的解释》第 3 条、第 4 条中构成非法经营罪的犯罪构成要件，其行为实质是为了达到非法目的（个人是牟利，资金来源可能是不正当的），采取了非法使用他人的账户多次购买外汇并汇至境外的手段，并非为满足普通公民个人正常换汇需求，而是为了规避我国外汇管理部门关于每人每年换汇不得超过 5 万美元的规定，从而获取非法利益；其手段是借用他人身份证件办理多个账户，达到实质上"骗取"外汇的目的，对我国外汇管理秩序造成了扰乱和破坏。其行为符合《关于惩治骗购外汇、逃汇和非法买卖外汇犯罪的决定》第 1 条（单行刑法）第（三）项，构成骗购外汇罪。

第三种观点认为，被告人姚某某的行为不构成犯罪。如第二种意见所述，该行为明显不符合非法经营罪的构成要件，但骗购外汇罪根据《关于惩治骗购外汇、逃汇和非法买卖外汇犯罪的决定》第 1 条规定，有以下三种情形："（一）使用伪造、变造的海关签发的报关单、进口证明、外汇管理部门核准件等凭证和单据的；（二）重复使用海关签发的报关单、进口证明、外汇管理部门核准件等凭证和单据的；（三）以其他方式骗购外汇的。"本案被告人姚某某的行为不符合第（一）、（二）项，只能归入第（三）项兜底条款，如何认定"其他方式"并没有相关的司法解释，也没有相应的已决案例可供参考。经询问北京市外汇管理局和北京市公安局，采取"蚂蚁搬家"手段骗取外汇的，虽在实际操作中较为常见，但进行刑事法律追究的在北京市也属首例。姚某某的行为实际是钻了外汇管理的"空子"，并利用了银行之间的不严密的规定，虽对实质外汇管理秩序造成侵害，但有其合法之形式。故根据罪刑法定原则，姚某某的行为并无法之明文规定来规范，不构成犯罪。

二、评析意见

我们同意第二种意见，理由如下：

1. 对骗购外汇的其他方式如何适用兜底条款。兜底条款如何适用一直是刑法适用的难题，一方面为了打击犯罪，在不符合其他列举条款时会考虑用兜底条款予以惩处；另一方面为了避免兜底条款滥用，扩大刑法处罚的边界，要寻求一个适用兜底条款的标准。简而言之，就是"其他方式"或"其他情形"与所列举款项的同质性。

1998 年《决定》中明示的骗购外汇罪犯罪手段主要包括"使用伪造、变造的海关签发的报关单、进口证明、外汇管理部门核准件等凭证和单据的"以及"重复使用海关签发的报关单、进口证明、外汇管理部门核准件等凭证和单据的"两大类别。随着贸易方式和国家结售汇制度的变化，再加上行为人刻意规避法律的故意，当前案件中极少会出现采用法条所明示的行为方式去实施骗购外汇犯罪的案件，而以虚构用汇名义、背景甚至专业"套汇"的方式频现。

这些手段能否适用兜底条款？刑法理论认为，兜底条款是刑法对犯罪的构成要件在列举规定以外，采用"其他……"这样一种盖然性方式所作的规定，其设置"主要是为了防止并列关系中其他危害行为的出罪"①，是一种堵截性的构成要件。以"兜底条款"进行刑法评价的对象，应当与条文明确规定的法律类型或者具体犯罪的实质内涵具有相同的性质与特质。

同质性的判断可以从主观故意、客观行为、客观结果等方面对骗购外汇的行为加以分析。其一，骗购外汇的主观方面是直接故意，行为人对购买外汇是持积极追求的态度，一般而言，行为人是为了获利或者"洗钱"出境，获取外汇的积极性是确定无疑的。其二，从客观行为来看，实施骗购外汇的行为人针对我国实现了人民币经常项目可兑换后，境内机构对外贸易支付用汇只要持与支付方式相应的有效凭证和有效商业单据，便可以从其外汇账户中支付或者到外汇指定银行兑付的国家有关规定，②《关于惩治骗购外汇、逃汇和非法买卖外汇犯罪的决定》中明示的两大类行为方式具有共同特征，即行为人基于虚假的进口业务去购买外汇，其行为方式中具有欺骗性。但欺骗性不应仅限于用以购汇的转口贸易合同、提单、发票等单据是虚假的，还应从实质上分析，是否虚构了虚假的购汇理由、背景，是否是正常的购汇行为。其三，从客观后果分析，其他手段和行为应与使用伪造、变造或者重复使用海关签发的报关单、进口证明、外汇管理部门核准件等凭证和单据购买外汇的行为一样，均损害我国外汇管理秩序的，直接导致了国家外汇的流失，侵犯了骗购外汇罪的刑法法益。

2. 本案中姚某某的行为实则是对购汇理由虚假陈述，专门从事骗购外汇业务来获利，与其他两种骗购外汇行为具有同质性，具体理由如下：

第一，从客观行为来看，符合"骗购"的行为特征。被告人姚某某为规避我国外汇管理之规定而谋取私利，以他人名义开具多个银行账户，将人民币拆分为等额的人民币（约31万元）并将其打入多个由其控制的他人银行账户，并分别购买5万美元的外汇，再将其分别汇往境外。上述行为的实质是为了掩饰其非法目的，向银行虚构了购汇理由，让银行陷入该人购汇是为了

---

① 白建军：《坚硬的理论，弹性的规则——罪刑法定研究》，载《北京大学学报（哲学社会科学版）》2008年第6期。

② 周道鸾、张军主编：《刑法罪名精释》，人民法院出版社2013年版，第371页。

满足旅游、购物等合法需求的认识，导致不明来由的钱款被"洗白"后换汇流出，应认定为"骗购外汇"的行为。客观上姚某某隐瞒了购汇金额、购汇事由，也违反了申购人与使用人应同一的规定，可以认定为虚构事实、隐瞒真相的"欺骗行为"。

第二，从法规文义及立法原意来看，如何理解"以其他方式骗购外汇"中的"其他方式"？此项作为无法列举的其他骗购方式的兜底性条款，是为应对复杂的社会经济生活所作的灵活性规定，符合"骗购外汇"基本行为特征，应考虑作为"其他方式"予以认定。若因没有追诉先例而认为追究姚某某刑事责任是"无法可依"，则违背了该罪立法原意和刑法惩戒严重犯罪的目的。本案中，被告人姚某某虽拒绝供述其采用此种手段进行换汇、付汇的目的，但可以从其刑事犯罪前科（曾因贩运伪造的国家货币罪和诈骗罪被判处刑罚）及个人经历认定其具有"洗钱"的嫌疑，且是为了掩饰其真实目的，才在银行之间几经倒手，虚构其为个人正常使用而购买外汇的假象，从而使银行等外汇买卖指定机构陷入错误认识，本质上是骗取的行为，可依认定是以"其他方式"骗购外汇的行为。如此方能整顿外汇管理秩序，打击频发的代换、代汇的乱象，是符合现实需求的司法适用解释。

第三，从法益侵害来看，姚某某的行为严重扰乱了我国外汇管理制度。本案涉及的犯罪金额仅在案证据显示的就多达500多万美元，合计人民币3400余万元，已远远超出该罪追诉标准20万美元，这证明了姚某某并非为了正常的外汇使用，而是专门从事"代办"行业，以单个个人申领外汇五万美元的合法形式来掩盖多次分批申购从而超额兑换外汇的非法目的。姚某某作为具有金融犯罪前科的犯罪分子，具有较强的反侦查意识，拒绝交代如此兑换外汇的目的，代办收取的费用等这些细节，更拒绝交代自己的"客户"信息，由此证明其明知此类操作违法，且达到了如此数额巨大的标准，已经发生了质变。仅半年时间，姚某某就采取此种手段骗购外汇高达500多万元美元，不得不说该行为具有极大的危害性，造成了国家外汇的极大损失。根据最高人民检察院《关于认真贯彻执行全国人大常委会〈关于惩治骗购外汇、逃汇和非法买卖外汇犯罪的决定〉的通知》，司法机关应依法严厉打击骗购外汇、逃汇和非法买卖外汇的犯罪活动。故被告人姚某某的行为具有刑罚可罚性。

综上，被告人姚某某掩饰其真实目的，多次"拆分"人民币汇入其掌握的账户并换汇成等额美元后汇往境外的行为，严重扰乱了我国外汇管理秩序，理应受到严厉处罚；其行为具有"骗购行为"特征，将姚某某的行为手段认定为"其他方法"符合此罪的文义解释和立法精神，不可因目前没有相应的判例予以参考从而放纵新型手段的犯罪。故被告人姚某某的行为构成骗购外汇罪，其类似的手段行为均应被追诉处罚。

三、同案参考

本案司法诉讼过程发生在 2014 年至 2015 年，届时，骗购外汇及逃汇等罪名的适用率较低，尤其是以"其他手段"兜底条款进行起诉和判决的案例更是少之又少。本案全面考虑了被告人的客观行为、主观目的和危害结果，最终适用兜底条款成功起诉并获判决，法律效果较好，且具有一定的前瞻性。

2015 年"8·11"汇改后人民币汇率双向波动成为常态，企业避险或套利意愿增强，境内主体增加境外资产、减少境外负债的行为加大了我国跨境资本净流出的压力。在此大背景下，外汇违法犯罪活动呈明显上升态势，外汇监管风险防控趋势加强，[①] 特别是当前利用虚构转口贸易、虚假内保外贷等形式骗购外汇、逃汇的犯罪案件频现，上述犯罪手段均非《关于惩治骗购外汇、逃汇和非法买卖外汇犯罪的决定》第 1 条明示的手段方式，均需要司法实践进行论证适用。犯罪手段的变化对刑事司法提出了法律适用、证据标准、刑事政策多方面的新问题和挑战，许多司法实践作出了有益尝试，经过扎实的论证，经得起刑法理论和国家金融管理政策的考验。

---

① 如 2017 年 1 月 13 日发布的《关于全口径跨境融资宏观审慎管理有关事宜的通知》（银发〔2017〕9 号）中，大幅降低了金融机构办理的内保外贷额的占用，由原先的 100% 调整至 20%；而国家外汇局发布的《关于进一步推进外汇管理改革完善真实合规性审核的通知》（汇发〔2017〕3 号），以及银联卡停刷资本项下投资性保险、国内公司跨境并购审核升级、对个人购汇监管趋严等外汇监管措施均释放了兼顾便利化下，加强风险防控的信号。

其中，上海外汇类犯罪频发，其对于虚构贸易背景、虚假陈述购汇理由等非明示类骗购外汇手段，也采用了第三项"其他方式"兜底条款进行适用，与姚某某骗购外汇的论证思路如出一辙。

详见上海市浦东新区人民法院刑事判决书（2016）沪0115刑初4438号：行为人利用购买的伪造的海运提单，根据提单记载事项，使用其控制的多家境内外公司作为转口贸易中间商、供货商、购货商，制作虚假转口贸易合同、发票等材料，向银行以转口贸易支付货款为名，申请购买美元支付给境外供货商。付汇成功后，利用其控制的供货商公司银行账户，将美元兑换成人民币，再通过虚构的贸易背景将人民币汇入境内公司银行账户，作为再次申请购汇资金，以此手法赚取境内外人民币汇率差价，从中非法牟利逾千万元。

此案中，行为人未使用"报关单、进口证明"，也未使用"外汇管理部门核准件"，因而不能适用《关于惩治骗购外汇、逃汇和非法买卖外汇犯罪的决定》第1条第1款第（一）、（二）项的直接规定，最终上海浦东新区人民法院通过判决认定其通过虚构转口贸易背景，使用虚假贸易合同和假提单直接到银行购汇或获得外贷款的行为，其主观故意、客观行为与危害性与刑法明示的行为方式具有同质性，均是以虚假无效的交易单证骗购外汇，其实质是一种虚假陈述的欺诈行为，可以认定为"以其他方式骗购外汇"，从而追究犯罪分子骗购外汇罪的刑事责任。

【相关法律规定】

一、全国人民代表大会常务委员会《关于惩治骗购外汇、逃汇和非法买卖外汇犯罪的决定》（1998年12月29日发布）

为了惩治骗购外汇、逃汇和非法买卖外汇的犯罪行为，维护国家外汇管理秩序，对刑法作如下补充修改：

一、有下列情形之一，骗购外汇，数额较大的，处五年以下有期徒刑或者拘役，并处骗购外汇数额百分之五以上百分之三十以下罚金；数额巨大或者有其他严重情节的，处五年以上十年以下有期徒刑，并处骗购外汇数额百分之五以上百分之三十以下罚金；数额特别巨大或者有其他特别严重情节的，处十年以上有期徒刑或者无期徒刑，并处骗购外汇数额百分之五以上百分之三十以下罚金或者没收财产；

（一）使用伪造、变造的海关签发的报关单、进口证明、外汇管理部门核准件等凭证和单据的；

（二）重复使用海关签发的报关单、进口证明、外汇管理部门核准件等凭证和单据的；

（三）以其他方式骗购外汇的。

伪造、变造海关签发的报关单、进口证明、外汇管理部门核准件等凭证和单据，并用于骗购外汇的，依照前款的规定从重处罚。

明知用于骗购外汇而提供人民币资金的，以共犯论处。

单位犯前三款罪的，对单位依照第一款的规定判处罚金，并对其直接负责的主管人员和其他直接责任人员，处五年以下有期徒刑或者拘役；数额巨大或者有其他严重情节的，处五年以上十年以下有期徒刑；数额特别巨大或者有其他特别严重情节的，处十年以上有期徒刑或者无期徒刑。

二、最高人民检察院、公安部《关于公安机关管辖的刑事案件立案追诉标准的规定（二）》（2010 年 5 月 7 日公布）

第四十七条　骗购外汇，数额在五十万美元以上的，应予立案追诉。

三、最高人民法院《关于审理骗购外汇、非法买卖外汇刑事案件具体应用法律若干问题的解释》（1998 年 8 月 28 日发布）

第三条　在外汇指定银行和中国外汇交易中心及其分中心以外买卖外汇，扰乱金融市场秩序，具有下列情形之一的，按照刑法第二百二十五条第（三）项（应为现行刑法第二百二十五条第（四）项）的规定定罪处罚：

（一）非法买卖外汇二十万美元以上的；

（二）违法所得五万元人民币以上的。

第四条　公司、企业或者其他单位，违反有关外贸代理业务的规定，采用非法手段、或者明知是伪造、变造的凭证、商业单据，为他人向外汇指定银行骗购外汇，数额在五百万美元以上或者违法所得五十万元人民币以上的，按照刑法第二百二十五条第（三）项（应为现行刑法第二百二十五条第（四）

项）的规定定罪处罚。

居间介绍骗购外汇一百万美元以上或者违法所得十万元人民币以上的，按照刑法第二百二十五条第（三）项（应为现行刑法第二百二十五条第（四）项）的规定定罪处罚。

（北京市朝阳区人民检察院第二检察部　林芝）

七

骗取贷款罪

使用虚假的财力证明作为申请贷款时的信用担保及相关问题应如何定性

——陈某某骗取贷款案

【关键词】

骗取贷款　　财力证明　　信用贷款　　贷款诈骗

【基本案情】

经审查认定：

2014 年 3 月至 6 月间，被告人陈某某在北京某市场有限公司法定代表人郑某某（另案处理）等人的组织下，以每 3 至 4 人互相担保的形式组成"联保体"，在北京市朝阳区某大街 17 号 38—39 栋，向广发银行股份有限公司北京日坛支行提供虚假经营证明、房产证明等材料，申请办理"联保易"贷款，骗取银行贷款。被告人陈某某骗取银行贷款人民币 255 万元，被告人后被抓获归案。

广发银行联保易贷款产品是广发银行于 2013 年年底推出的一款类信用贷款项目。该产品大致为先由银行客户经理寻找可靠的专业市场或行业商会，通过审核后广发银行会授予该市场或商会一定的授信额度，再由市场或商会成员以彼此互相担保的形式分别以个人名义向广发银行申请贷款。该项目要求借款人在该行业经营满 3 年，在当地经营至少 1 年以上；借款人在经营所在地的同一专业市场或统一经营场所经营满 3 年；目标商圈准入要求专业市场至少成立 3 年以上，核心企业成立至少 3 年以上；不得将贷款资金转借他人或挪作他用。

作为联保易贷款整体授信单位的北京南天弘茶叶市场有限公司（下文简称南天弘茶叶市场）成立于 2013 年 9 月 23 日，法定代表人、实际控制人郑某某。该市场坐落于北京市大兴区黄村东大街 38 号院 3 号楼 3 层，注册资本人民币 200 万元。南天弘茶叶市场于 2013 年 5 月 7 日使用郑某某担任法定代表人的另一公司北京金茂鑫商贸有限公司与北京瑞兆天成商业管理有限公司签订了租赁无业合同并入驻，不符合广发银行联保易贷款"专业市场成立至少 3 年以上"的准入条件，借款人也不符合该类贷款"在当地至少经营 1 年以上"的要求。

2014 年 3 月南天弘茶叶市场方（主要为法人郑某某）组织了陈某某等 17 名商户分为 5 组联保体，每组联保体内的 3—4 人彼此互相担保，分五批向广发银行日坛支行申请了"联保易"贷款，该市场为陈某某等 17 名贷款人出具了《商户经营情况证明》及《推荐函》以证明这些商户都在该市场经营满 3 年以上，满足广发银行的贷款申请条件。之后商户陈某某等 17 人陆续向广发银行提供了贷款所需的银行流水、大额进出货合同、房产证明等财务状况证明，并提出了贷款申请。该行对贷款问题审核后经总行审批与 17 名贷款人签订了《个人额度贷款合同》，后由日坛支行从 2014 年 3 月 21 日至 7 月 15 日向陈某某等 17 人发放了共计 5000 万元人民币的贷款。

钱某某、蒋某某系广发银行北京分行日坛支行个贷工作人员，其中蒋某某系个贷团队负责人，为本次贷款的第四级有权签批人；钱某某系个贷工作经理，负责本次贷款的材料收集、审核、入户调查等工作。该二人与市场方管理者郑某某等人约定，每组贷款下发后，要立刻支付其二人 2%—2.5% 的好处费。

2015 年 3 月以前，借款人的贷款基本都在正常偿还，但 3 月后，该市场的所有借款人都不再还款了。广发银行遂派员到大兴茶城核实情况，发现该市场已经人去楼空，也联系不上借款商户。该行到商户提供的房产证明所在地福建省福安市进行核实，发现商户提供的福安市房产证明均为虚假。截至案发，广发银行报案称 17 名借款人未还款金额共计 39812505.14 元人民币。

本案中，陈某某与林某某、雷某某、王某甲组成联保体，作为第三组申请人向广发银行申请贷款，金额总计 1200 万元，每人 300 万元，期限 2 年，用途为生产经营。贷款到账前，四名申请人均向银行提供了 45 万元保证金。在案证据显示，陈某某提交的申请贷款材料中显示其名下有两处房产，公安机关调取资料中有银行提供的陈某某一套房产的房产证复印件。经福安市房产局核查，陈某某名下并无房产登记，其提供的房产证明均系虚假。截至案发，陈某某欠款人民币 2434352.51 元。银行工作人员钱某某非法获利 39.5 万元，蒋某某非法获利 44.6 万元。

目前，市场 17 名借款人中的 13 人已到案，7 人已获判决，除一名有自首情节的被告人被判处有期徒刑 1 年外，其他借款人均被判处有期徒刑 1 年 3 个月，并处罚金。另有市场方法定代表人郑某某、帮助犯王某乙、广发银行工作人员钱某某、蒋某某到案，除郑某某尚未判决外，法院认定帮助犯王某乙犯骗取贷款罪，判处有期徒刑 1 年 3 个月，罚金人民币 4 万元；钱某某和蒋某某犯非国家工作人员受贿罪，因二人均退赔全部违法所得，故钱某某被判处有期徒刑 1 年 6 个月；蒋某某因有自首情节，被判处有期徒刑 1 年。

【诉讼过程和结果】

本案由北京市公安局朝阳分局侦查终结，以被告人陈某某涉嫌骗取贷款罪，于 2018 年 3 月 15 日向朝阳区人民检察院移送审查起诉。北京市朝阳区人民检察院以京朝检公诉刑诉〔2018〕1955 号起诉书指控被告人陈某某犯骗取贷款罪，于 2018 年 9 月 12 日向北京市朝阳区人民法院提起公诉。北京市朝阳区人民法院依法组成合议庭，公开开庭审理了本案，现已审理终结。

被告人陈某某当庭对公诉机关指控的事实及罪名没有异议。2018 年 10 月 31 日该院作出（2018）京 0105 刑初 1994 号刑事判决，认定被告人陈某某犯骗取贷款罪，判处有期徒刑 1 年 3 个月，罚金人民币 4 万元，该判决已生效。

【主要问题】

1. 使用虚假的财力证明向银行申请信用贷款是否构成犯罪?

2. 此罪与彼罪的界限——陈某某的行为应如何定性?

3. 在银行工作人员明显存在审核不严的过错情况下,是否应当减轻被告人的责任?

4. 对广发银行工作人员的行为应当如何定性?

【指导意义】

一、使用虚假的财力证明向银行申请信用贷款是否构成犯罪?

个人信用贷款是银行或其他金融机构向资信良好的借款人发放的无须提供担保的人民币信用贷款。在银行申请个人贷款,银行对贷款资金的用途是有要求的。一般的个人信用贷款额度为1万元至100万元,贷款期限在一年以内。这类贷款不需要房产作抵押,也不需要第三方进行担保,是一种在个人拥有良好的信用记录和稳定收入的前提下,就可以获取的门槛较低的贷款。在个人信用贷款中,财力证明如房产证等,只是对个人偿还能力起到辅助的证明作用,因此并不需要出具原件,且不需要进行评估或者作价。

抵押贷款,又称"抵押放款"。是指某些国家银行采用的一种贷款方式。要求借款方提供一定的抵押品作为贷款的担保,以保证贷款的到期偿还。抵押品一般为易于保存,不易损耗,容易变卖的物品,如有价证券、票据、股票、房地产等。贷款期满后,如果借款方不按期偿还贷款,银行有权将抵押品拍卖,用拍卖所得款偿还贷款。拍卖款清偿贷款的余额归还借款人。如果拍卖款不足以清偿贷款,由借款人继续清偿。对于这类贷款中的抵押物,由于需要以其自身的价值来负担偿还贷款的能力,因此不仅要出具证明原件,而且是需要进行评估的。

广发银行联保易贷款系连带责任保证担保贷款。表面上虽然称其为担保贷款,但实质上却是以联保体成员的个人信用互为担保的一种信用贷款。因此从本质上来说,这种贷款方式是区别于上文所述的抵押贷款,也就是说在申请贷款时对于财产证明的需要程度是相对低一些的。

根据张明楷教授的观点，在认定骗取贷款罪时，不能认为任何欺骗行为都属于本罪的欺骗手段，只有在对金融机构发放贷款起重要作用的方面有欺骗行为，才能认定为本罪。就本案来说，也许有人会疑惑：虚假财力证明作为骗取抵押贷款的犯罪来说作用无疑是非常重大的，但是针对更加注重个人信用而非财力的信用贷款来说，提供虚假的财力证明是否能够构成"重要作用"呢？

笔者认为，对于财力证明是否对骗取信用贷款起到重要作用，需要结合个案案情来进行判断。在本案中，广发银行的联保易贷款虽然属于信用贷款，但其金额远高于一般的个人信用贷款，因此其对个人信用甚至财力都提出了较高的要求。根据部分被告人的供述，广发银行在项目伊始是要求申请人需具备位于北京的房产的，但囿于大部分商户均无法提供，且银行放贷心切，故经与银行上级部门协调，取消了需要在北京有房产的条件，将房产所在地的范围放宽。而包括被告人陈某某在内的17名商户，在客观行为方面，每人除提供多份虚假的福安市房产证明之外，还向银行提供了虚假的超过实际经营时间的经营情况证明、部分虚假的大额进出货合同，也就是说，无论是个人经营状况还是个人财力状况，17名商户均向银行展示了虚假的情况。在主观层面上，17名商户均主动签署个人贷款合同，签署时亦被书面告知其应当承担提供真实的贷款材料的要求，但上述商户仍然向银行提供了虚假文件，具备犯罪的主观故意。

因此，虽然财力证明本身对于信用贷款所起的证明作用小于抵押贷款，但是本案集结了虚假的财力证明、经营情况证明、大额进出货合同等，积小恶成大错，这些因素的共同作用导致了银行被欺骗，并基于错误认识向17名商户发放了贷款，造成了三千余万元贷款逾期的恶劣事件产生，因此在本案中，应当综合全部证据来认定，被告人提供的所有虚假证明文件对于欺骗银行是起到重要作用的。

二、此罪与彼罪的界限——陈某某的行为应如何定性？

骗取贷款罪的责任形式为故意，不要求具有特定的目的。如果行为人具有非法占有目的，则按照贷款诈骗罪论处。对于陈某某使用虚假材料骗取银行贷款后不能归还的行为，在案件审查起诉阶段，存在如下看法：

看法一：认定陈某某犯骗取贷款罪

持这一观点的检察官认为，市场方郑某某向陈某某介绍联保易贷款时，曾提出在得到贷款后，向其借用一部分，郑某某会帮助陈某某向银行还贷。陈某某出于对郑某某的信任，在得到贷款后将一部分贷款给予郑某某，且正常还款，后因市场方经营不善，才导致陈某某在客观上经营无以为继，才无法继续还款，陈某某本身并不具有非法占有贷款的目的。

看法二：认定陈某某犯贷款诈骗罪

持这一观点的检察官认为，陈某某自申请贷款伊始便在明知证明材料虚假的情况下仍提供多种虚假证明材料并获得贷款。贷款到账后，其钱款被立即打散转账进入多个涉案账户，这一情况在其他商户获得贷款后也有发生，呈现出明显的洗钱迹象。陈某某本人虽然辩称贷款到账后均用于生产经营，但在承办人向其核实具体钱款的使用情况时，其却无法准确说明。同时，陈某某在无法还贷后逃回老家，不再使用在申请贷款时在银行预留的手机号码，变更手机号码后未告知银行，具有逃避还贷的主观故意。

本案承办人最后认可了第一种看法，即认定陈某某犯骗取贷款罪。首先，陈某某在获得贷款后有积极还款的行为；其次，贷款到账后被打散进入多个涉案账户系市场方统一操作，市场方控制了陈某某的银行卡及U盾，无证据证明陈某某对于市场方的这种疑似洗钱的行为是明知；再次，陈某某不能还款系客观不能，而非主管不愿；最后，陈某某在无法还款后变更联系方式并逃回福建老家的行为只能认定其有逃避银行催收的故意，但并不能完全认定主观上没有还款的意愿。根据立案标准，具有下列情形的，应当追诉：（1）骗取数额在100万元以上的；（2）给金融机构造成直接经济损失数额在20万元以上的。根据陈某某与广发银行签署的《个人额度贷款合同》，陈某某贷款金额为 300 万元，但因其在取得贷款前即向广发银行支付保证金 45 万元，故承办人认定陈某某骗取贷款的实际金额为 255 万元。这一金额符合骗取贷款本身的数额标准。同时，其有本金 2434352.51 元的贷款无法偿还，系给银行造成了重大损失，符合给金融机构造成损失的数额标准，因此承办人以陈某某犯骗取贷款罪，向法院提起了公诉。

三、在银行工作人员明显存在审核不严的过错情况下，是否应当减轻被告人的责任？

本案中，直接负责本次贷款申请资料核查和入户调查的钱某某，并没有依法审慎履职。在案证据显示，钱某某在取得贷款申请人的贷款资料后，除下户到商户的商铺进行合影和询问之外，并未对商户的上下游合作商户做工商注册材料的查询和到实际经营地进行考察；针对商户提交的房产证明，其也因房产所在地均在福建，路途遥远，且广发银行没有硬性规定需要实地考察所在地在北京以外的房产为由，没有进行实地考察，也没有到房管局进行核实。其上级负责人蒋某某在同样具有对申请贷款材料真实性、有效性负责的情况下，仅对申请贷款材料的完整性进行了核查，便在文书上签署姓名表示同意放贷。可以说，其二人的失职行为为南天弘茶叶市场商户骗取广发银行贷款在客观上创造了便利条件。

然而，该二人因为过失而给贷款申请人创造的可乘之机，笔者认为并不构成减轻陈某某等商户责任的条件。首先，我国刑法中并没有规定，在行为人获得便于犯罪的条件的情况下就可以减轻其罪责。其次，在犯罪行为的实施过程中，在案并没有证据显示陈某某等商户利用了银行审核不严的漏洞而提交虚假的申请材料。再次，我国刑法仅针对从犯作出了应当减轻处罚的规定，而本案中陈某某等商户均为骗取贷款行为的主要积极实施者，并不能认定其为从犯。最后，就实施欺骗手段与取得贷款之间的因果关系来看，银行工作人员的过失并不能从客观上切断其间的因果关系，也就是说，陈某某等人获得贷款仍然是基于其对银行工作人员的欺骗而达成的。

综上，虽然由于钱某某、蒋某某工作的不负责任而给陈某某等贷款申请人创造了骗取贷款的便利条件，但是对于减轻陈某某等人的罪责却是于法无据，因此，笔者认为不能在银行工作人员存在审核不严的过错情况下减轻陈某某等被告人的责任。

四、对广发银行工作人员的行为应当如何定性？

看法一：认定钱某某、蒋某某犯违法发放贷款罪

持这一看法的检察官指出，张明楷教授曾在界分骗取贷款罪与违法发放贷款罪方面有如下论述，即欺骗手段必须是针对金融机构工作人员实施的，换言之，如果金融机构中具有发放贷款权限的工作人员知道真相，甚至唆使行为人提供虚假材料，使行为人取得金融机构贷款的，不能认定行为人采取了欺骗手段，因而不得认定行为人构成骗取贷款罪。相反，应认定金融机构工作人员构成违法发放贷款、违规出具金融票证等罪。在本案中，钱某某具有银行方面的从业经历，且承担着主要的个贷材料审核职责。其在经手了五组共计 17 名贷款商户的贷款申请材料后，仍未发现其中纰漏，于理不通，可以推断其主观上是明知陈某某等商户提供了虚假的贷款申请材料而予以放任，应以违法发放贷款罪追究其刑事责任。

看法二：认定钱某某、蒋某某犯非国家工作人员受贿罪

持这一看法的检察官认为，我们应当严格按照侦查机关收集的证据来认定行为人的主观方面是否具有犯罪的故意，以及具有何种犯罪的故意。首先，第一种看法认为钱某某、蒋某某明知陈某某等贷款申请人提供了虚假的财力证明的看法只是一种一般推论，在案并没有确凿的证据能够予以支持和认定，所以我们无法认定钱某某、蒋某某对于财力证明均系虚假的情况具有主观明知。其次，在案有钱某某的辩解，称对于南天弘茶叶市场经营不满 3 年这一情况其系明知，但已经就这一情况向上级部门请示，上级部门出于各种考虑，最终放宽了对南天弘茶叶市场的准入条件。以上口供系孤证，无银行方面出具的准确的放宽贷款条件的文书予以证明，且其针对市场经营不满 3 年的明知并不能佐证钱某某、蒋某某二人对于陈某某等市场经营主体提供了虚假的财力证明和大额进出货合同系明知。由于广发银行系股份制商业银行，钱某

某和蒋某某并不具有国家工作人员的身份，因此应当对该二人的受贿行为以涉嫌非国家工作人员受贿罪追究其刑事责任。

承办人采纳第二种看法，针对钱某某和蒋某某的行为，并不认定该二人具有帮助骗取贷款的主观明知，而仅就其个人在办理贷款活动中收受市场方好处费的行为进行定罪处罚，定非国家工作人员受贿罪。

五、案件处理效果

本案民刑交织，情况相对复杂。在本案的刑事判决尚未作出，部分借款人尚未到案的情况下，广发银行已经作为原告将其与该 17 名商户的贷款纠纷起诉至北京市东城区人民法院。在部分被告人缺席审判的情况下，东城法院对于广发银行同 17 名商户签订的《个人额度贷款合同》的效力予以认可，并依法认定 17 名商户违约，仍需按照合同约定承担连带保证责任，提前偿还广发银行贷款本金，并承担高额的利息、罚息及复利。

本案自案发即引起了广发银行的极大关注，"联保易"这类贷款也被及时叫停。根据银行职员蒋某某在庭审阶段的供述，"联保易"贷款系由民生银行先在上海市场进行运作。在这类贷款已经在上海等区域内产生大规模逾期的情况下，广发银行却贸然上马开始做此类业务。通常来说，广发银行一般的个人信用贷款最高额度为 50 万元，但联保易贷款的个人额度高达 300 万元。在贷款金额畸高的情况下，广发银行并未对贷款商户的资质提出更高的要求，在针对南天弘茶叶市场的联保易项目进行审查时，甚至将贷款申请标准一降再降，本身已经给广发银行的资金安全造成了一定的风险。同时，在这类贷款中，一旦联保体中出现个别成员逾期，所有的联保体成员均需承担连带保证责任，而高额的个人贷款额度使得其他仍在正常还款的联保体成员难以为继，在没有充足的财产可供变现的情况下，无法为逾期的联保体成员负担其应还的贷款。在这种情况下，联保体成员更倾向于让联保体解体，自己仅对个人贷款额度承担清偿责任。实践中有不少联保体成员曾向银行方面提出解除联保体的要求，但银行方面均予以拒绝，因为联保易贷款对于成员财产的低要求，使得成员之间的连带保证成为了确保银行能够回款的重要条件之一，这就导致一些原本可以清偿自己贷款的申请人也因为不愿意承担过高的还款责任而不愿继续偿还自己部分的贷款，进而使得银行无法收回的贷款除已经逾期的成员的贷款外，又增加了本可以得到偿还的尚未逾期的联保体成员的贷款。

从以上事实来看，银行在收回贷款方面确有无奈，但这一现状恰恰是由其本身对于项目没有严格的考量，急于获得资金导致的；借款人因为拒绝承担更高的贷款还款金额而拒绝还款也可以理解，但是签署《个人额度贷款合同》时也是明知所有借款人之间是承担连带保证责任的。就目前的事实和现有证据来看，并没有出现足以认定广发银行同借款人签订的《个人额度贷款合同》存在无效的法定因素，因此我们认为东城法院的判决于法有据。然而，所有合法理由的堆叠并不足以否认这是一次双向失误导致的大规模悲剧。银行和能够正常偿还个人贷款的借款人均在此次事件中遭受了极大的损失。笔者认为，像"联保易"这种创新形式的贷款，或者说融资模式，在其本身没有足以作为支持的理论依据的前提下，在上马这类项目时，银行等金融机构更应尽到审慎的研判义务和对市场的广泛调查。如果正如被告人钱某某所说，广发银行是在民生银行上马此类项目且遇到大规模逾期后才开始的联保易项目，那我们可以认为广发银行对此次事故有着不可推卸的责任。就国家层面上来讲，领导人一直在针对小微企业发放贷款的事上想办法，谋政策，以促进国民经济的普遍发展。然而，民众的需求并不是金融机构贸然放宽贷款准入条件的借口。小微企业融资难的问题应当具体问题具体分析，针对像南天弘茶叶市场这类经营时间短、商户财力并不充裕的情况，银行应当做的是如何通过其他方式确保贷款的发放能够得到偿还，或者在现有担保不足以给付其高额信用贷款的情况下，对其降低贷款额度。同时，贷款申请人也应当量力而行，无论是在财力不足的情况下仍为他人提供连带保证，还是对于市场主体的还款许诺充分信任，都应当在经过慎重判断之后再与银行方面签署贷款合同，在保全自己的财产安全的前提下，再申请贷款、扩大经营，方为稳健之策。

【相关法律规定】

一、中华人民共和国刑法（2017年修正）

第二十五条 【共同犯罪概念】共同犯罪是指二人以上共同故意犯罪。

二人以上共同过失犯罪，不以共同犯罪论处；应当负刑事责任的，按照他们所犯的罪分别处罚。

第二十六条 【主犯】组织、领导犯罪集团进行犯罪活动的或者在共同犯罪中起主要作用的，是主犯。

三人以上为共同实施犯罪而组成的较为固定的犯罪组织，是犯罪集团。

对组织、领导犯罪集团的首要分子，按照集团所犯的全部罪行处罚。

对于第三款规定以外的主犯，应当按照其所参与的或者组织、指挥的全部犯罪处罚。

第二十七条 【从犯】在共同犯罪中起次要或者辅助作用的，是从犯。

对于从犯，应当从轻、减轻处罚或者免除处罚。

第一百六十三条 【非国家工作人员受贿罪】公司、企业或者其他单位的工作人员利用职务上的便利，索取他人财物或者非法收受他人财物，为他人谋取利益，数额较大的，处五年以下有期徒刑或者拘役；数额巨大的，处五年以上有期徒刑，可以并处没收财产。

公司、企业或者其他单位的工作人员在经济往来中，利用职务上的便利，违反国家规定，收受各种名义的回扣、手续费，归个人所有的，依照前款的规定处罚。

第一百七十五条之一 【骗取贷款、票据承兑、金融票证罪】以欺骗手段取得银行或者其他金融机构贷款、票据承兑、信用证、保函等，给银行或者其他金融机构造成重大损失或者有其他严重情节的，处三年以下有期徒刑或者拘役，并处或者单处罚金；给银行或者其他金融机构造成特别重大损失或者有其他特别严重情节的，处三年以上七年以下有期徒刑，并处罚金。

单位犯前款罪的，对单位判处罚金，并对其直接负责的主管人员和其他直接责任人员，依照前款的规定处罚。

第一百八十六条 【**违法发放贷款罪**】银行或者其他金融机构的工作人员违反国家规定发放贷款，数额巨大或者造成重大损失的，处五年以下有期徒刑或者拘役，并处一万元以上十万元以下罚金；数额特别巨大或者造成特别重大损失的，处五年以上有期徒刑，并处二万元以上二十万元以下罚金。

银行或者其他金融机构的工作人员违反国家规定，向关系人发放贷款的，依照前款的规定从重处罚。

单位犯前两款罪的，对单位判处罚金，并对其直接负责的主管人员和其他直接责任人员，依照前两款的规定处罚。

关系人的范围，依照《中华人民共和国商业银行法》和有关金融法规确定。

第一百九十三条 【**贷款诈骗罪**】有下列情形之一，以非法占有为目的，诈骗银行或者其他金融机构的贷款，数额较大，处五年以下有期徒刑或者拘役，并处二万元以上二十万元以下罚金；数额巨大或者有其他严重情节的，处五年以上十年以下有期徒刑，并处五万元以上五十万元以下罚金；数额特别巨大或者有其他特别严重情节的，处十年以上有期徒刑或者无期徒刑，并处五万元以上五十万元以下罚金或者没收财产：

（一）编造引进资金、项目等虚假理由的；

（二）使用虚假的经济合同的；

（三）使用虚假的证明文件的；

（四）使用虚假的产权证明作担保或者超出抵押物价值重复担保的；

（五）以其他方法诈骗贷款的。

二、最高人民检察院、公安部《关于公安机关管辖的刑事案件立案追诉标准的规定（二）》（2010 年 5 月 7 日公布）

第二十七条 以欺骗手段取得银行或者其他金融机构贷款、票据承兑、信用证、保函等，涉嫌下列情形之一的，应予立案追诉：

（一）以欺骗手段取得贷款、票据承兑、信用证、保函等，数额在 100 万元以上的；

（二）以欺骗手段取得贷款、票据承兑、信用证、保函等，给银行或者其他金融机构造成直接经济损失数额在 20 万元以上的；

（三）虽未达到上述数额标准，但多次以欺骗手段取得贷款、票据承兑、信用证、保函等的；

（四）其他给银行或者其他金融机构造成重大损失或者有其他严重情节的情形。

三、最高人民法院、最高人民检察院《关于办理贪污贿赂刑事案件适用法律若干问题的解释》（2016 年 4 月 18 日发布）

第一条 贪污或者受贿数额在三万元以上不满二十万元的，应当认定为刑法第三百八十三条第一款规定的"数额较大"，依法判处三年以下有期徒刑，并处罚金。

……

第二条 贪污或者受贿数额在二十万元以上不满三百万元的，应当认定为刑法第三百八十三条第一款规定的"数额巨大"，依法判处三年以上十年以下有期徒刑，并处罚金或者没收财产。

……

第十一条 刑法第一百六十三条规定的非国家工作人员受贿罪、第二百七十一条规定的职务侵占罪中的"数额较大""数额巨大"的数额起点，按照本解释关于受贿罪、贪污罪相对应的数额标准规定的二倍、五倍执行。

……

四、最高人民法院《全国法院审理金融犯罪案件工作座谈会纪要》（2001 年 1 月 21 日公布）

金融诈骗犯罪都是以非法占有为目的的犯罪。在司法实践中，认定是否具有非法占有为目的，应当坚持主客观相一致的原则，既要避免单纯根据损失结果客观归罪，也不能仅凭被告人自己的供述，而应当根据案件具体情况具体分析。根据司法实践，对于行为人通过诈骗的方法获取资金，造成数额较大资金不能归还，并具有下列情形之一的，可以认定为具有非法占有的目的：

（1）明知没有归还能力而大量骗取资金的；

（2）非法获取资金后逃跑的；

（3）肆意挥霍骗取资金的；

（4）使用骗取的资金进行违法犯罪活动的；

（5）抽逃、转移资金、隐匿财产，以逃避返还资金的；

（6）隐匿、销毁账目，或者搞假破产、假倒闭，以逃避返还资金的；

（7）其他非法占有、拒不返还的行为。但是在处理具体案件的时候，对于有证据证明行为人不具有非法占有目的的，不能单纯以财产不能归还就按金融诈骗罪处罚。

审理贷款诈骗犯罪案件，应当注意以下两个问题：……二是要严格区分贷款诈骗与贷款纠纷的界限。对于合法取得贷款后，没有按规定的用途使用贷款，到期没有归还贷款的，不能以贷款诈骗罪定罪处罚；对于确有证据证明行为人不具有非法占有目的，因不具备贷款的条件而采取了欺骗手段获取贷款，案发时有能力履行还贷义务，或者案发时不能归还贷款是意志以外的原因，如因经营不善、被骗、市场风险等，不应以贷款诈骗罪定罪处罚。

五、中华人民共和国合同法

第五十二条 【合同无效的法定情形】有下列情形之一的，合同无效：

（一）一方以欺诈、胁迫的手段订立合同，损害国家利益；

（二）恶意串通，损害国家、集体或者第三人利益；

（三）以合法形式掩盖非法目的；

（四）损害社会公共利益；

（五）违反法律、行政法规的强制性规定。

第九十三条 【合同约定解除】当事人协商一致，可以解除合同。

当事人可以约定一方解除合同的条件。解除合同的条件成熟时，解除权人可以解除合同。

第二百零五条 【利息的支付】借款人应当按照约定的期限支付利息。对支付利息的期限没有约定或者约定不明确，依照本法第六十一条的规定仍然不能确定，借款期间不满一年的，应当在返还借款时一并支付；借款期间一年以上的，应当在每届满一年时支付，剩余期间不满一年的，应当在返还借款时一并支付。

第二百零六条 【借款的返还期限】借款人应当按照约定的期限返还借款。对借款期限没有约定或者约定不明确，依照本法第六十一条的规定仍然不能确定的，借款人可以随时返还；贷款人可以催告借款人在合理期限内返还。

第二百零七条 【逾期利息】借款人未按照约定的期限返还借款的，应当按照约定或者国家有关规定支付逾期利息。

六、最高人民法院《关于适用〈中华人民共和国合同法〉若干问题的解释（二）》（2009 年 4 月 24 日发布）

第二十六条 合同成立以后客观情况发生了当事人在订立合同时无法预见的、非不可抗力造成的不属于商业风险的重大变换，继续履行合同对于一方当事人明显不公平或者不能实现合同目的，当事人请求人民法院变更或者解除合同的，人民法院应当根据公平原则，并结合案件的实际情况确定是否变更或者解除。

七、中华人民共和国担保法

第十八条 【连带责任保证】当事人在保证合同中约定保证人与债务人对债务承担连带责任的，为连带责任保证。

连带责任保证的债务人在主合同规定的债务履行期届满没有履行债务的，债权人可以要求债务人履行债务，也可以要求保证人在其保证范围内承担保证责任。

第三十一条 【保证人的追偿权】保证人承担保证责任后，有权向债务人追偿。

八、最高人民法院《关于适用〈中华人民共和国担保法〉若干问题的解释》（2000 年 12 月 8 日发布）

第一百二十六条　连带责任保证的债权人可以将债务人或者保证人作为被告提起诉讼，也可以将债务人和保证人作为共同被告提起诉讼。

（北京市朝阳区人民检察院第二检察部　沈逸）

伪造虚假债权债务关系骗取银行贷款并放任他人假冒关联公司工作人员接待银行考察员的行为及相关问题应如何定性

——贺某某骗取贷款案

【关键词】

骗取贷款　共同犯罪　抵押贷款　贷款诈骗

【基本案情】

经审查认定：

被告人贺某某系北京久益中矿建设安装有限公司（以下简称久益中矿公司）法定代表人，股东马某甲、贺某某。马某甲伙同贺某某等人，虚构久益中矿公司对大同煤矿集团有限责任公司（以下简称同煤集团）有应收账款，以将该应收账款转让给广发银行股份有限公司北京京广支行（以下简称广发银行京广支行）为由，于2014年9月30日，骗取广发银行京广支行贷款人民币3000万元。贺某某明知马某甲安排张某某、宋某某等人冒充同煤集团工作人员应付广发银行京广支行核查，仍接待广发银行京广支行工作人员并隐瞒该事实。贺某某在广发银行京广支行以久益中矿公司法定代表人身份与广发银行京广支行签署《有追索权国内保理业务合同》《应收账款转让登记合同》《最高额保证合同》等贷款所需协议书。贺某某于2017年2月23日被查获。广发银行京广支行收到久益中矿公司手续费人民币 42 万元，贷款利息人民币 1782183.34 元及贷款本金人民币 108217.02 元。

久益中矿公司于 2011 年 10 月 14 日变更设立，注册资本和实收资本为 6000 万元，注册地址为北京市怀柔区雁栖镇下庄村 106 号，贺某某担任该公司法定代表人和执行董事，马某甲持股 51%，宋某某持股 19%。

第一份贷款合同的签署及履行情况（已还款）：2013 年 5 月周某某经人介绍认识了被害单位广发银行北京京广支行行长马某乙。马某乙称周某某自称是久益中矿公司董事长，并于 2013 年 7 月 9 日带包括自己在内的多名银行工作人员到久益中矿公司大同办公地进行第一次贷款前调查，见到了久益中矿公司大股东马某甲、法定代表人贺某某，三人共同向银行工作人员介绍了久益中矿公司的经营状况及同煤集团每年近十亿元的工程业务及净六亿应收账款情况。为核实应收账款真伪及有效性，贺某某带银行工作人员前往同煤集团财务公司向副总经理高某某核实应收账款为真实并表示按时还款，后于 2013 年 9 月 26 日第二次贷款前调查时银行工作人员又见到马某甲、贺某某，并由贺某某带去同煤集团向副总经理南某某核实应收账款为真实并表示按时还款（两次调查中见到的高某某、南某某系由张某某、宋某某假冒）。贺某某称为了贷款准备的审计报告等材料都是由马某甲或者周某某伪造的。

2013 年 10 月 29 日，广发银行京广支行与久益中矿公司签署了编号 2213CF016 号的《有追索权国内保理业务合同》，约定自 2013 年 10 月 29 日到 2014 年 10 月 29 日，北京久益中矿公司向广发银行京广支行融资 3000 万元，用途为上游采购，到期不超过授信额度到期后的三个月，应收账款限定为久益中矿公司与同煤集团签订的《建设工程施工合同》项下产生的应收账款。同日签署的《最高额保证合同》约定，周某某、马某甲、贺某某承担连带保证责任。同月 31 日广发银行京广支行放款 3000 万元至久益中矿公司广发银行账户内，并于同日按约定全部转给大同博德莱矿用配件有限公司（以下简称大同博德莱公司）。在一年期间内，久益中矿公司共支付广发银行京广支行 272 万余元的利息及手续费。广发银行京广支行客户经理石某某称 2014 年 7 月久益中矿公司提出续借贷款，银行要求先把前期贷款归还，于是在 2014 年 9 月 29 日广发银行京广支行收到久益中矿公司归还的贷款 3000 万元，比合同约定提前一个月。

第二份贷款合同的签署及履行情况（未还款）：广发银行京广支行客户经理石某某称 2014 年 9 月份，包括他自己在内的银行工作人员在贺某某的陪同下去同煤集团财务公司见到该公司副总经理高某某，高某某在一份新的应收账款债权转让书上盖章确认。石某某此次见到的高某某同样系由张某某假冒。

2014 年 9 月 22 日，在北京市朝阳区朝外大街甲 6 号万通中心四层，广发银行京广支行行长马某乙与久益中矿公司法定代表人贺某某签署了编号为 2214CF020A 号《有追索权国内保理业务合同》，约定自 2014 年 9 月 29 日至 2015 年 9 月 28 日，北京久益中矿公司向广发银行京广支行融资 3000 万元，用途为上游采购，到期不超过授信额度到期后三个月，应收账款限定为久益中矿公司与同煤集团签订的《建设工程施工合同》（编号 MJL-2013-M023）项下产生应收账款 73507529.65 元。同日签署的《最高额保证合同》约定马某甲、贺某某承担连带担保责任。同月 30 日广发银行京广支行放款 3000 万元至久益中矿公司广发银行账户内，并于同日按约定全部转给大同博德莱公司账户。在一年期间内，久益中矿公司共支付广发银行京广支行 239 万余元的利息及手续费。

广发银行京广支行客户经理石某某称 2015 年 8 月久益中矿公司提出续贷，包括其本人在内的银行工作人员在贺某某陪同下去同煤集团财务公司新办公地址见到财务总监董某甲（贺某某称该人系马某甲让同煤集团环保处副处长董某乙假冒）就相关问题再次进行确认，但是 9 月续贷没有审批通过，第二份贷款合同到期后久益中矿公司没有如期还款。同年 10 月 18 日广发银行京广支行一行人去大同市久益中矿公司的办公地见到了马某甲和贺某某，在贺某某陪同下见董某甲，董某甲当时称山西纪委巡视组在同煤集团进驻，正在压缩付款额度，希望银行能够缓一缓，但是到 10 月底仍然没有还款。同年 11 月 11 日马某乙行长和石某某再次前往大同，在马某甲的陪同下见到了南某某，南某某称会先还一部分给银行（此时的南某某仍然由宋某某假冒）。此后，直至 2015 年 11 月 18 日，久益中矿公司依旧没有还款。同月 19 日马某甲手机关机失联，20日贺某某手机关机失联。11月25日马某乙一行人又去同煤集团财务公司找董某甲，总经理王某某说董某甲已调走，对在《应收账款债权转让书通知书》上盖章确认的事不知情，后经向同煤集团财务部的王副部长了解，同煤集团与久益中矿公司没有任何合作关系，《应收账款债权转让通知书》上的同煤集团财务公司公章系伪造。同煤集团出具说明称高某某、南某某从未见过广发银行京广支行工作人员，财务公司也没有叫董某甲的员工。

第二次贷款3000万元的资金走向：经审计，3000万元贷款汇入大同博德莱公司账户后，当天经北京华茂通联贸易有限公司汇给天宝嘉麟国际贸易有限公司2750万元、汇给郗某某250万元。据贺某某供述，马某甲找北京华茂通联贸易有限公司法定代表人郗某某借的过桥资金3000万元用于归还第一次贷款，第二次放贷的全部资金用于归还这笔过桥资金。

此外，2014年10月27日，包商银行深圳分行行长潘某某与久益中矿公司法定代表人贺某某签署《授信额度协议》《最高额保证合同》《流动资金借款合同》《应收账款质押合同》，约定2014年12月22日至2015年12月22日期间包商银行深圳分行向北京久益中矿公司提供一亿元流动资金贷款，由马某甲提供连带责任还款保证，以同煤集团实际发生的合格应收账款共2.11亿元提供质押担保，贷款用于燕子山矿和马脊梁矿的工程，购买施工工程设备、原材料等，年利率10.2%，按月结息。2016年3月15日包商银行深圳分行在广东省深圳市中级人民法院民事起诉久益中矿公司，案号为〔2016〕粤03民初367号。贺某某称在此之前2013年12月至2014年12月期间，马某甲让他以久益中矿公司名义向包商银行北京分行贷款一亿元，到期马某甲借过桥资金还上贷款，并用包商银行深圳分行放贷的一亿元还了过桥资金。

对以上事实，贺某某均辩称向广发银行京广支行、包商银行北京分行、包商银行深圳分行贷款的材料均系马某甲或者周某某伪造好交给他，贺某某负责带银行的工作人员去见同煤集团的假高某某、假南某某，马某甲安排宋某某、张某某假冒该二人。上述二人均为久益中矿公司员工，且张某某系马某甲的姐夫，2015年年底，马某甲得知因不还广发银行京广支行、包商银行深圳分行的贷款就会被起诉，就解散了久益中矿公司，并给贺某某、宋某某、张某某各 10 万元现金用于躲避追查。

【诉讼过程和结果】

本案由北京市公安局朝阳分局侦查终结，以被告人贺某某涉嫌贷款诈骗罪，于 2017 年 8 月 21 日向北京市朝阳区人民检察院移送审查起诉。该院于 2017 年 9 月 21 日报送至北京市人民检察院第三分院审查起诉，北京市人民检察院第三分院于 2018 年 3 月 29 日交办至北京市朝阳区人民检察院审查起诉。北京市朝阳区人民检察院受理后，于 2018 年 3 月 29 日已告知被告人有权委托辩护人，依法讯问了被告人，审查了全部案件材料。北京市朝阳区人民检察院于 2018 年 5 月 14 日以京朝检公诉刑诉〔2018〕932 号起诉书，2018 年 6 月 12 日以京朝检公诉刑变诉〔2018〕73 号变更起诉决定书指控被告人贺某某范骗取贷款罪，向北京市朝阳区人民法院提起公诉。北京市朝阳区人民法院依法组成合议庭，公开开庭审理了本案。现已审理终结。

法院认为，被告人贺某某法制观念淡薄，伙同他人以欺骗手段取得银行贷款，给银行造成重大损失，其行为已构成骗取贷款罪，依法应予惩处。北京市朝阳区人民检察院指控贺某某犯骗取贷款罪的事实清楚，证据确实、充分，指控罪名成立。鉴于贺某某如实供述所犯罪行，法院对其予以从轻处罚。

辩护人所提贺某某系从犯的辩护意见，经查，贺某某虽不起主导作用，但其明知马某甲安排他人冒充同煤集团工作人员，仍隐瞒该事实，欺骗银行工作人员，并以久益中矿公司法定代表人的身份与银行签署贷款文件，在共同犯罪中并非起次要或辅助作用，不属于从犯，朝阳区人民检察院对此辩护意见不予采纳。所提对贺某某适用缓刑的辩护意见，经查，贺某某等人的行为造成银行贷款不能收回，使银行遭受重大损失，不宜适用缓刑，朝阳区人民检察院对此辩护意见不予采纳。其他辩护意见，朝阳区人民检察院予以采纳。综上，根据贺某某犯罪的事实、犯罪的性质、情节和对十社会的危害程度以及在共同犯罪中的罪责，北京市朝阳区人民法院依照《中华人民共和国刑法》第 175 条之一、第 25 条第 1 款、第 67 条第 3 款、第 61 条、第 45 条、

第 47 条、第 52 条、第 53 条之规定，以（2018）京 0105 刑初 1053 号刑事判决书认定被告人贺某某犯骗取贷款罪，判处有期徒刑 2 年 6 个月，罚金人民币 10 万元，该判决已生效。

此外，本案另一名犯罪嫌疑人张某某也于近日以涉嫌骗取贷款被北京市朝阳区人民检察院起诉至北京市朝阳区人民法院。

【主要问题】

1. 骗取贷款还是贷款诈骗，伪造虚假债权债务关系骗取银行贷款并放任他人假冒关联公司工作人员接待银行考察员的行为应如何定性？

2. 主犯还是从犯？对于骗取贷款行为的主要实施者应当如何定位其在共同犯罪中的作用？

【指导意义】

一、案件定性

（一）骗取贷款还是贷款诈骗，伪造虚假债权债务关系骗取银行贷款并放任他人假冒关联公司工作人员接待银行考察员的行为应如何定性？

根据本案相关证据材料，足以认定贺某某以欺骗手段取得银行贷款。

第一，贺某某提供给广发银行的审计报告、《建设工程施工合同》《补充协议》、结算单、《应收账款转让通知书》等材料均系伪造。贺某某称其虽然没有亲自经手伪造以上材料，但其明知久益中矿公司年收益、应收账款情况与材料所显示不符，仍按照马某甲指使将以上材料作为申请贷款的重要材料提交给银行。

第二，在银行审核抵押债权时虚构债权的存在。贺某某明知久益中矿公司名下没有对同煤集团的 7000 余万元债权，仍按照马某甲的指使带广发银行工作人员马某乙、石某某在同煤集团和同煤集团财务公司与宋某某、张某某假冒的公司高层管理者"南某某""高某某"见面，在当面确认债权后使银行工作人员产生了债权真实的错误认识。

第三，在与广发银行签约时以久益中矿公司法定代表人的身份对贷款承担连带保证责任。贺某某明知自己对公司没有实际控制权，明知承担连带保证责任的意义和自己没有经济能力承担连带责任等事实，仍然以该公司法定代表人的身份在贷款协议和担保协议上签字、盖章，向银行隐瞒了公司法定代表人对公司的贷款没有偿还能力的事实。

然而，该案现有证据仅能证实贺某某在马某甲的指示下以久益中矿公司名义骗取了广发银行京广支行3000万元贷款。而区分贷款诈骗罪与骗取贷款罪的关键在于行为人是否具有非法占有的目的。根据《全国法院审理金融犯罪案件工作座谈会纪要》中关于金融诈骗最终非法占有目的的认定的相关规定，结合本案的事实和证据，在主犯马某甲不到案而无法指证贺某某的情况下，对现有的主客观证据运用刑事推定的方式加以分析，承办人认为不足以认定贺某某具有非法占有的目的。

首先，现有证据尚不足以证实贺某某属于"明知没有归还能力而大量骗取资金"的情形。贺某某供述称马某甲实际控制的大同博德莱公司、大同煤矿四老沟实业公司、内蒙古风镇新能源发展公司、大同睿宋哲公司等公司均有实际经营项目，在第一次、第二次向广发银行贷款之际有亿元量级的待收工程款，因此其认为马某甲作为久益中矿公司的实际控制人有经济能力归还银行贷款具有合理性。对此，缺乏有力的证据予以反驳。同时，虽然贺某某等人在2014年9月份向广发银行第二次申请贷款3000万元时，久益中矿公司尚有包商银行北京分行的一亿元贷款负债，但这笔一亿元债务在2014年12月马某甲已经还清。此外，贺某某称案发后马某甲尚有千万量级的待收工程款和利用"假离婚"故意转移的北京房产一套、大同房产一套、京牌路虎汽车一辆，这些情况侦查机关称因马某甲未到案，故未能核实清楚。由于目前对于涉案公司和马某甲本人的资产状况均未能核实清楚，故根据现有证据不足以单纯从借款时的负债情况来证明贺某某等人系"明知没有归还能力而大量骗取资金"。

其次，现有证据不足以证实贺某某有"非法获取资金后逃跑"的行为。现有证据证实，贺某某等人在获得贷款后并未立即携款潜逃，而是按时支付了十个月的贷款利息 200 余万元，直至一年后银行拒绝续贷后，在无力归还贷款的情况下，马某甲才唆使贺某某、宋某某、张某某躲藏以逃避银行即将提起的民事诉讼。且根据贺某某供述，上述行为均是在马某甲的指示下实施的，在马某甲和其他相关人员未到案的情况下，现有证据无法证实贺某某在这一过程中的实际作用和主观动机。

再次，现有证据不足以证实贺某某等人存在"肆意挥霍骗取资金、使用骗取的资金进行违法犯罪活动"的情形。贺某某自己辩称对久益中矿公司账户及进出账没有实际控制权，对贷款大部分去向和具体用途均不知悉。对其上述辩解，由于同案犯未到案无法核实真伪。同时，本案中只有未还本金的第二次贷款行为涉嫌犯罪，从赃款去向及贺某某供述上看，第二次贷款放款当天全部用于归还郗某某的过桥资金，从资金去向上看没有用于公司的生产经营，但是并不能因此而片面地认定第二次贷款成立非法占有目的。基于郗某某这笔 3000 万元的过桥资金借款是用来归还第一次贷款的本金，所以 2013 年 10 月 29 日至 2014 年 9 月 30 日期间的第一次贷款行为与 2014 年 9 月 29 日至 2015 年 9 月 29 日期间的第二次贷款行为不能割裂开看待。贺某某供述两次贷款过程中其作为久益中矿公司法定代表人经办贷款全过程，采用相同手段两次骗取贷款，从表面上看是两个独立的贷款行为，但本质上是借新还旧的"续贷"行为，因此第一次贷款的资金去向对判断第二次贷款时的主观目的也至关重要。本案中贺某某供述其客观上不能控制久益中矿公司的资金进出，主观上对马某甲将第一次贷款的 3000 万元资金的处分情况也不了解，不认识赃款去向中的大多数收款人，仅知道马某甲通过其助理徐某某转账给诸葛某某的 600 万元钱款可能是用于归还马某甲的个人欠债，而马某甲用于对外投资的资金来源是广发银行贷款、包商银行贷款还是其他收入也不明知。此外，久益中矿公司的出纳梁某某、马某甲的助理徐某某均无法到案佐证，经核对银行账户对手交易流水，并进行司法审计，证实在全部支出金额中，除 1.5 万元的差旅费报销外，无法证实贺某某对涉案款项有过支配或者处置的行为，因此现有证据无法证实贺某某等人曾经"肆意挥霍骗取资金、使用片区的资金进行违法犯罪活动"。

最后，由于马某甲及相关证人不到案，仅依据现有银行交易流水及贺某某、张某某的供述无法认定所获得贷款的实际去向，故无法证实存在"抽逃、转移资金、隐匿财产，以逃避返还资金"的情形。

此外，目前对于贺某某是否参与分赃也不得而知。从银行交易流水上来看，广发银行 3000 万元资金没有进入贺某某的个人账户，结合贺某某供述称马某甲每月仅发给他 5000 元的现金工资，在办理贷款一事中没有任何提成和奖金，工资水平和久益中矿公司普通员工宋某某、张某某持平，在马某甲不到案的情况下，无法确定贺某某是否在骗取贷款的行为中有额外的获益。

综上所述，根据现有证据虽然能够证实贺某某伙同马某甲等人实施了骗取银行贷款的行为，并确实造成了银行贷款无法收回这一危害结果的发生，但尚欠缺足以证实被告人贺某某在主观上具有非法占有银行贷款目的的重要证据。故根据目前可以查清的事实和在案证据，只能以涉嫌骗取贷款罪追究贺某某的刑事责任。

（二）主犯还是从犯？应当如何定位骗取贷款行为的主要实施者在共同犯罪中的作用？

笔者认为，本案中贺某某与马某甲、张某某、宋某某构成共同犯罪，分析如下：

第一，本案并非久益中矿公司的单位犯罪。从公司账户及贺某某的供述来看，首先久益中矿公司自成立以来没有公司经营收入，公司账户上的大额收入来自四次银行贷款所得 2.6 亿元，属于公司设立后以实施犯罪为主要活动的情形。其次，虽然从营业执照上看，久益中矿公司的法定代表人是贺某某，股东为马某甲和宋某某，但实际上并无集体决策组织，向银行贷款的决策由马某甲一人决定，并无单位集体意志的体现。最后，犯罪所得由马某甲一人控制，放贷后当天就转移到马某甲控制的其他公司账户中，贺某某不仅未掌握赃款去向，而且除了正常工资收入外，没有因犯罪获得额外收入，因此犯罪所得并不归单位共享，贺某某与马某甲、张某某、宋某某的犯罪行为不构成单位犯罪。

第二，本案构成以马某甲、贺某某为主犯，宋某某、张某某为从犯的犯罪团伙。贷款合同、连带担保合同等书证、贺某某供述及被害单位工作人员马某乙、石某某的证言均证实在整个骗取贷款的过程中，马某甲是公司实际控制人，他负责指挥公司法定代表人贺某某向银行申请贷款、带银行人员前往同煤集团财务公司核实债权的过程，并唆使公司员工张某某、宋某某假冒同煤集团财务公司副总经理高某某、南某某，配合贺某某完成银行审核，属于在共同犯罪中起到组织作用、领导作用的首要分子。贺某某作为公司法定代表人，虽然听命于马某甲，但参与了骗取贷款的全过程并代表公司签字盖章，与马某甲一起对贷款承担连带责任，对犯罪的实施起到重要作用，是在共同犯罪中起主要作用的主犯。宋某某、张某某被马某甲教唆在银行审核债权的过程中配合贺某某隐瞒了债权的真相，为共同犯罪的实施提供帮助，属于起辅助作用的从犯。

二、案件办理效果

本案在前期侦查工作时的侦查方向一直是贷款诈骗，因此在起诉到案后朝阳区人民检察院第一时间将该案移送至有管辖权的北京市人民检察院第三分院进行审查起诉。但在审查起诉期间经过退回公安机关补充侦查和延长审查起诉期间，第三分院承办人认为现有证据不足以证明贺某某有非法占有贷款的主观目的，因此以其涉嫌骗取贷款罪将本案交小至朝阳区人民检察院。朝阳区人民检察院受理后，第一时间与第三分院承办人就证据情况和定性情况进行了沟通，实现了较好的工作对接。在针对刑法第175条之一骗取贷款罪中"给银行或者其他金融机构造成特别重大损失"没有明确规定数额标准的情况下，两级院承办人均认为3000万元的数额足以构成特别重大损失，因此以贺某某给银行造成了特别重大损失进行了起诉。但在审判阶段，法院承办人通过查阅该院既往的骗取贷款案例，发现即使比贺某某骗取贷款金额要高出一倍多的主犯，最终判处的刑期也并没有升档，故经过法检承办人的沟通协调，朝阳区人民检察院承办人对贺某某变更起诉为"给银行造成重大损失"，删去"特别"二字，对贺某某降档起诉。朝阳法院对朝阳区人民检察院的全部指控予以认可。

　　贺某某骗取贷款案获得有罪判决后不久，假冒同煤集团财务公司副总经理高某某接待广发银行和包商银行工作人员的张某某被抓获到案。张某某在到案前期均不予认罪，仅承认曾听从贺某某的指挥在同煤集团财务公司见过外面来的客人，至于客人是做什么的，来大同的目的是什么，其表示一概不知。其接待客人时也只是拉拉家常，说了下大同煤矿行业的运营现状和发展前景。后在公安机关积极调取新证据和检察院承办人的不懈努力下，张某某终于对本案的关键事实之一予以承认，即其受人安排接待银行的工作人员二次，并出示了虚假的印有其自己电话号码的"高某某"的名片给银行工作人员，并且明确知悉来的是北京某银行方面的人，但其对于是受谁指使，贷款还不上后如何推辞继续扮演高某某均存在不同于现已查实的事实的边界，以及对在是否收受马某甲给予的10万元现金"避难费"予以否认。在审查起诉期届满时，朝阳区人民检察院再次对张某某进行工作，最终其签署认罪认罚具结书，朝阳区人民检察院以涉嫌骗取贷款罪将张某某起诉至北京市朝阳区人民法院，并建议适用简易程序。

　　可以说，由于本案的前期取证工作做得相对扎实，因此对于后续到案人员的基本定性起到了一定作用。但是从客观上来说，关键证人均无法到案接受询问，也给案件的定性造成了很大的掣肘。在现有的主客观证据条件下，将上述两名被告人以涉嫌骗取贷款罪提起公诉，是相对稳妥的处理方式。

【相关法律规定】

一、中华人民共和国刑法（2017年修正）

　　第二十五条 【共同犯罪概念】共同犯罪是指二人以上共同故意犯罪。

　　二人以上共同过失犯罪，不以共同犯罪论处；应当负刑事责任的，按照他们所犯的罪分别处罚。

　　第二十六条 【主犯】组织、领导犯罪集团进行犯罪活动的或者在共同犯罪中起主要作用的，是主犯。

　　三人以上为共同实施犯罪而组成的较为固定的犯罪组织，是犯罪集团。

对组织、领导犯罪集团的首要分子，按照集团所犯的全部罪行处罚。

对于第三款规定以外的主犯，应当按照其所参与的或者组织、指挥的全部犯罪处罚。

第二十七条 【从犯】在共同犯罪中起次要或者辅助作用的，是从犯。

对于从犯，应当从轻、减轻处罚或者免除处罚。

第一百七十五条之一 【骗取贷款、票据承兑、金融票证罪】以欺骗手段取得银行或者其他金融机构贷款、票据承兑、信用证、保函等，给银行或者其他金融机构造成重大损失或者有其他严重情节的，处三年以下有期徒刑或者拘役，并处或者单处罚金；给银行或者其他金融机构造成特别重大损失或者有其他特别严重情节的，处三年以上七年以下有期徒刑，并处罚金。

单位犯前款罪的，对单位判处罚金，并对其直接负责的主管人员和其他直接责任人员，依照前款的规定处罚。

第一百九十三条 【贷款诈骗罪】有下列情形之一，以非法占有为目的，诈骗银行或者其他金融机构的贷款，数额较大的，处五年以下有期徒刑或者拘役，并处二万元以上二十万元以下罚金；数额巨大或者有其他严重情节的，处五年以上十年以下有期徒刑，并处五万元以上五十万元以下罚金；数额特别巨大或者有其他特别严重情节的，处十年以上有期徒刑或者无期徒刑，并处五万元以上五十万元以下罚金或者没收财产：

（一）编造引进资金、项目等虚假理由的；

（二）使用虚假的经济合同的；

（三）使用虚假的证明文件的；

（四）使用虚假的产权证明作担保或者超出抵押物价值重复担保的；

（五）以其他方法诈骗贷款的。

二、最高人民检察院、公安部《关于公安机关管辖的刑事案件立案追诉标准的规定（二）》（2010 年 5 月 7 日公布）

第二十七条 【骗取贷款、票据承兑、金融票证案（刑法第一百七十五条之一）】以欺骗手段取得银行或者其他金融机构贷款、票据承兑、信用证、保函等，涉嫌下列情形之一的，应予立案追诉：

（一）以欺骗手段取得贷款、票据承兑、信用证、保函等，数额在一百万元以上的；

（二）以欺骗手段取得贷款、票据承兑、信用证、保函等，给银行或者其他金融机构造成直接经济损失数额在二十万元以上的；

（三）虽未达到上述数额标准，但多次以欺骗手段取得贷款、票据承兑、信用证、保函等的；

（四）其他给银行或者其他金融机构造成重大损失或者有其他严重情节的情形。

三、最高人民法院《全国法院审理金融犯罪案件工作座谈会纪要》（2001年1月21日颁布）

金融诈骗犯罪都是以非法占有为目的的犯罪。在司法实践中，认定是否具有非法占有为目的，应当坚持主客观相一致的原则，既要避免单纯根据损失结果客观归罪，也不能仅凭被告人自己的供述，而应当根据案件具体情况具体分析。根据司法实践，对于行为人通过诈骗的方法获取资金，造成数额较大资金不能归还，并具有下列情形之一的，可以认定为具有非法占有的目的：

（1）明知没有归还能力而大量骗取资金的；

（2）非法获取资金后逃跑的；

（3）肆意挥霍骗取资金的；

（4）使用骗取的资金进行违法犯罪活动的；

（5）抽逃、转移资金、隐匿财产，以逃避返还资金的；

（6）隐匿、销毁账目，或者搞假破产、假倒闭，以逃避返还资金的；

（7）其他非法占有、拒不返还的行为。但是在处理具体案件的时候，对于有证据证明行为人不具有非法占有目的的，不能单纯以财产不能归还就按金融诈骗罪处罚。

……审理贷款诈骗犯罪案件，应当注意以下两个问题：

......

二是要严格区分贷款诈骗与贷款纠纷的界限。对于合法取得贷款后，没有按规定的用途使用贷款，到期没有归还贷款的，不能以贷款诈骗罪定罪处罚；对于确有证据证明行为人不具有非法占有目的，因不具备贷款的条件而采取了欺骗手段获取贷款，案发时有能力履行还贷义务，或者案发时不能归还贷款是意志以外的原因，如因经营不善、被骗、市场风险等，不应以贷款诈骗罪定罪处罚。

四、中华人民共和国合同法

第五十二条 【合同无效的法定情形】有下列情形之一的，合同无效：

（一）一方以欺诈、胁迫的手段订立合同，损害国家利益；

（二）恶意串通，损害国家、集体或者第三人利益；

（三）以合法形式掩盖非法目的；

（四）损害社会公共利益；

（五）违反法律、行政法规的强制性规定。

五、中华人民共和国担保法

第十八条 【连带责任保证】当事人在保证合同中约定保证人与债务人对债务承担连带责任的，为连带责任保证。

连带责任保证的债务人在主合同规定的债务履行期届满没有履行债务的，债权人可以要求债务人履行债务，也可以要求保证人在其保证范围内承担保证责任。

第三十一条 【保证人的追偿权】保证人承担保证责任后，有权向债务人追偿。

（北京市朝阳区人民检察院第二检察部　沈逸）

八

骗取票据承兑罪

单位使用伪造的材料骗取承兑票据
如何定性与处罚

——田某甲等人骗取票据承兑案

【关键词】

票据承兑　伪造印章合同　伪造增值税发票　票据贴现

【基本案情】

经审查认定：

北京三兴加腾石化集团有限公司（以下简称三兴加腾公司）成立于2001年，法定代表人为田某乙，实际控制人为被告人田某甲，实际经营地位于本市朝阳区，三兴加腾公司下设北京中油道亨石油销售有限公司（以下简称中油道亨公司）、河北省大港石化有限公司（以下简称大港石化公司）等多个子公司。被告人贲某某于2008年6月11日入职三兴加腾公司，担任副总裁，负责资本运营及财务管理工作。2008年7月间，被告人田某甲授意被告人贲某某等人，以三兴加腾公司支付南通某某石油有限公司（以下简称南通某某石油）货款为由，利用某某投资集团有限公司提供的担保、虚假的采购合同以及伪造的增值税发票，骗取了北京某某银行朝阳支行（以下简称某某银行朝阳支行）出具的承兑汇票10张，共计人民币1亿元。三兴加腾公司取得上述承兑汇票后，并未支付给南通某某石油，而是通过伪造南通某某石油的财务章及法定代表人人名章进行虚假背书后贴现，并将1亿元贴现款汇入本公司及其控股子公司账户，后用于公司经营。上述银行承兑汇票到期后，三兴加腾公司未能按期还款，给某某银行朝阳支行造成了重大经济损失。被告人田某甲、贲某某后被查获归案。另从被告人田某甲处扣押人民币 3400 元在案。

【诉讼过程和结果】

北京市公安局朝阳分局接某某银行朝阳支行报警后立案侦查，北京市公安局朝阳分局于 2014 年 7 月 17 日以涉嫌骗取票据承兑罪对犯罪嫌疑人：田某甲、贲某某、王某某、冯某某等人移送审查起诉，经审查，检察机关认为犯罪嫌疑人田某甲、贲某某的行为构成骗取票据承兑罪，于 2014 年 9 月 30 日提起公诉，对犯罪嫌疑人王某某、冯某某的行为经审查认为证据不足，作出不起诉决定。

北京市朝阳区人民法院于 2015 年 8 月 3 日判决认定被告人田某甲身为单位直接负责的主管人员，被告人贲某某身为单位其他直接责任人员，共同以欺骗手段取得银行承兑汇票，给银行造成特别重大损失，二被告人之行为触犯了刑法，均已构成骗取票据承兑罪，本案系单位犯罪，被告人田某甲、贲某某分别作为单位直接负责的主管人员和其他直接责任人员，依法应予惩处，对犯罪嫌疑人田某甲判处有期徒刑 4 年，罚金人民币 20 万元；被告人贲某某系从犯，故对其所犯罪行依法予以减轻处罚，被告人贲某某犯骗取票据承兑罪，判处罚金人民币 5 万元。本案系单位犯罪，相应的经济损失亦应由单位负责退赔。被告人田某甲、贲某某没有上诉，判决已生效。

【主要问题】

1. 本案是否构成单位犯罪及应当如何处理？
2. 伪造公司印章罪与骗取票据承兑罪应当如何处理？

【指导意义】

一、案件定性

1. 本案被告人田某甲的行为构成骗取票据承兑罪

骗取票据承兑罪属于破坏金融管理秩序的犯罪，其保护的法益是金融管理秩序，本罪在侵害金融管理秩序的同时还侵害了金融机构的财产权。金融管理秩序是各金融机构成体系的金融管理制度所规制的。本案中的票据承兑，是指票据付款人承诺在汇票到期日支付汇票金额的票据行为，其目的在于使承兑人以票据载明的义务承担支付票据金额的义务。骗取票据承兑的行为往往表现为行为人通过虚假的贸易合同、虚假的税票文件欺骗银行开取承兑汇票的行为。按照现行银行承兑汇票的有关规定，当出票人向银行申请承兑时，购销双方仅仅是签订了购销合同，真实的交易还没有发生，银行审查的交易主要是购销合同。本案中田某甲使用了欺骗手段进行实施，其伪造了购销合同，而根据相关法律精神，只要申请人在申请过程中有虚构事实、掩盖真相的情节，或者只要提供虚假材料、虚假证明或者贷款资金没有按照申请的用途去使用，都是欺骗行为，结合本案案情，田某甲等人的行为就符合这一条件。在案多名证人的证言以及证人提供的书证足以证明三兴加腾公司以伪造签名和印章的方式伪造采购合同的事实；江苏省某某经济技术开发区国家税务局出具的证明证实了三兴加腾公司向银行递交伪造增值税发票的事实；犯罪嫌疑人田某甲、贲某某和北京某某银行朝阳支行工作人员的证言，三兴加腾公司的账目以及银行催账单均证实三兴加腾公司因经营不善无力偿还7000万元贷款的事实；犯罪嫌疑人田某甲、贲某某的供述以及多人证言和相关公司的财务账单及银行交易记录证实了承兑汇票贴现后资金8000万元资金回到了三兴加腾公司，并未支付给南通某某石油公司；犯罪嫌疑人田某甲、贲某某的供述、相关证人的证言和三兴加腾公司的管理制度证实了田某甲、贲某某在此案中起到的决策、管理作用，王某某、冯某某在本案中仅为接受命令的经手作用。

2. 本案被告人田某甲的行为不构成信用证诈骗罪

本案中，没有证据证明田某甲有非法占有的目的，其行为不构成相应的信用证诈骗罪。理由如下：本案中，田某甲的犯罪主体是银行承兑汇票，正是由于田某甲伪造了与第三方的油品购销合同和增值税发票，才使得银行向其出具了银行承兑汇票，在案证据证明其通过其他手段将承兑汇票贴现后用于公司经营，不能判断在案被告人具有非法占有的目的。

3. 田某甲伪造公司印章的行为属于牵连犯

本案中，有大量客观证据能够证明田某甲伪造了公司印章。客观上，购销合同上的印章为假章，增值税发票为伪造的发票，有相关单位负责人已经证明印章系假造，某某银行朝阳分行也因此出具了承兑汇票，第三方出具了担保，但是在侦查的过程中伪造的增值税发票的来源不清，实体印章并未起获，属于证据问题，而相关客观证据已经能够形成完整的证据链条，在资金最终走向上，其在汇票贴现后用于公司经营，也证明主观上有伪造公司印章的主观故意，其就是为了使用承兑汇票用于公司经营，但证明其构成本罪的证据不足。本案中，田某甲的行为不能认定为想象竞合，因为其在伪造合同和增值税发票的时候还伪造了公司的印章，虽然目前没有将印章起获，但是其已经触犯了两个不同的法益，是两个行为，而不是一个行为触犯两种法益，故应当依照牵连犯来处理本案，伪造公司印章的行为和骗取票据承兑的行为应当属于牵连关系，是牵连犯，刑法理论认为，牵连犯是手段行为与目的行为触犯不同罪名，原因行为与结果行为触犯不同罪名，手段行为与目的行为具有牵连关系，牵连关系要有类型化、通常性的特征，本案中，田某甲伪造购销合同和销售货品的增值税发票是向银行申请出具承兑汇票时必须要审查的材料，其伪造的公司印章的行为因此被告人田某甲伪造销售合同和增值税发票与骗取银行承兑罪之间有类化性的特征，牵连犯在刑法上原则上择一重罪处罚，并且按照重罪处罚的时候，可以从重处罚，例外是要数罪并罚，笔者认为，此处的例外应当是刑法的明文规定，但在本罪中，刑法条文和司法解释并未作出例外规定，故伪造公司印章的行为应当与骗取票据承兑属于牵连关系，按照较重的骗取票据承兑罪定罪处罚。

因此综合全案证据，本案应当认定为骗取票据承兑罪。

4. 本案是否应按照单位犯罪起诉

在诉讼过程中，对于本案是否应按照单位犯罪起诉出现分歧意见。一种观点认为本案构成单位犯罪，另一种观点认为不构成单位犯罪，是否认定单位犯罪对相关人员、涉案单位的处理结果也不尽相同。

第一种观点认为，本案不应当认定为单位犯罪，理由如下：认定单位犯罪需要找到涉案单位的诉讼代表人，但是经过数轮工作，仍旧未找到诉讼代表人，以自然人起诉犯罪也能做到罪责刑相适应。

第二种观点认为，本案应当认定为单位犯罪，针对无法找到诉讼代表人的情况，检察机关依旧可以依法引用单位犯罪的规定，但应仅仅起诉单位中的直接负责的主管人员和其他直接责任人，符合刑事诉讼规则应当以单位犯罪起诉。

检察机关在提起公诉时采用了第二种观点，引用了单位犯罪的法条，但未列明单位犯罪人。综合全案，田某甲等人不属于以个人决断使用公司名义为个人获取利益，本案中，涉案的承兑汇票不是公司的某个成员的意志，而是公司整体的意志，本案中的证据显示承兑汇票最终贴现由公司使用，属于单位主要领导出于为单位谋取利益的意图，依据其职权作出决策。故本案应当认定为单位犯罪。

5. 其他部分涉案人员处理意见辨析

主体方面，北京三兴加腾公司以公司名义骗取票据承兑，违法所得归公司所有，构成单位犯罪；犯罪嫌疑人田某甲、贲某某系该单位直接负责的主管人员、直接责任人员且都具有全完刑事责任能力。主观方面，田某甲、贲某某作为三兴加腾公司总经理和财务总监，明知公司有使用虚假销售合同和虚假增值税发票骗取银行票据承兑的行为，并进行了积极的策划及领导工作，主观上属于直接故意。公安机关同时移送审查起诉的两名会计和出纳作为三兴加腾公司财务人员，参与了银行承兑汇票的背书工作，使得资金回到三兴加腾公司账户，作为三兴加腾公司财务人员，受田某甲、贲某某等人指使对虚假合同和虚假增值税进行了实际经手工作，无其他证据证实二人主观上明知其向银行提供材料的真伪，故二人犯罪行为主观故意不明显。客观方面，2008 年 7 月间犯罪嫌疑单位利用虚假的采购合同和增值税发票骗取北京市某某银行朝阳支行 1 亿元银行承兑汇票，因经营不善无力偿还，致使北京农村商业银行损失人民币 7000 万元。客观上严重扰乱了金融管理秩序，危及金融安全。综上，北京三兴加腾石化集体有限公司构成骗取票据承兑罪，犯罪嫌疑人田某甲、贲某某构成骗取票据承兑罪；犯罪嫌疑人王某某、冯某某因主观故意不明显、相关证据不足，系在本案中其是受单位领导指派而实施了一定执行任务行为的工作人员，故作出存疑不起诉的决定。

二、案件处理效果

本案属于单位犯罪，但是经过多次工作无法找到诉讼代表人，故未在起诉列明被告单位，但是以单位犯罪起诉，这种处理方式符合《关于审理单位犯罪案件对其直接负责的主管人员和其他责任人员是否区分主犯、从犯问题的批复》司法解释的精神，检察机关认定本案是单位犯罪案件，但在最终审查起诉时未将本案的涉案单位作为犯罪单位进行起诉，一审和二审法院亦依照司法解释的要求按照单位犯罪对本案进行了审理，在判决中引用了单位犯罪的条文。对于单位犯罪的案件，根据田某甲等被告人被指控的犯罪事实，依照单位犯罪事实并依照单位犯罪的责任规定追究田某甲和贲某某的刑事责任，使案件最终达到了社会效果和法律效果的统一。

【相关法律规定】

一、中华人民共和国刑法（2017 年修正）

第三十条 【单位负刑事责任的范围】公司、企业、事业单位、机关、团体实施的危害社会的行为，法律规定为单位犯罪的，应当负刑事责任。

第三十一条 【单位犯罪的处罚原则】单位犯罪的，对单位判处罚金，并对其直接负责的主管人员和其他直接责任人员判处刑罚。本法分则和其他法律另有规定的，依照规定。

第一百七十五条之一 【骗取贷款、票据承兑、金融票证罪】以欺骗手段取得银行或者其他金融机构贷款、票据承兑、信用证、保函等，给银行或者其他金融机构造成重大损失或者有其他严重情节的，处三年以下有期徒刑或者拘役，并处或者单处罚金；给银行或者其他金融机构造成特别重大损失或者有其他特别严重情节的，处三年以上七年以下有期徒刑，并处罚金。

单位犯前款罪的，对单位判处罚金，并对其直接负责的主管人员和其他直接责任人员，依照前款的规定处罚。

第二百八十条第二款 【伪造公司、企业、事业单位、人民团体印章罪】伪造公司、企业、事业单位、人民团体的印章的，处三年以下有期徒刑、拘役、管制或者剥夺政治权利，并处罚金。

二、最高人民法院《关于审理单位犯罪案件具体应用法律有关问题的解释》（自 1999 年 7 月 3 日起施行）

第一条 刑法第三十条规定的公司、企业、事业单位，既包括国有、集体所有的公司、企业、事业单位，也包括依法设立的合资经营、合作经营企业和具有法人资格的独资、私营等公司、企业、事业单位。

三、最高人民法院《关于审理单位犯罪案件对其直接负责的主管人员和其他直接责任人员是否区分主犯、从犯问题的批复》（自 2000 年 10 月 10 日起施行）

在审理单位故意犯罪案件时，对其直接负责的主管人员和其他直接责任人员，可不区分主犯、从犯，按照其在单位犯罪中所起的作用判处刑罚。

四、《全国法院审理金融犯罪案件工作座谈会纪要》（自 2001 年 1 月 21 日起施行）

2. 单位犯罪直接负责的主管人员和其他直接责任人员的认定：直接负责的主管人员，是在单位实施的犯罪中起决定、批准、授意、纵容、指挥等作用的人员，一般是单位的主管负责人，包括法定代表人。其他直接责任人员，是在单位犯罪中具体实施犯罪并起较大作用的人员，既可以是单位的经营管理人员，也可以是单位的职工，包括聘任、雇佣的人员。应当注意的是，在单位犯罪中，对于受单位领导指派或奉命而参与实施了一定犯罪行为的人员，一般不宜作为直接责任人员追究刑事责任。对单位犯罪中的直接负责的主管人员和其他直接责任人员，应根据其在单位犯罪中的地位、作用和犯罪情节，分别处以相应的刑罚，主管人员与直接责任人员，在个案中，不是当然的主、从犯关系，有的案件，主管人员与直接责任人员在实施犯罪行为的主从关系不明显的，可不分主、从犯。但具体案件可以分清主、从犯，且不分清主、从犯，在同一法定刑档次、幅度内量刑无法做到罪刑相适应的，应当分清主、从犯，依法处罚。

3. 对未作为单位犯罪起诉的单位犯罪案件的处理。对于应当认定为单位犯罪的案件，检察机关只作为自然人犯罪案件起诉的，人民法院应及时与检察机关协商，建议检察机关对犯罪单位补充起诉。如检察机关不补充起诉的，人民法院仍应依法审理，对被起诉的自然人根据指近代的犯罪事实、证据及庭审查明的事实，依法按单位犯罪中的直接负责的主管人员或者其他直接责任人员追究刑事责任，并应引用刑罚分则关于单位犯罪追究直接负责的主管人员和其他直接责任人员刑事责任的有关条款。

五、最高人民检察院、公安部《关于公安机关管辖的刑事案件立案追诉标准的规定（二）》（2010 年 5 月 7 日公布）

第二十七条 【骗取贷款、票据承兑、金融票证案（刑法第一百七十五条之一）】以欺骗手段取得银行或者其他金融机构贷款、票据承兑、信用证、保函等，涉嫌下列情形之一的，应予立案追诉：

（一）以欺骗手段取得贷款、票据承兑、信用证、保函等，数额在一百万元以上的；

（二）以欺骗手段取得贷款、票据承兑、信用证、保函等，给银行或者其他金融机构造成直接经济损失数额在二十万元以上的；

（三）虽未达到上述数额标准，但多次以欺骗手段取得贷款、票据承兑、信用证、保函等的；

（四）其他给银行或者其他金融机构造成重大损失或者有其他严重情节的情形。

（北京市朝阳区人民检察院第二检察部　王爱强）

九

保险诈骗罪

非特殊主体骗取保险金的行为如何定性

——文某某保险诈骗案

【关键词】

非特殊主体　虚构保险事故　购买修车发票　骗取保险金

【基本案情】

经审查认定：

被告人文某某伙同他人（另案处理）于 2017 年 2 月至 3 月间，在北京市朝阳区等地，驾驶文某某的别克牌轿车故意碰撞前方拐弯或并线车辆并隐瞒事故原因致使交管部门认定被碰撞车辆负全责，后通过购买修车发票等方式骗取被碰撞车辆的保险金。其中，与大众牌汽车的事故致中国平安财产保险股份有限公司北京分公司对文某某的别克牌轿车赔付 4726 元；与现代牌汽车的事故致中国平安财产保险股份有限公司北京分公司对该车赔付 1971 元，对文某某的别克牌轿车赔付 2850 元；与奔腾牌汽车的事故致中国平安财产保险股份有限公司北京分公司对该车赔付 100 元，对文某某的别克牌轿车赔付 2000 元，致中华联合财产保险股份有限公司对奔腾牌汽车赔付 3375 元，对文某某的别克牌轿车赔付 4000 元；与标致牌汽车的事故致中国平安财产保险股份有限公司北京分公司对该车赔付 4704 元；与长城牌汽车的事故致中国平安财产保险股份有限公司北京分公司对该车赔付 2226 元，对文某某的别克牌轿车赔付 2835 元。上述被撞车辆车损险共赔付 12376 元，文某某车辆的第三者险共赔付 16411 元。

被告人文某某于 2017 年 7 月 18 日被民警抓获归案。

【诉讼过程和结果】

2017 年 6 月 11 日孙某某受中国平安财产保险股份有限公司北京分公司委托报案，称文某某、袁某某在 2016 年 9 月至 2017 年 5 月间，分别驾驶黑色别克世纪轿车，在朝阳区、通州区多个地点短时间内多次发生交通事故，轿车受损部位均为右前侧同一部位，且均为事故责任无责方。2016 年 9 月至 2017 年 4 月共涉及骗取保险理赔 22 次，涉案金额 12 万元。2017 年 7 月 18 日 14 时许民警在朝阳区格林联盟酒店 2059 房间将文某某抓获。

北京市朝阳区人民检察院于 2017 年 10 月 18 日收到北京市公安局朝阳分局以京公朝诉字（2017）第 2576 号移送审查起诉的被告人文某某涉嫌保险诈骗罪一案。其间，退补二次（2017 年 11 月 30 日至 2017 年 12 月 26 日，2018 年 2 月 9 日至 2018 年 3 月 5 日），延长审查期限两次（2017 年 11 月 19 日至 2017 年 12 月 3 日；2018 年 1 月 2 日 7 至 2018 年 2 月 10 日）。

北京市朝阳区人民检察院于 2018 年 4 月 12 以被告人文某某构成故意毁坏财物罪、诈骗罪提起公诉。于 2018 年 6 月 25 日变更起诉，变更起诉罪名为诈骗罪。被告人文某某当庭对公诉机关指控的事实及罪名没有异议，被告人文某某辩护人的主要辩护意见为，被告人文某某在家属的帮助下退赔全部诈骗钱款，被告人文某某在共同犯罪中系从犯，归案后如实供述，当庭自愿认罪，建议法庭对其从轻处罚。

北京市朝阳区人民法院经审理查明：2017 年 2 月至 3 月间，被告人文某某伙同他人（另案处理）在北京市朝阳区等地，驾驶文某某的"别克"牌汽车先后故意碰撞"大众"牌汽车、"现代"牌汽车、"奔腾"牌汽车、"标致"牌汽车、"长城"牌汽车，并隐瞒事故原因致使交管部门认定上述被碰撞车辆负事故全部责任。后通过购买修车发票等方式骗得中国平安财产保险股份有限公司北京分公司及中华联合财产保险股份有限公司张家口中心支公司，支付车辆损失保险金及第三者责任保险金共计人民币 28787 元。被告人文某某于

2017 年 7 月 18 日被民警抓获归案。北京市朝阳区人民法院于 2018 年 7 月 18 日判决认定被告人文某某以非法占有为目的，隐瞒事故真相，与他人结伙多次骗取被害单位财物，数额较大，其行为已触犯了刑律，构成诈骗罪，依法应予惩处。北京市朝阳区人民检察院指控被告人文某某犯诈骗罪的罪名成立。关于被告人文某某辩护人提出的被告人文某某系从犯的辩护意见，法院认为被告人文某某在共同犯罪中系实行犯，对辩护人该点辩护意见不予采纳。鉴于被告人文某某归案后能够如实供述基本犯罪事实，当庭自愿认罪，在家属的帮助下积极退赔赃款，法院对其依法从轻处罚，辩护人的相关辩护意见，法院酌情予以采纳。被告人文某某的犯罪行为给被害单位造成的经济损失应责令退赔，在案钱款一并处理。判决如下："一、被告人文某某犯诈骗罪，判处有期徒刑一年二个月，罚金人民币一万元（刑期从判决执行之日起计算。判决执行以前先行羁押的，羁押一日折抵刑期一日，即自 2017 年 7 月 18 日起至 2018 年 9 月 17 日止。罚金于本判决发生法律效力后即行缴纳）。二、被告人文某某退赔在案之人民币二万八千七百八十七元发还被害单位。"被告人文某某没有上诉，判决已生效。

【主要问题】

1. 非特殊主体骗取保险金的行为如何认定？
2. 诈骗罪的数额能否涵盖到对方车辆的损失？

【指导意义】

一、非特殊主体骗取保险金的行为如何认定

保险诈骗罪，是指投保人、被保险人、受益人，以使自己或者第三者获取保险金为目的，采取虚构保险标的、保险事故或者制造保险事故等方法，骗取保险金，数额较大的行为。其构成要件的内容为，使用各种欺骗方法，骗取数额较大的保险金。行为主体是投保人、被保险人与受益人，但刑法根据行为方式对主体范围作了具体限定。如虚构保险标的，只限于投保人（疑似身份犯）；虚构保险事故的，包括投保人、被保险人与受益人；如此等等。投保人，是指与保险人签订保险合同并向保险人交付保险费的人。被保险人，是指受保险合同保障的人。受益人，是指在人身保险中有权领取保险金的人。单位可以成为本罪的行为主体。客观行为表现为以下五种情形：（1）投保人故意虚构保险标的，骗取保险金的；（2）投保人、被保险人或者受益人对发生的保险事故编造虚假的原因或者夸大损失的程度，骗取保险金的；（3）投保人、被保险人或者受益人编造未曾发生的保险事故，骗取保险金的；（4）投保人、被保险人故意造成财产损失的保险事故，骗取保险金的；（5）投保人、受益人故意造成被保险人死亡、伤残或者疾病，骗取保险金的。本罪责任形式为故意，行为人必须具有非法获取保险金的目的。

诈骗罪，是指以非法占有为目的，使用欺骗方法，骗取数额较大的公私财物的行为。诈骗罪（既遂）的基本构造为：行为人实施欺骗行为——对方（受骗者）产生（或继续维持）错误认识——对方基于错误认识处分财产——行为人或第三者取得财产——被害人遭受财产损害。

刑法还规定了其他一些特殊诈骗罪，即刑法第192条至第200条规定的各种金融诈骗罪，以及刑法第224条规定的合同诈骗罪。这些特殊诈骗罪主要在诈骗对象、手段上与普通诈骗罪的要求不同，规定这些特殊诈骗罪的法条与刑法第266条是特别法条与普通法条的关系，根据特别法条优于普通法条的原则，对符合特殊诈骗罪构成要件的行为，应认定为特殊诈骗罪。因此，刑法第266条在规定了诈骗罪的罪状与法定刑之后规定："本法另有规定的，依照规定。"但是，如果行为人实施特殊诈骗行为，但又不符合特殊诈骗罪的构成要件，而符合普通诈骗罪的构成要件的，则以普通诈骗罪论处。

保险诈骗罪主体要求为特殊主体（投保人、被保险人和受益人），这就说明构成保险诈骗罪必须以行为人与被诈骗的保险人之间存在保险合同关系为前提，否则就不能产生保险诈骗犯罪行为。利用保险合同进行诈骗是保险诈骗罪最本质的特征，也是保险诈骗罪区别于其他诈骗犯罪的一个关键点，如果不存在这种保险合同，就不可能产生所谓的保险诈骗行为。本案被告人骗取的是被碰撞车辆的保险费，被告人为第三人，事实上并未与保险人存在保险合同，主体上与刑法规定构成保险诈骗罪的主体要求完全不相符合，所以不宜以保险诈骗罪处罚。但本案被告人虚构事故原因、购买发票或者开出高价发票，骗取保险金的行为已经完全符合诈骗罪的构成要件，且已达到数额较大的标准。

对于本案是否能以危险方法危害公共安全罪定罪，承办人认为本案并非在高速公路或者车辆高速行驶过程中发生的事故，多是在前方车辆并线或拐弯时发生的轻微碰撞事故，尚未达到该罪的危害程度。另外，经两次退补，本案尚未调取到其他反映出多次事故的证据，现有证据可以证实的碰撞事故次数较少，也不宜认定为以危险方法危害公共安全罪。承办人认为，本案以诈骗罪起诉已可以实现罪责相适应。

二、诈骗罪的数额能否涵盖对方车辆的损失

第一种意见认为，本案中，诈骗的数额为其实际获得的钱款数额，即自己车辆损坏所获得的第三者责任险保险费。对于造成对方车辆损坏的情况，虽然是为了获得保险费的手段行为，但牵连犯并不必然认定为一罪（刑法第198条第2款"有前款第四项、第五项所列行为，同时构成其他犯罪的，依照数罪并罚的规定处罚"的规定是对投保人、被保险人、受益人故意制造事故或被保险人伤亡的规定，与本案的情况类似，就是手段行为按照数罪并罚予以处罚的）。本案中，诈骗罪的犯罪数额无法涵盖到对方车辆损坏的部分，但该部分损失数额已经达到故意毁坏财物罪的定罪标准，对此部分应当认定为故意毁坏财物罪。

第二种意见认为，本案可以认定为诈骗罪一罪，可将第一种意见认定的故意毁坏财物数额认定为诈骗的犯罪成本一并计算到诈骗罪的数额当中。本案双方车辆的损失实际上都是保险公司赔付的，实际损失的单位均为保险公司，单独将保险公司认定为被害人并无不妥，判决发还时可以直接将钱款发还给保险公司。因此，本案可认定为诈骗罪一罪，数额为第一种意见认定的诈骗罪和故意毁坏财物罪的数额之和。

我们同意第二种意见，因为第二种意见认定的诈骗罪的数额包含了第一

种意见认定的两罪的数额，可以涵盖本案现有证据证明的全部损失，可以实现本案的罪责刑相适应。

【相关法律规定】

一、中华人民共和国刑法（2017 年修正）

第一百一十四条 【放火罪】【决水罪】【爆炸罪】【投放危险物质罪】【以危险方法危害公共安全罪】放火、决水、爆炸以及投放毒害性、放射性、传染病病原体等物质或者以其他危险方法危害公共安全，尚未造成严重后果的，处三年以上十年以下有期徒刑。

第一百一十五条 【放火罪】【决水罪】【爆炸罪】【投放危险物质罪】【以危险方法危害公共安全罪】放火、决水、爆炸以及投放毒害性、放射性、传染病病原体等物质或者以其他危险方法致人重伤、死亡或者使公私财产遭受重大损失的，处十年以上有期徒刑、无期徒刑或者死刑。

【失火罪】【过失决水罪】【过失爆炸罪】【过失投放危险物质罪】【过失以危险方法危害公共安全罪】过失犯前款罪的，处三年以上七年以下有期徒刑；情节较轻的，处三年以下有期徒刑或者拘役。

第一百九十八条 【保险诈骗罪】有下列情形之一，进行保险诈骗活动，数额较大的，处五年以下有期徒刑或者拘役，并处一万元以上十万元以下罚金；数额巨大或者有其他严重情节的，处五年以上十年以下有期徒刑，并处二万元以上二十万元以下罚金；数额特别巨大或者有其他特别严重情节的，处十年以上有期徒刑，并处二万元以上二十万元以下罚金或者没收财产：

（一）……

（二）……

（三）……

（四）投保人、被保险人故意造成财产损失的保险事故，骗取保险金的；

（五）……

有前款第四项、第五项所列行为，同时构成其他犯罪的，依照数罪并罚的规定处罚。

单位犯第一款罪的，对单位判处罚金，并对其直接负责的主管人员和其他直接责任人员，处五年以下有期徒刑或者拘役；数额巨大或者有其他严重情节的，处五年以上十年以下有期徒刑；数额特别巨大或者有其他特别严重情节的，处十年以上有期徒刑。

保险事故的鉴定人、证明人、财产评估人故意提供虚假的证明文件，为他人诈骗提供条件的，以保险诈骗的共犯论处。

第二百六十六条 【诈骗罪】诈骗公私财物，数额较大的，处三年以下有期徒刑、拘役或者管制，并处或者单处罚金；数额巨大或者有其他严重情节的，处三年以上十年以下有期徒刑，并处罚金；数额特别巨大或者有其他特别严重情节的，处十年以上有期徒刑或者无期徒刑，并处罚金或者没收财产。本法另有规定的，依照规定。

二、最高人民法院、最高人民检察院《关于办理诈骗刑事案件具体应用法律若干问题的解释》（自 2011 年 4 月 8 日起施行）

第一条 诈骗公私财物价值三千元至一万元以上、三万元至十万元以上、五十万元以上的，应当分别认定为刑法第二百六十六条规定的"数额较大"、"数额巨大"、"数额特别巨大"。

各省、自治区、直辖市高级人民法院、人民检察院可以结合本地区经济社会发展状况，在前款规定的数额幅度内，共同研究确定本地区执行的具体数额标准，报最高人民法院、最高人民检察院备案。

三、最高人民法院关于实施修订后的《关于常见犯罪的量刑指导意见》的通知（2017 年 3 月 9 日颁布）

（七）诈骗罪

1.构成诈骗罪的，可以根据下列不同情形在相应的幅度内确定量刑起点：

（1）达到数额较大起点的，可以在一年以下有期徒刑、拘役幅度内确定量刑起点。

（2）达到数额巨大起点或者有其他严重情节的，可以在三年至四年有期徒刑幅度内确定量刑起点。

（3）达到数额特别巨大起点或者有其他特别严重情节的，可以在十年至十二年有期徒刑幅度内确定量刑起点。依法应当判处无期徒刑的除外。

2.在量刑起点的基础上，可以根据诈骗数额等其他影响犯罪构成的犯罪事实增加刑罚量，确定基准刑。

（北京市朝阳区人民检察院第二检察部　王琇珺）

持有假币罪与买卖国家机关证件罪的竞合

——于某某持有假币、买卖国家机关证件案

【关键词】

持有假币罪　买卖国家机关证件罪　套牌出租车　数罪并罚

【基本案情】

经审查认定：被告人于某某于 2017 年 3 月通过他人购买车牌号为京 BS2787 套牌出租车 1 辆。2017 年 5 月 11 日 8 时许，民警在本市朝阳区某某小区内将于某某查获，当场从其身上、车内、住所地起获营运证 1 张、驾驶员服务监督卡 1 张、机动车牌照 16 副，面额共计 249900 元的人民币样纸币。经鉴定，该出租车营运证及驾驶员服务监督卡均系伪造，机动车牌照部分为真，人民币均系假币。

【诉讼过程和结果】

本案由北京市公安局朝阳分局侦查终结，以被告人于某某涉嫌持有假币罪、买卖国家机关证件罪，于 2017 年 8 月 8 日向北京市朝阳区人民检察院移送审查起诉。北京市朝阳区人民检察院于 2017 年 11 月 29 日以被告人于某某构成持有假币罪、买卖国家机关证件罪提起公诉。公诉机关就上述指控当庭提供了物证、证人证言、鉴定意见和被告人于某某的供述等证据材料，认为被告人于某某的行为已触犯了《中华人民共和国刑法》第 172 条、第 280 条

第1款之规定，构成持有假币罪、买卖国家机关证件罪，提请法院依法一并予以惩处。对于公诉机关的指控，被告人于某某当庭无异议，自愿认罪。辩护人认为于某某归案后如实供述犯罪行为，认罪态度较好，无前科，建议法庭对于某某从轻处罚。

北京市朝阳区人民法院经审理认为，被告人于某某明知假币而持有，数额特别巨大；买卖国家机关证件，其行为已触犯刑法，分别构成持有假币罪、买卖国家机关证件罪，依法应一并予以惩处。于2017年12月22日判决认定被告人于某某犯持有假币罪，判处有期徒刑10年6个月，并处罚金人民币20万元；犯买卖国家机关证件罪，判处有期徒刑6个月，并处罚金人民币2000元，决定执行有期徒刑10年6个月，并处罚金人民币20万2000元。被告人于某某没有上诉，判决已生效。

【主要问题】

持有假币罪与买卖国家机关证件罪的数罪并罚。

【指导意义】

一、案件定性

（一）证据分析意见

在案有证人证言和辨认笔录、到案经过、搜查笔录、现场视频、起赃经过、扣押笔录、扣押清单、物证照片、北京市公安局朝阳分局小武基派出所出具的工作记录、北京市交通委员会运输管理局出租汽车管理处出具的证明材料、北京市公安局公安交通管理局车辆管理所出具的鉴定证明材料、中国人民银行营业管理部出具的货币真伪鉴定证明，证明被告人于某某持有的营运证、准驾证号，单位单位、驾驶员姓名张某某的服务监督卡，经鉴定为伪造品，被告人于某某持有的十副车牌为真，六副车牌为假，被告人于某某持有的人民币经鉴定为机制假人民币。被告人于某某在侦查阶段的供述证明2017年3月前后，于某某从别人处购买假出租车，曾卖给王某甲一辆、王某乙一辆，自己也开一辆。车上的营运证、监督卡都是买车的时候车上就有的，另外卖车的人还给了于某某13套车牌子，有真有假，车顶灯也是卖车的人给的。于某某被抓后，民警从其身上、套牌出租车上起获的14000元的假币，从其名下白色车上起获的230000余元假币都是其原先在老家买了带回北京的，想平时拉客的时候找钱用。

上述均能证明，犯罪嫌疑人于某某明知是伪造的出租车运营证、假币仍持有并使用的事实。

（二）定性分析意见

根据刑法第172条、第280条第1款的规定，犯罪嫌疑人于某某的行为构成了持有、使用假币罪，买卖国家机关证件罪。

1.持有假币罪侵犯的客体是国家的货币流通管理制度，其目的是保障货币的正常流通。而持有、使用假币罪的危害实质就在于，通过使用、持有等非法手段使假币进入流通领域或为其提供现实条件，从而危害国家的货币流通管理制度。持有、使用假币罪在客观方面表现为持有、使用伪造的货币，数额较大的行为。持有是指拥有，它表现为主体与某一特定之物的占有状态。因此，只要伪造的货币为行为人所占有，即实际处于行为人的支配和控制中就可以视为持有。构成本罪应当具备下列条件：

第一，行为人具有持有伪造货币的行为。这里所说的"持有"的概念是广义的，不仅仅是指行为人随身携带有伪造的货币，而且包括行为人在自己家中、亲属朋友处保存伪造的货币，自己或者通过他人传递伪造的货币等行为。

第二，行为人在主观上是明知其所持有的是伪造的货币，如果行为人在主观上不知道其所持有的是伪造的货币，如误以为是货币而为他人携带或者保存的等，不能构成本罪。

第三，行为人所持有的伪造货币的数额要达到较大的程度。这里所说的"数额较大"，是在客观方面，行为人的行为是否构成伪造货币罪的行为。至于具体多少数额才是数额较大，可以通过最高人民法院、最高人民检察院总结这类案件的审判实践经验，并根据打击这类犯罪活动的实际需要作出司法解释。如果行为人持有的伪造货币的数额没有达到"数额较大"，则不构成本罪，可以由公安机关给予拘留、罚款等行政处罚。

第四，根据本条和最高人民法院司法解释的规定，明知是伪造的货币而持有，数额较大的，即总面额在4千元以上不满5万元的，处3年以下有期徒刑或者拘役，并处或者单处1万元以上10万元以下罚金；数额巨大的，即总面额在5万元以上不满20万元的，处3年以上10年以下有期徒刑，并处2万元以上20万元以下罚金；数额特别巨大的，即总面额在20万元以上的，处10年以上有期徒刑，并处5万元以上50万元以下罚金或者没收财产。

2. 买卖国家机关证件罪侵犯的客体是国家机关的正常管理活动和信誉。国家机关制作的公文、使用的印章和证件是其在社会的一定领域、一定方面实行管理活动的重要凭证和手段。任何伪造、变造、买卖国家机关的公文、证件、印章的行为，都会影响其正常管理活动，损害其名誉，从而破坏社会管理秩序。

3. 根据2009年1月1日最高人民法院研究室《〈关于伪造、变造、买卖民用机动车号牌行为能否以伪造、变造、买卖国家机关证件罪定罪处罚问题的请示〉的答复》，于某某持有、使用的伪造机动车牌的行为，不构成犯罪。

二、案件处理效果

本案中被告人于某某交代，其购买套牌出租车后在晚上驾车载客，购买假币准备在结账时掉包或找零给乘客，违法成本低，社会危害性大。在此类套牌出租车案件中，持有、使用假币与买卖国家机关证件是紧密相连的，司法实践中往往数罪并罚。套牌出租车从号牌、手续到外观与正规出租车无异，配有成套伪造的出租车营运证、服务监督卡、车牌、驾驶证等，涉嫌买卖国家机关证件犯罪，同时极易伴随和引发使用假币、盗窃、伤害、抢劫、强制猥亵等违法犯罪行为，形成上下游犯罪链条，社会危害性大，严重影响社会管理秩序。针对以上问题，检察机关建议：一是要强化对出租车报废及转卖程序的监督管理，实现从源头对套牌出租车的有效控制。二是要通过交通、工商、城管、税务等相关职能部门协调配合、联合执法，加强对套牌出租车的行政处罚与刑事处罚的衔接协调。三是要加大侦查力度，对涉及持有使用假币、买卖国家机关证件类案件顺藤摸瓜、全面查处。四是部分民众对持有、使用假币的印象还停留在道德评判的层面，要对社会公众加大普法教育。由于持有假币罪危害的是国家的货币流通管理制度，有着严重的社会危害性，因此刑法对此罪打击力度极大。持有、使用假币不仅仅是道德范畴的问题，一旦触及更会面临着严重的法律责任，持有总面额在 4 千元以上即属于"数额较大"，总面额在 5 万元即属于"数额巨大"，总面额在 20 万元以上即属于"数额特别巨大"，面临着最高 10 年以上有期徒刑的刑罚，切不可因好奇贪婪而触碰法律红线。

【相关法律规定】

一、中华人民共和国刑法（2017 年修正）

第六十九条 【数罪并罚的一般原则】判决宣告以前一人犯数罪的，除判处死刑和无期徒刑的以外，应当在总和刑期以下、数刑中最高刑期以上，酌情决定执行的刑期，但是管制最高不能超过三年，拘役最高不能超过一年，有期徒刑总和刑期不满三十五年的，最高不能超过二十年，总和刑期在三十五年以上的，最高不能超过二十五年。

数罪中有判处有期徒刑和拘役的，执行有期徒刑。数罪中有判处有期徒刑和管制，或者拘役和管制的，有期徒刑、拘役执行完毕后，管制仍须执行。

数罪中有判处附加刑的，附加刑仍须执行，其中附加刑种类相同的，合并执行，种类不同的，分别执行。

第一百七十二条 【持有、使用假币罪】明知是伪造的货币而持有、使用，数额较大的，处三年以下有期徒刑或者拘役，并处或者单处一万元以上十万元以下罚金；数额巨大的，处三年以上十年以下有期徒刑，并处二万元以上二十万元以下罚金；数额特别巨大的，处十年以上有期徒刑，并处五万元以上五十万元以下罚金或者没收财产。

第二百八十条 【伪造、变造、买卖国家机关公文、证件、印章罪】【盗窃、抢夺、毁灭国家机关公文、证件、印章罪】伪造、变造、买卖或者盗窃、抢夺、毁灭国家机关的公文、证件、印章的，处三年以下有期徒刑、拘役、管制或者剥夺政治权利，并处罚金；情节严重的，处三年以上十年以下有期徒刑，并处罚金。

【伪造公司、企业、事业单位、人民团体印章罪】伪造公司、企业、事业单位、人民团体的印章的，处三年以下有期徒刑、拘役、管制或者剥夺政治权利，并处罚金。

【伪造、变造、买卖身份证件罪】伪造、变造、买卖居民身份证、护照、社会保障卡、驾驶证等依法可以用于证明身份的证件的，处三年以下有期徒刑、拘役、管制或者剥夺政治权利，并处罚金；情节严重的，处三年以上七年以下有期徒刑，并处罚金。

二、最高人民法院《关于审理伪造货币等案件具体应用法律若干问题的解释》（2000年9月8日公布）

第五条　明知是假币而持有、使用，总面额在四千元以上不满五万元的，属于"数额较大"；总面额在五万元以上不满二十万元的，属于"数额巨大"；总面额在二十万元以上的，属于"数额特别巨大"，依照刑法第一百七十二条的规定定罪处罚。

第七条　本解释所称"货币"是指可在国内市场流通或者兑换的人民币和境外货币。

货币面额应当以人民币计算，其他币种以案发时国家外汇管理机关公布的外汇牌价折算成人民币。

三、最高人民检察院、公安部《关于公安机关管辖的刑事案件立案追诉标准的规定（二）》（2010年5月7日公布）

第二十二条　【持有、使用假币案（刑法第一百七十二条）】明知是伪造的货币而持有、使用，总面额在四千元以上或者币量在四百张（枚）以上的，应予立案追诉。

四、最高人民法院研究室《关于伪造、变造、买卖民用机动车号牌行为能否以伪造、变造、买卖国家机关证件罪定罪处罚问题的请示》的答复（2009年1月1日公布）

同意你院审委会讨论中的多数人意见，伪造、变造、买卖民用机动车号牌行为不能以伪造、变造、买卖国家机关证件罪定罪处罚。你院所请示问题的关键在于能否将机动车号牌认定为国家机关证件，从当前我国刑法的规定看，不能将机动车号牌认定为国家机关证件。理由在于：

一、刑法第280条第1款规定了伪造、变造、买卖国家机关公文、证件印章罪，第281条规定了非法生产、买卖警用装备罪，将警用车辆号牌归属于警察专用标志，属于警用装备的范围。从这一点分析，证件与车辆号牌不具有同一性。如果具有同一性，刑法第280条中的证件就包括了警用车辆号牌，也就没有必要在第281条中单独明确列举警用车辆号牌了。同样的道理适用于刑法第375条的规定（刑法第375条第1款规定了伪造、变造、买卖武装部队公文、证件、印章罪、盗窃、抢夺武装部队公文、证件、印章罪，第2款规定了非法生产、买卖军用标志罪，而军用标志包括武装部队车辆号牌）刑法规定非法生产、买卖警用装备罪和非法生产、买卖军用标志罪，明确对警用车辆号牌和军用车辆号牌进行保护，目的在于维护警用军用标志性物品的专用权，而不是将警用和军用车辆号牌作为国家机关证件来保护。如果将机动车号牌认定为证件，那么非法买卖警用机动车号牌的行为，是认定为非法买卖国家机关证件罪还是非法买卖警用装备罪？这会导致刑法适用的混乱。

二、从刑罚处罚上看，如果将机动车号牌认定为国家机关证件，那么非法买卖的机动车号牌如果分别属于人民警察车辆号牌、武装部队车辆号牌普通机动车号牌，同样一个行为就会得到不同的处理结果：对于前两者，根据刑法第281条、第375条第2款的规定，情节严重的，分别构成非法买卖警用装备罪、非法买卖军用标志罪，法定刑为三年以下有期徒刑、拘役或者管制，并处或者单处罚金。对于非法买卖民用机动车号牌，根据刑法第280条第1款的规定，不论情节是否严重，均构成买卖国家机关证件罪，情节一般的，处三年以下有期徒刑、拘役、管制或者剥夺政治权利；情节严重的，处三年以上十年以下有期徒刑。可见，将机动车号牌认定为证件，将使对非法买卖普通机动车号牌的刑罚处罚重于对非法买卖人民警察、武装部队车辆号牌的刑罚处罚，这显失公平，也有悖立法本意。

（北京市朝阳区人民检察院第二检察部　刘叶青　王琳）

图书在版编目（CIP）数据

金融犯罪疑难案件认定实务 / 北京市朝阳区人民检察院编 .
— 北京：中国检察出版社，2019.8

ISBN 978-7-5102-1325-0

Ⅰ . ①金…　Ⅱ . ①北…　Ⅲ . ①金融犯罪—认定—研究
Ⅳ . ① D914.330.4

中国版本图书馆 CIP 数据核字（2019）第 096965 号

金融犯罪疑难案件认定实务

北京市朝阳区人民检察院 编　　张朝霞 主编

出版发行：中国检察出版社

社　　址：北京市石景山区香山南路 109 号（100144）

网　　址：中国检察出版社（www.zgjccbs.com）

编辑电话：（010）86423708

发行电话：（010）86423726　86423727　86423728
　　　　　（010）86423730　68650016

经　　销：新华书店

印　　刷：北京宝昌彩色印刷有限公司

开　　本：710mm×960mm　16 开

印　　张：21　插页 4

字　　数：310 千字

版　　次：2019 年 8 月第一版　　2019 年 8 月第一次印刷

书　　号：ISBN 978-7-5102-1325-0

定　　价：68.00 元